中国传统节日文化研究·春节

程健君 主编

编 委 会

名誉主任：邱运华

主　　任：程健君

副 主 任：侯仰军　钟海涛
　　　　　彭恒礼　刘炳强

委　　员：(按姓氏笔画为序)

丁永祥　田　晓　汪振军　乔台山
刘小江　刘炳强　李　欣　张朝晖
陈江风　杨　远　姚向奎　耿相新
高有鹏　侯仰军　郜冬萍　钟海涛
葛　磊　程玉艳　程健君　彭恒礼

本书主编：程健君

副 主 编：彭恒礼　郜冬萍

编　　者：陈　秋　李静静　杨易辰
　　　　　杨　珊　和敬雯

中国传统节日文化研究·春节

程健君 主编

河南大学出版社
·郑州·

图书在版编目(CIP)数据

中国传统节日文化研究·春节/程健君主编.—郑州:河南大学出版社,2018.4
 ISBN 978-7-5649-3049-3

Ⅰ.①中… Ⅱ.①程… Ⅲ.①春节－风俗习惯－文化研究－中国 Ⅳ.①K892.1

中国版本图书馆 CIP 数据核字(2018)第 067795 号

出 版 人	张云鹏
出版统筹	侯若愚
责任编辑	任湘蕊　时　娇
责任校对	孙　芳
封面设计	翟淼淼
出版发行	河南大学出版社
	地址:郑州市郑东新区商务外环中华大厦 2401 号　邮编:450046
	电话:0371-86059701(营销部)　网址:www.hupress.com
印　　刷	河南瑞之光印刷股份有限公司
版　　次	2018 年 7 月第 1 版　　　印　次　2018 年 7 月第 1 次印刷
开　　本	787mm×1092mm　1/16　印　张　14.75
字　　数	273 千字　　　　　　　　　定　价　69.00 元

版权所有·侵权必究
本书如有印装质量问题,请与河南大学出版社营销部联系调换

回家过年

在"我们的节日·乡关何处——春节文化与城市文明"学术研讨会上的讲话(代序)

程健君

各位专家、学者:

大家上午好!

今天是腊月二十三,也就是我们通常说的小年下,再过几天,农历丁酉春节就要到了,在这样一个充满期待、回家过年的时刻,邀请大家来到这里研讨春节民俗文化,研讨传统文化与现代城市文明的碰撞与交融,探讨中国传统文化的复兴之路,我想,这也是我们落实习近平总书记系列重要讲话精神,实现我们的"中国梦"的一个具体举措。因此,这次研讨会具有十分积极的现实意义。在此,我代表中国民间文艺家协会、河南省文学艺术界联合会等主办单位,向会议的召开表示热烈的祝贺!向与会的专家、学者致以崇高的敬意和衷心的感谢!

以春节为典型代表的中华民族传统节日,承载着中华大地上一代又一代人的历史记忆,铭刻着炎黄子孙、天下华人的浓浓乡愁,体现了中华民族的价值理想和追求美好生活的愿望。在我国,除国庆节、建军节、青年节、国际劳动节、国际妇女节、国际儿童节等节日以外,56个民族的传统节日数以千计。在众多的传统节日中,影响最大,参与者最多的是春节,春节也是中华民族共有的传统节日。每到春节,从国内的大江南北,到国外的华人街区,无不充满着欢乐祥和的节日气氛。人民群众创造的流传千百年的优秀传统文化艺术,也在春节期间得到淋漓尽致的展示,给人们带来幸福感,带来美的享受。从这个层面上讲,春节的确是我国最大的内涵最丰富的非物质文化遗产。由于众所周知的原因,高有鹏教授多年前就在中央电视台的《百家讲坛》栏目振臂高呼"保卫春节"。中国民间文艺家协会已经连续多年在河南鹤壁举办"春节民俗文化论坛",倡导春节传统文化融入现代社会生活,推动中国春节申请世界非物质文化遗产代表作名录。今天这个研讨会也是中国民间文艺家协会"春节民俗文化论坛"的延续。

春节是农耕文明社会典型的文化符号。对于春节的起源和作用,已有许多记载和研究。我想,我们今天乃至今后一段时期内应该重点探讨一下在当今社会传统春节民俗文化应该如何传承,如何保护,如何更好地融入现代生活。

我们的祖先在长期的社会演进中,使传统节日的核心功能凝聚在认识自然、亲近自然、协调与自然的关系中,使其成为促进家庭和睦、宗教团结、社会和谐,培育人们美好情操、塑造人们完美人格、发扬乐观向上进取精神的传承载体。随着社会的发展和人们生产生活方式的改变,农耕社会的那些标志岁时节序的意义与祭祀神灵的仪式已成为记忆,传统节日中重要的岁时节令已被现代文明瓦解,其中部分节俗的消退和变异在所难免。加之当代社会那些商业化、娱乐化甚至庸俗化奢靡之风的腐蚀和"洋节"的侵袭,人们越来越疏离包括春节在内的传统节日,越来越多的年轻人对传统节日缺乏了解和认同,甚至是只知道节日物质和美食的享用,不知道传统节日文化的记忆和精神承载;只知道节日就是放假休闲,不懂得对传统节日的敬畏和感恩。我们看到,当今的春节,无论乡村或城镇,红红火火、热热闹闹过大年的传统民俗日趋淡化,这不得不让我们担忧传统节日文化的传承和延续。

我们之所以在意这些美好的传统节日,是因为传统节日为我们提供了精神上的故乡和家园。所以,每逢年节,我们大声呼唤:回家,回家过年! 家是温馨的,年是迷人的,回家过年,是因为有爱相随,是因为有情相伴,是因为乡愁记忆,是因为我们曾经享受过这种回家的体验,参与过有着美妙滋味的文化仪式。所以,回家过年就成了传统,成了仪式,成了留在人们记忆里挥之不去的情结。

回家过年,应当是当今社会回归传统的一个符号、一个概念,是我们这一代学人修复传统文化的一种担当、一种情感。我想,我们在振臂高呼"保卫春节"的时候,还应该引导大家"回家过年"。"年"是我们的传统,"家"有我们的乡愁,让社会回归传统,让人们记住乡愁,这就是我们的"中国梦",这就是"我们的节日·乡关何处——春节文化与城市文明"学术研讨会的主题所在。

祝本次学术研讨会圆满成功!

祝各位专家、学者新年愉快!

2017 年 1 月 20 日

(作者为中国民间文艺家协会副主席、河南省文联副主席、河南省民间文艺家协会主席)

目 录

春节习俗与城市文明 …………………………………………… 康保成（1）
过年：城市的动向与态度 ………………………………… 万建中 刘珊珊（6）
关于年画起源与岩画关系的问题 ………………………………… 高有鹏（11）
汴京与临安：宋代都城春节的狂欢
　——《东京梦华录》和《梦粱录》的年俗仪式 ………………… 胡志毅（25）
民国时期天津的春节习俗
　——以《益世报》为中心的考察 ………………………………… 黄旭涛（32）
开封春节习俗与城市文化变迁 …………………………………… 彭恒礼（43）
从精神追求到文化记忆：春节剪纸习俗观念的演变 ……………… 张朝晖（58）
春节文化习俗研究 ………………………………………………… 马福贞（67）
春节、回家与"乡下人进城"人群的身心安顿 …………………… 褚金勇（74）
传统与现代的接续和融合：菏泽郊区和福祥佳苑社区春节习俗的田野调查
　………………………………………………………… 郜冬萍 周磊（81）
馒头、包子与饺子考疏 …………………………………………… 崔军红（88）
作为祭灶日与"好"的中原腊月二十四习俗流变考 ……………… 周全明（95）
神圣与普世：犹太新年之解析
　——兼谈与春节的异同 ………………………………………… 郜翠平（102）
不能被遗忘的赊店陈氏木版年画
　——赊店陈氏木版年画传承谱系调查研究 …………………… 田晓（113）
春节祭拜家堂画习俗变迁与家族观念 …………………………… 于奇赫（121）
城镇化背景下中原地区新型农村春节习俗与文化变迁 ………… 王砂砂（133）
城镇化视阈下少数民族地区春节文化的建设
　——以侗乡新晃为例 …………………………………………… 杨雨点（140）

神圣文化空间与城市生活的关系重构
　　——以琅琊山庙会为例…………………………………………刘　敏(147)
民谣中的鄂东春节习俗及其文化蕴涵解读……………………………李嫣红(155)
春节的社会习俗及其文化变迁…………………………………………田宇飞(165)
泰山碧霞元君信仰与浚县正月庙会……………………………………刘炳强(174)
豫北地区武陟元宵"行水"中的高跷民俗
　　——以高伊高跷为个案的调查报告………………………………成传港(188)
灯送上元夜，先人或可闻
　　——豫南地区元宵节"送灯"民俗的田野调查与初步研究………吴益生(203)
淅川县元宵节文艺活动调查报告………………………明丹阳　明新胜(215)
后记………………………………………………………………………………(225)

春节习俗与城市文明

康保成

关于春节习俗，可以说既有"坚守"又有"变异"。坚守的是什么？比如说"回家过年"的传统。每年到快要过年的时候，大家心系故园，即使远在千里万里之外都要赶回家过年。比如，在广东的珠三角地区，每到快要过年的时候，就会形成一支浩浩荡荡的摩托车大军。在广东珠三角务工的广西农民工携家带口，骑着摩托车浩浩荡荡从高速公路上赶回家。再比如每逢"春运"，远在千里万里之外的，以北上广这些大都市为核心的农民工们，向全国各地的乡下辐射，形成一次人员的大规模流动。过了年之后，这个人潮回归，再回归到大都市，这也是一道亮丽的风景。以往没有，现在有了。为什么？骑摩托车回家过年要有经济条件，要买得起摩托。那现在呢？去城市务工，对农民工来说，在三十年前是不可想象的。现在这个人潮过年回家，"回家过年"的传统深深扎在每个农民工的心里。

关于春节习俗的"变异"，先从我自己说起。去年的大年三十，我和我太太是在埃及金字塔下过的年。我们是跟团去的，广州的一个旅游团是几十个人。到了埃及一看，北京来的、上海来的、东北来的，足足有好几百人。我们这几百个中国人一起，不远万里飞到一个陌生的国度去过年，这在以前是不可想象的。在国内不是跨国之旅，而是跨省，比如说到云南的丽江，到海南的海口、三亚。这一批人是不回家过年的。那么，不回家过年有什么收获吗？我个人是有收获的。古人说：读万卷书，行万里路。这次在埃及过年，我深有体会。

在尼罗河的游船上，我似乎发现了唐代文献里记载的"胡旋舞"。安禄山特别能跳胡旋舞。胡旋舞，顾名思义，是从胡地传来的以旋转身体为主要动作的舞蹈。在文献上只看到了关于胡旋舞的记载，那胡旋舞究竟是什么样子呢？在尼罗河上我看到了，当地的一个人高马大的男性，腰间系着一条五颜六色的裙子，在二十多分钟的时间里一直旋转不停。原来我认为，胡旋舞就是旋转身体，胡腾舞就是向上跳跃。很多动作都有旋转身体，芭蕾舞没有吗？芭蕾舞当然有了。

我们的民族舞孔雀舞没有吗？也有。他这个胡旋舞有什么特别呢？二十多分钟的时间一直旋转不停，就这么转着。我在下面看呆了，在想他的头怎么都不晕。我感觉这就是我们在文献上看到的胡旋舞。它通过中亚地区传到我国的新疆，再传到长安，就是这么过来的。

还有，我看到金字塔之后非常震撼。关于金字塔是如何建起来的，留下了很多难解之谜，比如说它一块石头平均的重量是两吨半，最重的一块160吨。它切割得那么整齐，衔接得天衣无缝，不用任何黏合剂，垒到了140多米高。据说，如果把胡夫金字塔的高度乘以十亿，正好是地球到太阳的平均距离。胡夫金字塔的子午线，正好把地球上的陆地与海洋分成相等的两半。难道说埃及人在远古时代就能够进行如此精确的天文与地理测量吗？我们开关于春节文化的研讨会，在这里介绍外国的文化传统是不是有点儿不合时宜？我感觉不是这样的。我们今天谈中国的任何事情，包括春节习俗，都要有世界眼光，都要有历史眼光。世界眼光，是空间的；历史眼光，是时间的。我们只有跳出中国，从另外一个角度，才能看得更清楚。比如说刚才谈到的，那么多人不在家乡过年了，不守岁了，不贴春联了，不吃饺子了，不放鞭炮了，那么这样一个变化我们怎么认识它，是不是我们的传统文化以此就式微了，就面临着消失的危险了呢？有的学者提出"保卫春节"，我完全同意。春节是要过的，年是要过的，但是怎么个过法？能几千年来一直不变吗？

过年这个习俗产生得很早。古人早就意识到春夏秋冬周而复始，是一个周期，于是把这一个周期称为一年或者一岁。在农耕时期，岁末隆冬季节是休养生息的时期，也是农民最难度过的时期。比如说《诗经·七月》就有这样的意思在里面："一之日觱发，二之日栗烈。无衣无褐，何以卒岁？"①什么叫卒岁？年关到了，年末到了，上一个年末接着下一个岁首，就是过年。所以过年这个习俗产生得很早，最迟在周代，人们已经有了岁末的概念。古时过年，最重要的年终行事就是祭祀。《礼记·郊特牲》记载："天子大腊八，伊祁氏始为腊。腊也者，索也，岁十二月，聚万物而索飨也。"②也就是说，从每年十二月初八开始，天子要聚集万物祭祀，以求来年风调雨顺。传统的过年从腊八开始，可见由来已久。普通百姓，在过年期间，也要放下手中的农活，祭祀祖先神灵，祈求神灵保佑来年五谷丰登，六畜兴旺。

记得小时候过年，父亲在初一吃饺子之前，总要在已故的爷爷、奶奶画像前

---

① 程俊英.诗经译注.上海：上海古籍出版社，1985年，第265页.
② 杨天宇撰.礼记译注.上海：上海古籍出版社，1997年，第431页.

摆上供品，焚香跪拜，也让我们几个小孩子跟在他身后跪拜。这样的习俗，现在还有几家传承着？需要指出的是，深受中国文化影响的邻国日本，表述节日意思的汉字都写作"祭"，留下了节日祭祀的痕迹。

我们所熟悉的过年守岁、拜年、吃饺子、放鞭炮、贴春联，是很晚以后的事了。请问，我们维护的是何时的传统？周代的？秦汉的？唐宋的？还是明清的？

在一次昆曲研讨会上，一位老人对青春版《牡丹亭》十分不以为然，认为它违背了传统昆曲的风范。我问他，您指的传统昆曲是什么时候的昆曲？是魏良辅时代的昆曲吗？这位老人无言以对。粤剧也一样。粤剧一百年前唱的还是官话，而不是同现在一样用白话。在一次粤剧学术研讨会上，新加坡国立大学的容世诚教授就公开提出：大家老说保护优秀传统，请问你保护的是哪一年的传统？归根结底，传统也是在一定的空间和时间里形成的，形成之后也是不断发展变化的，不可能一成不变。

旧的民俗消亡了，新的民俗产生了。新陈代谢，移风易俗，正常得很。在珠三角，近十多年来，每逢春节前夕，就有浩浩荡荡的摩托车队伍向西挺进。这是来自广西的务工人员回家过年的大军，非常壮观，非常亮丽。近三十年来，每逢"春运"，就形成了从北上广等大城市向乡村辐射的人潮。春节过后，再从农村回归城市。还有的农民工由于各种原因留在他乡过年。这就是新的春节生活，这样的生活过惯了，就形成新的习俗。

再举一个放鞭炮的例子。和所有的男孩子一样，我小时候很喜欢放鞭炮，每到春节，常常把家长给的压岁钱拿去买炮仗。后来到了广州，就很讨厌放炮，因为有的学生在走廊里放炮，如同炸雷一般，把人吓得够呛。还有的小孩子把点燃的炮仗乱扔，十分危险。所以我国第一个"禁炮令"——广州市人大通过的《关于禁止在广州市中心区域燃放鞭炮的规定》下发以后，我拍手叫好。后来这个规定引起了争议，有人认为不准放鞭炮就是不尊重传统，过年听不到鞭炮声年味就淡了。《羊城晚报》采访我，问我怎么看。我说"禁炮令"好得很，不能解除。在高楼林立的大城市放鞭炮实在太危险了，毕竟人的生命财产安全第一。广州至今都坚持执行"禁炮令"，当然不是由于我一个人的呼吁。而有些城市顶不住舆论压力，部分开禁了。结果，数年前，沈阳一座20多层的大厦由于春节放鞭炮被烧毁。最近，北方城市雾霾严重，放鞭炮的弊端更明显了。年要过，但非要放鞭炮不可吗？旧的习俗就不能改一改吗？

大家想想，"春节"这个词汇产生有多久，一百年多一点点，民国初年产生的。所以，我是在强调过年是要过的，但是怎么个过法是要变的。这是我说的"变"的一面，还有"异"的一面。异就是不同。不要把"变"与"异"放在一起，"变异"放在一起是一个概念,"变"是从历史的角度来谈,"异"是从地域的角度来谈。不同的地方过年的习俗是不一样的。比如吃饺子,三十三年前我到了广州,发现广州人过年不吃饺子,只吃一种叫作"煎堆"的油炸糯米团子。四十七年前我到浙江宁波当兵,那个时候年龄也小,少见多怪,发现宁波人过年吃年糕,也不吃饺子。我才知道过年吃饺子并不是一定之规。那么北方吃饺子的习俗是从什么时候开始的呢?以往许多人做过研究,我也做了一点儿考证,看法与众不同。唐段公路《北户录》卷二"食目"注引颜之推说:"今之馄饨,形如偃月,天下通食也。"① 一般认为此处的所谓"馄饨",即今水饺。但《广雅》明明说:"馄饨,饼也。"怎么能说南北朝时的馄饨就是饺子呢?

文献中明确记载吃"饺子",见于《满文老档》之二"天命十年"的记载。"天命十年"是满族入关之前的纪年,就是明天启五年,也就是公元1625年。可见吃饺子原是满族风俗。也许有人会说:"不对,许多地方是把饺子称作'扁食'的,而汉族吃'扁食'的习俗在明代前期就有记载了。"不错,我们河南老乡,就有不少人把饺子叫作"扁食"。但恰恰在《三朝北盟会编·卷七十一》里,记载了徽、钦二帝被金人俘虏之后,"金人供上左右,寝室如法,并吃馄饨扁食,乃金人御膳也"。② 这是目前发现的关于"扁食"的最早记载。而金人就是满族的祖先,所以满人在入关之前称"后金"。

如果上述考证不错的话,那就可以说,北方普遍流行的过年吃饺子习俗,原是金人的习俗。这就可以部分地解释,为什么吃饺子习俗在南方并不流行。金人、后金人两度南侵,将自己的饮食习俗带入中原,对同样以面食为主的北方的影响远远超过对以稻米为主要食品的南方。

关于吃饺子的习俗,当然还可以再展开讨论,"十里不同风,百里不同俗",这句俗语所表达的道理却是千真万确的。这也成为联合国教科文组织保护非物质文化遗产的理由——保护文化多样性。也就是说,在经济全球化的同时文化要多样化,要重视差异,保护差异。同样值得重视的是,非物质文化遗产的口传身授性质,决定了它是要发展变化的。联合国教科文组织《保护非物质文化遗产公约》在强调"非遗"保护的同时,还明确提出了它的"可持续发展"和"创新"。

那么吃饺子的这个习俗是怎么来的?我们这次的论文集里面有位学者有吃饺子的论题,他认为吃饺子习俗是从突厥来的。我觉得突厥也好,女真族也好,吃饺子不是从来就有的,也不是每个地方都流行的。那么,如果我们现在过年不

---

① 段公路.北户录·卷二.清光绪十万卷楼丛刊本,第20页.
② 徐梦莘.三朝北盟会编·卷七十一.清许涵度校刻本,第457页.

吃饺子了,不也很正常吗?比如,贴春联,我们过去过年都贴春联,但是现在有意思的是,学者们的家门口往往不贴。我举一个例子,我自己的亲身例子。我和中山大学的吴承学教授住对门。我们那一栋四家,贴春联的两家都是租借中大的房子做生意的,无非是贴一些吉祥、纳财之类的春联。我和吴老师家不贴春联。贴春联本不是从来就有的,也不可能永远地持续下去。不贴春联过春节也很正常。

我的母校河南大学申请教育部人文社科基地重大项目,请我来主持策划。我想没问题,义不容辞。有四个研究方向,四个研究方向的题目之间要互相支撑。我说那把另外三个项目发过来我看看,我一看都是关于黄河中下游转型的,有历史文献的,有人文地理的,有区域经济的。我说那好办,我们不是民俗研究所吗?我们就叫"黄河中下游乡村习俗的现代转型研究"。我的想法是,我们的民俗是在一定的时间和一定的空间里形成的,也在一定的空间时间里发生变化,现在最大的变化是什么?都市化、城镇化、工业化、全球化。在全球化的浪潮中,保护我们的民俗文化遗产,这是联合国教科文组织保护"非遗"的公约里面所指出的。为什么保护"非遗"?我们的世界是五颜六色的、五彩缤纷的,不能单一化,不能只有一种价值观。中华文明几千年了,我们要有自己的民俗"非遗"。但同时我认真看了联合国教科文组织的公约,发现它里面还强调传承和创新。也就是说,既要传承传统文化又要创新。继承传统与发展创新,是一个历久弥新的话题。教育部人文社会科学重点研究基地河南大学黄河文明与可持续发展研究中心申请立项的"黄河中下游乡村习俗的现代转型",就是要从理论与实践两个方面展开研究,解决工业化、城镇化、现代化过程中乡村民俗在传承与创新中所遇到的种种问题。

转型就是变化。什么是可变的,什么是不可变的?变,要在多大程度上变?什么是新民俗,什么是伪民俗?这些都要经过研究才能得出结论。具体到春节习俗,年是一定要过的,这一条亘古不变,但如何过年则没有一定之规。有一个原则恐怕难以违背,这就是"生活就是民俗"。过年是生活的一部分。和人们眼下的生活自然融为一体的节日民俗就是新民俗,被人们当作生活习惯自发自觉过日子的民俗就是新民俗,一切矫揉造作的、与现代生活相脱离的民俗都是伪民俗。

我们共同参与和见证了中国的现代化、城镇化过程,切身感受到了生活日新月异的巨大变化。毫无疑问,春节习俗也在变。通过具体个案的调查、量化的统计,把这种变化载入史册,并对之进行学理化的阐释,是我们努力的目标。

过年：城市的动向与态度

万建中　刘珊珊①

城市在改变春节，春节在城乡成为两种不同的生活景观。城市如何容纳春节传统，这是从乡下来到城市居住的人们都在思考的问题。

一、春节传统在城市的处境

春节文化与城市文明是相背离的，城市文明在不断地抛弃春节文化，所以高有鹏教授才振臂高呼：保卫春节。春节传统与城市文明背离可能有这样几个方面的原因。

第一个方面，春节文化本来的出身。我们都知道春节是农耕社会的产物，我们可以从"春运"的人潮流向来说明这一点。回家过年的人都是向着小城镇、向着乡村流动，纷纷逃离大城市、大都市，回到农耕文明当中。这一方面是因为大城市当中的居民相当一部分是来自小城镇，或者是农村的，大部分都是出生在老家，都是在小城镇和农村长大的。俗语说"有钱没钱回家过年"，要回家去过年，回家乡去过年，和自己的父母、兄弟姐妹在一起，因为他们都在老家。

另一个更重要的原因，就是在大都市过年没有年味，还不允许放鞭炮，尤其是那些已经进入都市文明的居民，也反感别人放鞭炮。如果有人主张不要禁止放鞭炮，必然遭来网上一片骂声，因为放鞭炮损害城市文明，比如说噪音、环境污染等。

春节一过，人们纷纷离开农村，奔向大都市，所以"春运"是两个流向：春节之前是人们向着农村、小城镇流动；春节一过，人们就又奔向大都市。这跟北京的交通拥堵是一样的，早上上班时，郊区的、四面八方的人往中心来，奔向中心。平

---

① 作者简介：万建中，北京师范大学文学院教授，博士生导师；刘珊珊，北京师范大学文学院民间文学专业博士生。

常的时间是大都市的时间,我们的工作方式、节奏都是由大都市来主导的,生活方式也是由大都市来引导的。因为大都市提供了越来越多的工作岗位,农村提供给年轻人的发展空间越来越小,所以有农民工,有"春运"。春节是小城镇和农村的时间维度,是属于家乡的时间,家乡的"乡"本身就带有乡村、乡镇的意思,这是与大都市相对的。春节的核心表达是团圆,当然,也可以是在大都市、异地团聚,但是在异地只是团聚,而不是团圆,只有在自己家乡的团聚才是团圆。

第二个方面,城市文明对春节文化的排斥,这表现在对传统的掩盖方面。什么是节?中国人对植物有天然的亲近感,吃的、穿的、用的都取自于植物。盖房子用木头,同济大学的建筑系叫土木工程系。我们治病的药是草药,我们过去吃的都是"草",是素食。只有在过年、过节的时候才有荤的,鸡、鸭、鱼肉。我们知道什么是中秋、元宵、端午,但不一定知道什么是"节"。植物都有"节",节是植物中最坚硬的部位。中国人很有智慧,把时间也看成是有"节"的,属于坚硬的时间,就是最难过的时间。什么是"节"?不通,堵住了,时间也有不通的,这就是"节"。过节,不通,所以要过,要通过。现在还保存了其本意,两个人之间有深仇大恨叫"过节",这就是"过节"的本意,要通过这个不吉利的时间。所以这个"节",跟现在的欢天喜地是不一样的,在祖先观念中,它是不通的时间、不吉利的时间、邪恶的时间。所以我们都说,年是怪兽,为了通过这段不吉利的时间,要祭祀,把整鸡、整鸭供奉给祖先吃,祖先吃了就会保佑活着的人通过这个时间。

最后一个方面,要遵守很多的禁忌。很多平时能做的事情这个时候不能做,很多平时可以说的话这个时候不能说。中国人很有意思,非常看重开始和结束。开始和结束是新旧交替和转折的时间,这个开始和结束都需要仪式化的表达。出远门要饯行,回来了要洗尘、要接风。人诞生了要举行诞生礼,死了要举行葬礼。所以中国人对开始和结束都非常看重。春节既是一年的结束,又是新年的开始,所以非常重要。严格来说,中国(主要指汉族)不是一个宗教国家,什么是中国人的宗教?中国人活下去的精神支柱就是坚信新的一年比旧的一年要好。所以在大年三十的餐桌上,吃着年夜饭,要说尽吉祥的话,家家都说,人人都说。正月初一互相拜年也要说吉祥话。

二、春节观念之于城市发展的意义

我们为什么愿意过传统的春节?传统的春节让我们面向未来,让我们向前看。中国人的生命哲学是什么?三十年河东,三十年河西。风水轮流转,这是中国人的生命哲学。中国人总是把希望寄托到未来,那么落实到具体观念方面,就是多子多孙多福,就是要生育。生为大德,不孝有三,无后为大,生是顺应天意,生就是希望,生就是未来。并不是说中国人比西方人更能生,不是这样。这是观念,中国人的生命观,生命哲学。

春节有很多禁忌,比如说不能扫地,不能倒垃圾,否则会走了财运、财气;不能动剪刀、刀子,更不能宰杀,因为正月初一不能杀生、不能见血。有很多很多方面的禁忌。在过去,到年关之前父母都要给每个人做新衣服,所有的布置都要焕然一新,这些事情不能拖到正月初一完成。还有大年三十,这个年夜饭是全家团聚的时间,绝对不能有外人来打搅。比如说有人欠了你的钱,一定会在年关之前还你的钱,绝对不会把债拖到新的一年。中国人认为新的比旧的要好,新的会变旧,旧的会变老,老的会走向死亡,越新离死亡就越远。过年也就是迎接新春的到来。在我们中国,保护传统文化很困难,总是认为新的比旧的要好。北京奥运会的口号是"新北京新奥运",有些专家学者提出来北京奥运会的口号应该叫"老北京新奥运"。我觉得这个口号挺好的,可能比"新北京新奥运"更好。有人说怎么能称"老北京",北京应该是新的,只能是"新北京新奥运"。

现代的生活是在追求快捷、便利、舒适和安全,要打破禁忌和约束。春节文化最重要的表征就是很多事情是不能做的,都市生活所强调的完全不一样。现在都市生活,只要不违背法律和相关的政策,什么事情都可以做,什么话都可以说。都市生活是由科技来引领的,科技在改变我们传统的生活方式。科技和所谓的禁忌之间,甚至很多传统观念之间是相冲突的。

春节观念是农耕社会形成的基本生活观念,诸如吉祥、长寿、团圆、平安、辟邪、祖先等,现代化发展到任何程度,这些基本观念都不会淡化。正是有了这些基本观念的支撑,科技才不会像脱缰的野马,无目的地四处狂奔。过年期间用手机对着电视摇呀摇,那是在接受"红包"。"红包"就是传统节日的一个常用称谓,这说明现代化的生活方式离不开传统。

春节文化与城市文明冲突的关键还在于现代化与传统的矛盾。现代化是绝对的,因为它代表了现代社会的发展方向。而放鞭炮则是传统的,并非现代化的必然现象。其实,用放鞭炮来庆贺现代化的伟大成就是最合适不过的。

春节是除旧迎新的时间,这与农业生产的周期性、农业文明的季节、气候变化有关系。一个生产生活周期结束了,迎来了新的生产生活周期。而现代都市中的生产生活周期,是按照阳历来安排的,农业的生产生活周期是按照阴历安排的,所以现在有两种时间制度,官方主导的是阳历,传统的农耕生活用的是阴历。但是,阳历的作息时间亦不能脱离了阴历,传统节日及很多人的生日都是按阴历计算的。

三、春节文化如何满足城市文明

在城市文明不断远离春节文化这种现实情况下,如何让春节文化融入城市文明成为一个非常棘手的问题,单单喊出"保卫春节"这个口号是远远不够的。到底应该怎么融合,需要各方面从不同的学科角度来进行讨论。笔者觉得应该从这几个方面入手。

首先,在城镇化快速发展的过程中,逐渐建立以城市为第二个故乡的观念。比如,北京是个移民城市,以后很多城市都会变成移民城市。在城市中有意识地发展"城中村",比如在北京就有温州村、浙江村。让同一地方的人,讲同一方言的人居住在一起,形成多元文化并存的城市居住格局,重新夯实春节文化土壤。

其次,营造春节文化氛围。政府应该为市民放鞭炮提供良好的条件,既安全又不污染环境。笔者觉得我们科技的水平能够做到这一点,鞭炮放得既安全又响亮,还不污染环境。春节文化氛围营造的一个重要因素,就是商业文化。鼓励商人参与春节文化的建设,比如在春节期间举行各种庙会、促销、发红包。现在的春节文化氛围的营造,很重要的一个方面就是商业运作。消费主义已然在引领城市春节文化。

再次,培植新的民俗事象,让春节文化在城市变异传承。新兴的民俗应该有地方特色,与这个城市的春节传统有一定的关联性。否则,现代新型的城市民俗,各个地方又雷同了。有人问笔者抢"红包",对着电视摇,电视屏前数双手都在那里摇,这个挺好的。这叫抢"红包",就是抢喜庆、抢快乐,就是传统春节的延续。

另外,政府在弘扬春节传统文化方面要有专项投入。通过张灯结彩营造都市特有的春节气氛,对公园、道路两旁、公共空间用现代的科技手段加以装饰,提供各种免费的歌舞表演,市区免费发放春联、年货,慰问低收入居民。单位可以开展"团拜"活动,营造春节气氛。

最后,鼓励年轻人把父母接到城市来。"春运"主要是年轻人回家过年,回到父母身边过年。能不能为把父母接到城市过年提供交通便利?现在,比如北京,到了春节期间交通是真的不拥堵,很畅通,没人。笔者住的那个小区,车库里是满的,人好像不见了,城里的人一下就少了很多。如果春节的交通还是很拥堵,这才是有年味的。这种年味跟汽车的尾气,我看也是成正比的。现在城市春节没有年味,说白了,就是不热闹,喜庆的氛围不够浓郁。

一般认为,春节文化是传承的,城市文明是建构的。其实并不尽然,春节文化同样也可以是发明的，城市的现代化也包括春节文化的现代化。过去过春节都是在家庭内部进行的，包括吃年夜饭，包括让家庭生活空间焕然一新。为迎接春节，家庭会做很多准备，买年货、扫尘、买新衣服、准备压岁钱等，这都是家庭内部的事情。迈向现代的城市春节文化，应该精心打造公共生活空间。为什么有些中国人愿意过圣诞节？一到圣诞节，各个大的商场都有很多很多的装饰。圣诞节过去这么长时间，商场这些装饰都还保留着，有圣诞树、圣诞老人等各种圣诞符号。在春节期间也应该这样，创造一些春节文化的特定符号，适合都市的一些装饰的文化标识，把市民引出家庭，让他们奔向公共空间，有很多地方有庙会，各个商场也应该像迎接圣诞一样去迎接我们的春节。

　　春节的确是很美好的。尽管交通很拥堵，汽车站、火车站、机场人山人海。但是你坐在火车里面，尽管很拥挤，尽管味道很重，但是你的心情真的很不一样，要回家过年了。笔者就看到这样一个景象：车厢很拥挤，一个人踩到另一个的脚，可能踩得比较重，因为这个人扛的行李很多，可能把行李的重量也压到他的脚上了，被踩的人就破口大骂：你踩到我的脚了！那个人说：那么多人，也不是我要踩你的脚，是后面的人让我踩你的。天气比较干燥，人的火气就比较大，都上火。其中一个老太太说：打什么打啊，都要回家过年了。两个人忽然就不吵了，回家过年了，多美好的事情啊，如果一打架，整个年就过不好了。鲁迅先生写了一篇短篇小说，叫《祝福》，大年三十的晚上，家家户户在吃年夜饭，在祝福，可就在这个时候祥林嫂死掉了，多晦气。祥林嫂的悲剧就在于死都死的不是时候。这篇小说表达的也是传统与现代社会冲突的问题。即便在现代社会，祥林嫂的死也是对神圣的年夜饭的亵渎。现代都市生活，既要有国庆和党的诞生等伟大的节日，也需要春节这样的文化积淀深厚的传统节日。

　　春节是美好的，春节肯定是一直延续下去的，没有了春节，我觉得活得都没意思了。什么是幸福？团圆就是幸福。一句很平常的话，"有钱没钱，回家过年"，这个真的很美好。春节的神圣是不可逆转的，这一点，乡村和城市并无本质的区别。

关于年画起源与岩画关系的问题

高有鹏①

一

年和年画起源问题,我们更多的是依据文献记述,以为记述时间就是起源的重要标志。问题在于一种具有传统意义的文化生活总是在漫长的实践过程中形成的,其标志性内容并不是某一个事件,而是多元并存的。

传统年画,花花绿绿,有神像,有花草,有鸟兽,有人物,一片祥瑞,令人赏心悦目、温暖。一张白纸,大千世界,令人回味。

年画属于年节文化的一部分。

年,是中国最重要的节日,源自庆贺丰收,具有驱邪、禳灾、纳福的意义,许慎在《说文解字》中解释为"谷熟",段玉裁的《说文解字注》称"夏曰岁,商曰祀,周曰年,唐虞曰载"。年是中国最重要的计时单位,以年节为界,人们安排生产、生活,周而复始。无论何时,无论何人,都非常重视年节。年,万物之始,寄托着人们的希望、期待,人们相互祝福,表达美好愿望。

年作为节日,起源于对天地和神灵的信仰,其仪式的每一个环节,都是由信仰推动的。年是中国人最重要的信仰,集合了起源于原始文明的众多的信仰崇拜。

年画之年,在于时令;年画之画,在于图像。年画首先体现的是信仰,其次才是愉悦和审美。从石刻到纸质,再到今天的多媒体,年画成为节日的媒介,装点环境,形成丰富多彩的文化生态。年画不仅仅是纸质的图画,其形式有多种。

---

① 作者简介:高有鹏,历史学博士,上海交通大学人文学院教授、博士生导师,上海交通大学文学人类学研究中心副主任,中国艺术教育联合会副主席,中央电视台《百家讲坛》主讲人。

年画作为一种节日符号,在明代广泛出现,以明宣宗朱瞻基的一幅《御笔戏写三阳开泰图》为例,说明年画很受欢迎。其实,此前相当久远的时代,就已经出现年画,古本《山海经》记述东海度朔山有大桃树,蟠屈三千里,后有应劭在《风俗通义·祭典》中转述之,并称此桃树下神荼与郁垒二人检阅众鬼,捉来害鬼喂虎吃,"县官常以腊除夕,饰桃人,垂苇茭,画虎于门,皆追效前事冀以卫凶也",于是有以此画虎镇除邪恶庆贺新年的习俗。此前,《周礼·春官》中有"师世居虎门之左",应该是对画虎习俗的记述。《左传·襄公二十九年》记述:"二十九年春,王正月,公在楚,释不朝正于庙也。楚人使公亲禭,公患之。穆叔曰:祓殡而禭,则布币也。乃使巫以桃列先祓殡。"《礼记·檀弓下》记述:"君临臣丧.以巫祝桃茢执戈,(鬼)恶之也。"说明桃崇拜的流行相当广。《荆楚岁时记》记述元旦,称:"造桃板著户,谓之仙木。"其表明六朝时期就有了桃板作为年画的信仰方式。宋代王安石《除日》一诗歌唱:"爆竹声中一岁除,春风送暖入屠苏。千门万户曈曈日,总把新桃换旧符。"说明桃符作为年画在宋代很流行。孟元老《东京梦华录》中记述了当时的年画叫卖活动,有"近岁节,市井皆印卖门神、钟馗、桃板、桃符及财门钝驴、回头鹿马、天行贴子"等内容,并且把其中的"霍四究,说三分。尹常卖,五代史。文八娘,叫果子。其余不可胜数。不管风雨寒暑,诸棚看人,日日如是"视作年画的重要题材。更有人考证将李世民与尉迟敬德等英雄梦遇传说作为年画故事的发生。还有人以曾侯乙墓的考古发掘为例,证明年画中的门神很早已经出现。

年画的概念,具体出现在清道光三十年(1850年)成书的《乡言解颐》中,作者李光庭。其书卷四"物部"上,记述"新年十事",称:

时宪书

孟冬颁朔,县衙听事吏各处送时宪书,以图犒赏。乡村家但供灶王马,高头备载月之大小建、节气,毋庸检书也。吏必欲送,其人坚执不受。吏曰:"留下一本好,世上靡有不散的筵席,万一分家之时,将灶王马打坏,再找宪书可就迟了。"正朔遵先夏,成书及孟冬。窥天博士眼,罗宿五官胸。测晷穷中外,通神辨吉凶。月纲兼日目,指掌示时雍。

门神

门者,五祀之一。有神,固矣。至于绘文武之像,指将相之名,双扇门曰对脸儿,单扇门曰独坐儿,习俗之附会也。《随园诗话》载赋门神者曰:"四门唐博士,万户汉通侯。爵封千(万)户外,秩满一年中。"可谓门面阔大。若"无言似厌人投刺,含笑应羞客曳裾",则神情活现矣。衣紫腰金样,年年绚采新。同门成旧契,万户是前身。题凤由狂客,登龙引俊民。臣心清似水,莫阻曳裾人。

春联

桃符以画,春联以书。书较画为省便,复有斗方、横批、小单条之类。乡人不识字,有以人口平安与肥猪满圈互易者。车门多用四大字,惟王楷堂比部自撰一联云:"吃草吃麸还吃料;拉人拉水不拉钱。"欲写宜春帖,东风入砚坳。选言谁独雅,吉语不嫌铄。花膀新莺谷,云封老鹤巢。误他寻垒燕,华屋认衡茅。

爆竹

爆竹本以竹为之,后用纸扎,而名仍其旧。乡谚云:"糖瓜祭灶,新年来到。闺女要花,小儿要爆。"何物能驱疫,其方用火攻。名犹沿爆竹,象乃肖裁笛。惊破山臊胆,旁参郁垒功。儿童休掩耳,茅塞一声通。

扫舍

扫舍者,除旧更新之意也。然以日日扫地之法,将承尘四壁拂拭之,省却终年劳攘。未扫先祷告曰:"土地奶奶躲躲儿,扫了房子供果儿。"或曰祀灶之后,不拘宜扫不宜扫。不知何义。莫谓儒官陋,常将敝帚储。庐为吾所爱,尘与岁俱除。香穗衣篝簇,梅花纸帐舒。纱笼重检点,珍护敷行书。

年画

扫舍之后,便贴年画,稚子之戏耳。然如《孝顺图》《庄稼忙》,令小儿看之,为之解说,未尝非养正之一端也。依旧胡卢(葫芦)样,春从画里归。手无寒具碍,心与卧游逮。赚得儿童喜,能生蓬荜辉。耕桑图最好,仿佛一家肥。

馒头

腊月望后,便蒸馒头,分有馅、无馅二种。有细作者,拣麦磨面,煞费工夫,乡人有磨面先洗驴之诮。卖面者曰重锣,家作至于四锣。挽冰花糖以模印之,其白如雪,面有银光,谓之白包子。近日京师山左人家作者最精。昔年家乡亦有能作者,今失传矣。翠釜汤初沸,筠笼气渐浮。一丸轻入掌,十字坼当头。长茧迎春结,斜桃馈岁投。丰年多旨蓄,嘉种记来牟。

水饺

除夕包水饺,谓之煮饽饽,亦犹上元元宵、端阳角黍、中秋月饼之类也。乡谣云:"夏令去,秋季过,年节又耍奉婆婆。快包煮饽饽。皮儿薄,馅儿多,婆婆吃了笑呵呵。媳妇费张罗。"细矸霜肤薄,弯环味曲包。拈花生指上,斸(dòu,斗)角簇眉梢。轻似月钩漾,白如云子抄。主人非日食,短饦(zhān,稠粥)莫同嘲。

辞岁

市集除夕辞岁后便息。五更起,祀神焚纸,食水饺。乡村则终夜不睡,续香不断,谓之接香。五更烧纸,吃了煮饽饽便睡,为一年安饱之兆。终岁供消遣,今宵忍更辞。须知将去候。郎是欲来时。姬喜松明快,催嫌爆竹迟。何如陈酒脯,酬我一年诗。

贺年

市集拜年例于元旦,有必当进见者,余则隔门呼应而已。敷十年前无用名片者,今亦有之矣。街上相逢,士人曰新喜,买卖人则曰新春大喜大发财。不作增年慨,翻如晋秩荣。办香谁独款,片纸亦人情。冷澹空投刺,生疏悄问名。放翁偏贺号,剥啄是新声。

以此,人便以为"扫舍之后,便贴年画",是历史上第一次出现年画的名称。不唯如此,富察敦崇的《帝京岁时纪胜》中,记述前门外十二月京庄有"初十外则卖卫画、门神、挂钱"①等活动。天津年画(或者就是天津杨柳青年画)在北京地区的热销场景,表明年画在清代社会的流行和繁盛。

其实,广义的年画不仅有门神、春联和"稚子之戏"(儿童喜欢的画),也有桃符、桃板。

显然,年画因为年节而出现。年的核心内容在于庆贺丰收,年画自然表达出人们对丰收的理解。丰收与农耕文明联系密切,但其意义并不仅仅在于农业生产,它还包括各个方面的劳动和收获,集中表现为人们获得充裕的物质财富和精神的愉悦。

中国有漫长的农耕文明历史,年画是人们对年节非常深刻的记忆。年画表达人们的希望和期待,教育子孙后代,成为人们生活中重要的文化活动。从民国初年的《教育部通俗教育研究会议决调查年画案》,到1949年国家颁布的《关于开展新年画工作的指示》等,可以看到,年画一直受到社会各个方面的喜爱和重视。

总之,年画来源于年节,是一种图画,表达了狂欢与静穆等丰富的情感。这是中国文化"立像以言意"传统的典型体现。

其实,年画作为节日符号,不仅在中国出现,在其他地方也有。而且,年画作为一种生活艺术,其起源更早。

---

① 富察敦崇《帝京岁时纪胜》记述:"腊月朔,街前卖粥果者成市。更有卖核桃、柿饼、枣、栗、干菱角米者,肩挑筐贮,叫而卖之。其次则肥野鸡、关东鱼、野猫、野鹜、腌腊肉、铁雀儿、徽架果罩、大佛花、斗光千张、楼子庄元宝。初十外则卖卫画、门神、挂钱、金银箔、锞子黄钱、销金倒西、马子烧纸、玻璃镜、窗户眼。请十八佛天地百分。"

二

年画与岩画有非常重要的联系。或者说,最早的岩画,其实就是年画,是刻写在大地上的年画。年画与岩画的共通之处,在于体现对自然世界与社会现实的超越,具有典型的狂欢意识。

岩画是一种石刻,古人以石器为工具,刻画出各种图案,记录他们的情感和生活,尤其是他们的生产劳动。一方面,物质的获得是人们生存的必要条件,所以狩猎、种植、驯养等内容在岩画中占据重要位置;另一方面,人们的精神世界得以体现,所以诸如太阳神和人口的繁衍等内容在岩画中具有突出表现。世界各民族的历史文化背景与自然生存环境不同,但是对物质世界与精神世界的追求与理解有许多相通的内容,体现出狂欢的情景和对信仰的表达。从这种意义上讲,世界各民族的岩画就是最早的年画。

我国许多地方都分布有岩画,来表现原始文明。但是,历史文献述及岩画的时代相对比较晚,较早的应该是《韩非子》。在《韩非子·外储说左上》中,有"赵主父令工施钩梯而缘播吾,刻疏人迹其上,广三尺,长五尺,而勒之曰:主父常游于此",或可以看作我国岩画的最早记录。郦道元的《水经注》,其卷三十四"江水"记述:

> 江水又东,迳巫峡,杜宇所凿,以通江水也。郭仲产云:"按《地理志》,巫山在县西南,而今县东有巫山,将郡、县居治无恒故也!"江水历峡,东迳新崩滩。此山汉和帝永元十二年崩,晋太元二年又崩。当崩之日,水逆流百余里,涌起数十丈。今滩上有石,或圆如箪(dān),或方似笥(sì),若此者甚众,皆崩崖所陨,致怒湍流,故谓之新崩滩。其颓岩所余,比之诸岭,尚为竦桀。其下十余里,有大巫山,非惟三峡所无,乃当抗峰岷、峨,偕岭衡、疑;其翼附群山,并概青云,更就霄汉,辨其优劣耳!神孟涂所处。《山海经》曰:"夏后启之臣孟涂,是司神于巴,巴人讼于孟涂之所,其衣有血者执之,是请生,居山上,在丹山西。"郭景纯云:"丹山在丹阳,属巴。"丹山西即巫山者也。又,帝女居焉。宋玉所谓"天帝之季女,名曰瑶姬,未行而亡,封于巫山之阳。精魂为草,寔为灵芝",所谓"巫山之女,高唐之阻,旦为为云,暮为行雨,朝朝暮暮,阳台之下。旦早视之,果如其言。故为立庙,号朝云焉"。其间首尾百六十里,谓之巫峡,盖因山为名也。

韩非子、郦道元对岩画的记述都是感性的印象,"刻疏人迹其上,广三尺,长五尺"与"或圆如箪,或方似笥"是印象,没有涉及具体内容。之后,唐代张读在《宣室志》中记述福建泉州南山"石壁之上有凿成文字一十九言,字势甚古",也属于岩画的发现。

我国岩画研究的开端,一般以1915年黄仲琴对福建华安汰溪仙字潭岩刻的调查为标志。黄仲琴发表《汰溪古文》①,其"疑即古代兰雷民族所用,为爨字或苗文的一种"的论点为人所关注。一直到20世纪70年代,我国北部黑龙江和内蒙古、西北新疆和甘肃、西南云南和广西各地不断有岩画的发现,至20世纪80年代,随着文物普查工作的开展,在贵州、内蒙古、宁夏、新疆、甘肃、青海、西藏等西部地区发现大范围的岩画,在广东、福建、台湾、江苏、河南都发现大面积的岩画,逐渐掀起岩画研究的热潮。有许多学者注意到岩画与原始文明的密切联系,在人类学、神话学、民俗学、宗教学和考古学等领域,岩画研究出现可喜成就。

世界上许多民族都保存着岩画,见证不同民族的节日狂欢。

近年来,研究和记录岩画的书籍越来越多,人们从不同的方面理解岩画。人们看到岩画在原始文明中所体现的信仰功能与意义,甚至有人看到了最早的人类迁徙足迹。岩画作为原始人的狂欢遗产被人们认同,它是祈祷神灵保佑、沟通人神感情、记录狩猎与战争等重大事件的产物。在这一种意义上,它与年节的狂欢和信仰等意义是一致的。

以往的年画研究,人们更多关注的是历史文献对年画的记述和年画的实物保存。历史文献的局限非常明显,人们更关注影响国家、社会和民族命运的大事件,忽略或者不屑于表现底层社会的文化生活。研究者的视野也更多局限在传统文人的记述上,相对忽略了文物发现的国际视野。中国社会与人类文明的整体对话,应该是从近代中国被列强瓜分和欺凌开始的,尽管中国历史上也有过张骞出使西域、玄奘西游、郑和下西洋等事件发生。或者可以说,随着汉学的兴起,尤其是西方社会的传教士、探险家与商人涌向中国,中国政府向欧美等域外国家派出使者和留学人员,才真正出现国际视野的中国学术。其中,对人类学的借用与发展,在中外文化交流中架起了宽广的桥梁。

岩画受到人文学科的关注,与人类学的兴起密不可分。人类学的兴起与工业革命有密切联系,与殖民地政治文化有密切联系,意在探寻原始文明背后的落后民族与现代文明背后的发达民族之间的差异。人类学关注人类文明的进化,以进化论作为自己的思想方法,把原始文明看作现代文明的发生母体,把岩画作为原始文明的重要典型,视作原始艺术,以为其开创了人类文明的先河,并且作

---

① 黄仲琴.汰溪古文.岭南大学学报,1935年第四卷第二期.

为艺术形态和观念被传承、传播。

改革开放以来,特别是 20 世纪八九十年代,中国学术界与世界的交往日益频繁,人类学、神话学、图腾艺术等领域积极吸纳国际岩画研究的成果。伴随着博物馆事业的迅速发展,人们对岩画的研究兴趣越来越浓郁,呈现出开放的姿态。中国许多地方重视岩画的展示功能,世界上规模最大的岩画专题博物馆是银川世界岩画馆,建立在宁夏贺兰山岩画风景区。在银川世界岩画馆,有"序厅""中厅""世界岩画展厅""中国岩画展厅""贺兰山岩画展厅""原始艺术展厅"等多个展厅,展示岩画图案,汇聚了国内外岩画的主要类型。从这里可以看到,岩画类型以人和动物为主,主要有人面像、人体像、动物图像、人与动物混杂的生活图像,以及各种抽象符号、图案。

由于种种原因,人们研究年画和岩画,没有注意到它们之间的共同点,即狂欢。狂欢的形式是多种多样的,年画与岩画都是狂欢的结果。

狂欢是传统节日的重要标志,也是其重要功能。通过狂欢,人们进行各种如痴如醉的表演,实现精神和情感的愉悦。在狂欢的过程中,人、神两个世界形成沟通,形成自由自在的精神状态。岩画所表达的各种抽象符号与具体的生活图画,与年画所表达的热烈情感愿望,都贯穿在狂欢、癫狂之中。狂欢与癫狂作为一种精神形态,各种变形成为其重要的表现手段,想象与夸张得到极致表达。当然,任何想象与夸张都避免不了目的性,这种目的性涵盖在各种生产与生活之中,如人们刻画各种动物,是为了获取更多的猎物,或者是为了避免猛兽的伤害;人们刻画各种植物和生活中的实物,是为了生活的丰裕,包括人与兽的连体,夸大人体器官,具有获取力量、获得生育力繁殖力等内容;人们刻画各种符号的意义,特别是变形的太阳、动物与植物形状的面孔等,其内涵就更复杂了,应当包含着各种神灵崇拜等信仰功能。

三

无论是中国岩画,还是外国岩画,夸张与变形都是普遍的表现形式。变形的意义与巫术崇拜有关,在宗教文化生活中具有普遍性。岩画如此,年画也如此。

岩画所表现的内容,与岩画所处的自然环境有关,与一定地域的历史文化起源有关,而更重要的是与自然环境形成的文明特色有关,成为一定地域的标志。其后,或为年画,或为壁画。

如亚洲岩画,分为西亚、东亚、南亚和中亚等地区。西亚岩画以沙特阿拉伯为典型,表现内容主要有狩猎场景、放牧生活、动物图像、男人群体和一些妇女,岩画中的器具主要有弓、箭、矛、棍棒等，与这一地区的历史有关。中亚地区的岩画以贝加尔湖岩画为代表，以及蒙古国的科布多省辉特—青格勒洞穴岩画、前杭爱省科布多苏木哈嫩哈德山岩画、后杭爱省楚露特岩画、蒙古北部穆连和特斯岩画，主要表现为草原和沙漠地理，有许多动物图像与象征性符号，包括羊群、马群、骑马者、骆驼等，图案具有萨满教色彩。东亚地区的岩画，以日本九州岛南部山洞为典型，图案主要有妇女、儿童、猎人和大角鹿等动物。南亚地区以印度为典型，在毗摩贝德卡等地分布着表现狩猎、畜牧、耕耘、草庐定居、礼拜、采蜜、植树和战争、歌舞、娱乐、祭祀等内容的岩画，表现出浓郁的精灵崇拜和生殖崇拜等原始信仰。尤其是与印度神话相关的"受伤的野猪""奉为神的野猪""手握金盏花的妇女""希望之树"，以及骑马者、骑象者、步行的武装战士等，每一个场景都意味着一种生活与一段历史。

如欧洲岩画，主要有西班牙岩画群，以北部的坎塔布里亚地区与南部的直布罗陀海峡为例，画面主要有野兽、采蜂蜜的妇女、小个子男人等；法国的洞窟岩画有许多地方与西班牙岩画相似，其拉斯科洞窟崖岩画被称为"史前的罗浮宫"，出现了马匹、红鹿、野牛等动物，其中一头野牛向一个鸟人冲去，鸟人旁边有一只鸟站立在树的枝头，野牛的肚子被一枝长矛刺穿，流出肠子，仍然挣扎着冲向鸟人；意大利西西里岛的阿达拉岩画，出现一些做舞蹈、执法等动作的裸体群像，与意大利原始文明有关；意大利梵尔卡莫尼卡谷地岩画中出现许多几何图形和一些神秘符号，还出现一些武器、人物和动物，以及各种曲线、梯形图、网状物；北欧地区的挪威、芬兰等地，因为与山地、海洋和森林相连，岩画主要表现狩猎、渔猎生活，图案出现太阳、野兽、鱼、鸟和独木舟、马车、弓箭等内容。欧洲岩画与史前生活有关，有一些表现战争和捕猎的场景，表现的动物有猛犸象、披毛犀、野马、野牛和鹿等，采集和农耕的内容相对较少。由于欧洲地区发展的不平衡，在岩画色彩上表现出差异，如西班牙北部到法国西南部等地区，岩画分布于不见阳光的洞穴深处，保留了冰河时代的文化痕迹；在乌拉尔山到北冰洋地区，阳光充裕，非洞穴岩画表现出人渔猎、狩猎的生活。

如非洲岩画，主要分布在位于阿尔及利亚和利比亚边界的撒哈拉沙漠中部的阿杰尔高原，南部的南非、津巴布韦、赞比亚及纳米比亚等山地。非洲岩画所表现的内容被分为水牛时期、公牛时期、马时期和骆驼时期等不同的时期，有不同的图案。在不同的图案中，有各种动物等活动场景，意味着不同的社会发展阶段。非洲盛产大象，在许多地方的岩画中出现大象的形象，在一些地方出现公牛、大型马车和骆驼，标志着畜牧业的发展。非洲的植被与种植业有联系，撒哈拉岩画中出现掌管五谷的女神，女神的头上有羽毛作为装饰，其面部周围有斑点帘,而且出现一片播撒种子的庄稼地。与撒哈拉岩画不同的是,南部非洲岩刻表现题材主要是野象、狮子、河马、犀牛、羚羊、长颈鹿、斑马等单独出现的动物形象,意味着这里的原始居民与这些动物的联系。同时,这里也出现人兽合体的图案,出现狩猎、战争、祭祀、娱舞、交媾等内容,其中出现狩猎、舞蹈场景较多。值得注意的是,这里出现一些披着兽皮或戴着某种动物形状面具的舞蹈者。这些图案人与兽相混合,有一些化装成各种野生动物的模样,有一些手持弓和矛,表现为猎人形象,也有一些用羽毛作为装饰物,有一些把头部拉长,似伸长脖子的鸵鸟。这是否意味着图腾生活的展示、图腾结构的构成、图腾文化之间的联系呢?

美洲岩画记述了特殊的历史文化,南美洲阿根廷的洛斯马诺斯是原住民泰韦尔切人居住地,这里的岩画出现了不同于其他地方的图案,形成许多"手洞",如墙壁上各种形状的手,又如同一棵树生出许多枝丫和许多树叶,也出现一些当地常见的动物,如红褐色美洲驼,见证这里的原始文明。美洲地区出现的许多人面神像与美洲之外一些岩画有许多相同处,成为一个谜,引起人们的各种猜想和联想。如北美洲西部的海岸山脉(Coast Ranges),出现人面岩画,人面头上出现许多放射状的线条。更多的地方出现太阳和鸟的岩画,包括各种各样的抽象符号,甚至有人以印第安人的原始文化出现类似甲骨文符号等为证,说明中国人最早发现并生活在美洲。当然,这是一种猜想,需要更多的证据。美洲地区有许多岩画表明史前的美洲所发生的变化,在北美洲出现蛙形人、女性人体和生殖巫术之类的图案,引起学者注意。当然,各地岩画不尽相同,如美国加利福尼亚的岩画,出现红色手印、太阳、抽象符号和各种动物图案;美国内华达州印第安保留地金字塔湖上的岩画,被称为北美洲最古老的岩画,这里的石头每一面都会出现各种几何图案,有同心圆、菱形,也有一些树;墨西哥圣弗朗西斯科山岩画出现携带武器的人和各种各样的动物,岩画中的动物有驼鹿、大角羊、叉角羚、美洲狮、大山猫、龟、鱼等;加拿大不列颠哥伦比亚岩画出现一条鱼和一个没有轮廓的人面,人面位于鱼头上部,鱼吐出长舌头,在鱼的腹部出现一个鸟头形状的符号,接近鱼尾处出现一个黑点。这一切都需要从原始信仰讲起。

从澳大利亚西北部的金伯利高原,经过北部的阿纳姆高地,到达约克角半岛,到澳大利亚南部库纳尔达,分布着许多岩画,画面展示出各种各样的英雄和神灵,包括神话中的蜥蜴、巨蛇、袋鼠等动物以及半人半猿像,用红、黄、黑、蓝等色彩描绘。与其他地区岩画所不同的是,这里的岩画更富有情节。如阿纳姆高地和金伯利高原岩画,出现人与动物相呼应的场景,在画面的中心出现一只鸸鹋,体格巨大,但是不会飞,它的一侧出现戴帽子、骑马的人,显然这是故事的图像叙事。澳大利亚北部地区的德拉米尔岩画，画面出现两个巨型男子像，他们每人都露出与腿一样粗大的生殖器，他们之间的关系也应该是一个故事。澳大利亚西北地区汪其纳岩画是又一种典型，人像或躺或卧，其面部不画嘴巴，只画出眼睛和鼻子，与袋鼠、鱼、鸟等动物相衬，构成一幅图画，暗含着神秘的传说故事。

四

在中国，岩画分为南方和北方两大系列，表现出不同地区、不同时代、不同民族的文明生活，包括那些丰富的情感、意志、信念与信仰。中国岩画用自己的石头和图画讲述中国的天地神灵故事，体现中国早期文明的风貌，相当于最早的年画。

南方岩画又分为东南和西南两大系统，这两个地区的岩画表现出不同的文明形式。

我国东南地区的岩画，主要分布在江西、浙江、江苏、安徽、福建、广东、香港、澳门、台湾等地。这里的气候不同于北方的寒冷、干旱，也不同于西南地区的潮湿，这里阳光充足，出现的太阳、鸟类、鱼类等较多，也出现了抽象的杯形、同心圆和蹲形人物，抽象线性符号所表达的意义更特殊。著名的岩画如江苏连云港将军崖岩画人面太阳神与星象鸟兽图案、福建华安县仙字潭摩崖石刻人面像和舞蹈、广东省珠海市高栏岛石刻画出海场景、台湾高雄县万山岩雕群"孤巴察峨"等，因为东南地区临近海洋，所以内容与海洋文明联系较多。值得注意的是，这里是古越文明的集中分布地区，不同于中原文化。

我国西南地区的岩画，主要分布在广西、云南、贵州、四川、西藏等地，多分布在江河沿岸，出现在悬崖、石壁、山坡，以广西花山岩画和云南沧源岩画为典型，出现各种动物和人，内容多为各种宗教活动与农耕生活，整个岩画多为红色。岩画中的人物线条分明，但不显示具体的五官，更多显示肢体动作，多上举双臂、屈蹲双腿，蛙式的蹲形形象非常突出。各种动物也没有具体的形状，而是用简单的线条表现角、尾、耳等特征部位。

任何一个地方的岩画都不是孤立存在的，都有特定的自然因素和特殊的历史文化因素暗含其中，广西花山岩画也是如此。广西岩画集中在左江流域的宁明、龙州、崇左、扶绥、大新、天等、凭祥等地，沿江崖壁上分布着不同形状的岩画，成为当地原始文明的重要见证。花山岩画发现地花山，位于宁明北部明江畔，画面以大大小小的人物为主，也有一些动物。这些人物最高的有近一丈许，最矮的一尺许。岩画上的人物正面多为双臂向两侧平伸，肘部弯曲，手臂向上；其双腿叉开如马步,半蹲;其身旁或者有狗之类的动物,或配有刀等器具,或配有长鼓之类的乐器;侧身人像围绕在正面人像一侧,其形体较小,数量众多,形成明显对比。这种形状被称为"蛙蹲",应当是与巫术崇拜有关系。云南沧源岩画与广西花山岩画相似的地方,即以大大小小的人物为主,岩画内容多为狩猎、采集、放牧、舞蹈、战争和巫术等原始宗教,也有建筑和村落等。引人注目的是沧源岩画出现猴群,出现捕捉猴类动物的生活场景,这当是地方风俗的表现。在后世天津杨柳青年画中出现猴子抢草帽的题材,不知是否与此有关。沧源岩画中的角色大致可分为人物、动物、器物、房屋、自然物、符号和手印等。与花山岩画不同的是,沧源岩画的人物多呈现出"大"字、"文"字等形状,突出表现手脚等肢体的动作,刻意显示人物佩戴,如头上、身上的装饰物。最突出的是巫师之类的主角,身体被重彩描绘,显示出特殊的身份和地位。一些神话传说中的"太阳人""鸟形人"等,作为半神半人的角色。岩画中还出现各种原始武器,如弓弩、盾牌、矛枪等,也有牛角之类的法器和杵臼、棒、木栅栏等生活用具。值得注意的是其中的生殖崇拜,猛省第六地点岩画,右上端似乎为一女性,左右臂平伸,两脚叉开,其胸部突出有双乳,其腰胯间突出一圆孔,应当是生殖器的标志;其右下部位有一圆形物,被二人双手举起,他们五指张开,表现出张狂的神采;其左侧有三人,二人较大,一人较小,胸部也绘有乳房,腰胯间绘有圆孔形状,一手持盾牌状物,一手持短棒。这些岩画可能表明生殖崇拜与保护神的统一。后世年画中的男性送子神,总是佩戴弓箭等器物,应当与此意义相同。

  我国北方岩画主要分布在内蒙古、新疆、宁夏、甘肃、青海、黑龙江等地,如宁夏贺兰山岩画、内蒙古阴山岩画等,其内容多表现为动物、狩猎、游牧、战争、舞蹈等,出现了生活中的武器、穹庐、毡帐、车轮、车辆等用品,更值得注意的是出现天神、地祇、祖先神与日月星辰,出现原始数码等符号,还有手印、足印、动物蹄印等。北方地区游牧民族居多,所以岩画中多出现游牧民族的狩猎活动和战争活动,其中的射猎最为引人注目。以内蒙古阴山岩画为例,可以看出,大量的动物中羊类较多,如山羊、绵羊、盘羊、羚羊、岩羊等;其次是鹿类,有大角鹿、白唇鹿、赤鹿、麋鹿、驼鹿等;再次是各种畜类,如马、骡、驴、驼、牛、野牛、羚牛等,也有狼、虎、豹、狍子、狗、野猪、兔、狐狸、龟、蛇等。与之相对的是各种人物活动,如岩画中的放牧、车辆、出行、骑士、骑士列队、征战图、穹庐毡帐、神灵图像、舞蹈、祭祀等,表现出这一地区的史前文明。同时,阴山岩画出现许多具有抽象意义的符号,如人面形、人手足印、禽兽蹄足印,包括一些原始数码、图画文字和星图等。如果说每一种动物与每一个场景的出现都不是偶然的,这里应该集中了一个非常庞大的故事群。宁夏的贺兰山岩画也非常壮观,500里贺兰山,许多山口,如树林口、黑石峁、归德沟、贺兰口、苏峪口、插旗口、西蕃口,以及双龙山、黄羊山等山坳,都广泛分布着岩画,犹如一幅天然的画卷,记述着当年的风风雨雨。画卷的各个部分所表现的内容不尽相同,有些地方表现狩猎活动的内容多,出现了北山羊、岩羊、狼、鹿等动物;有些地方表现战争生活的内容多,出现了骑马的武士,出现了马、牛、飞鸟和各种猛兽等动物;有些地方表现宗教活动的内容多,出现许多人面像,出现人首形象,长有犄角,插着羽毛。这些人面像成为贺兰山岩画的重要标志,与远在大洋彼岸的美洲岩画人面像对照,引起人们无尽的遐想。

新疆有美丽的天山,引发人们对昆仑神山和西王母的神思。新疆岩画的分布,主要在阿尔泰山、天山、昆仑山和准噶尔盆地、塔里木盆地。诸如阿尔泰山岩画、阿勒泰地区布尔津县冲乎尔乡岩画、天山中部呼图壁县康家石门子壁画、乌勒盖岩画、吉木乃县阿吾尔山岩画、哈密沁城折腰沟岩画、布尔津县阔斯特克乡和也格孜托别乡一带的岩画等,犹如一幅风俗画。岩画出现壮观的牛群、马群、羊群、鹿群,也有狗、熊、骆驼,动物形状各异,放牧的人有丰富的表情,表现出又一种情形的游牧文明。狩猎与获取生物有关,更与战争联系密切。撒尔乔湖的一幅狩猎岩画,一个猎人双手前曲,紧握弓弦,射箭击中一头黑熊;乌勒盖岩画有匍匐在草丛中持弓狩猎的场景,有多人围猎鹿群的场景;岩画中的战争场面也非常独特,哈密沁城折腰沟岩画中的征战场面最为典型,左右两侧分别有战马,一方神情高昂,一方表现出疲惫不堪,画面中的战马正在驰骋,有骑士跃然向敌方冲刺。新疆岩画更值得人注意的是生殖崇拜,生殖崇拜既是对生命的崇拜,也是对自然的崇拜,是原始文明对艺术的第一次拥抱,体现了审美意义和哲学意义的统一。在新疆岩画中,表现生殖崇拜的内容非常突出,各具特色,如阿尔泰山富蕴县唐勒塔斯洞窟正壁上出现四个椭圆形的女性生殖器,阿勒泰阿克塔斯岩画出现非常醒目的一个女性阴户。夹西哈拉海与哈巴河县的杜阿特松哈尔沟岩画、天山特克斯县的阿克塔斯岩画、昆仑山帕米尔高原东麓喀什噶尔岩画、皮山县的阿日希翁库尔岩画等,皆在洞窟内,以赭红色、白色、黑色等色彩绘制女性生殖器。天山中部呼图壁县康家石门子岩画,出现数百个男女互相交媾的场面,许多男性的生殖器官被放大,而且一侧出现许多小人儿,一群群,应该是寓意人口生产与生殖崇拜的关系。类似的岩画还有青海卢山岩画中的生殖图,画面上有一男一女。女的双腿微曲,向两边分开,在两腿之间、臀部下面,出现一些圆点,意味着女性生殖器;男的在女的一侧,其生殖器很突出。女阴崇拜与男根崇拜在岩画中是神圣的,与敬爱生命、敬仰自然、敬重神灵等信仰联系在一起。在后世的年画中逐渐被花儿和鸟儿所替代,形成雅化转换。这些岩画应当是原始文明中野合等婚俗的表现,虽然远离中原,却与《周礼》《礼记》等典籍中所记的"令会男女""奔者不禁"相似,这正表明生殖崇拜的普遍性,这应该是后世年画中子孙兴旺、多子多福等题材的重要源头。

五

岩画所表现的主题,无疑是原始文明,原始神话和原始艺术是其主要内容,是神话艺术。神话是文化的重要源头,年画与之有许多相联系的内容。岩画不是无端发生的,就其祭祀、信仰与狂欢等意义而言,它是最早的年画。

从岩画中可以看到,有许多共同的表现主题和表现形式,如人面像和手印,以及人兽混杂的内容,流行于许多地区。尤其是人面像的流行,作为岩画主题,形成原始文明的重要类型。对此,有学者发现人面像在环北太平洋地区的东亚和北美一带系统性分布,人面像岩画仅出现在环太平洋地区的中国、蒙古、俄罗斯的西伯利亚、美国、加拿大、智利、澳大利亚等 11 个国家和地区。① 或者说,在世界范围内,各个族群、部落、氏族之间的联系相当广泛,人们漂洋过海,远涉重洋,来来往往。因为缺少必要的文献,后人对此就缺少了应有的了解。当然,文献不是唯一的证据,而且有许多文献本身也未必完全可靠。这里的问题是,岩画中的人面像与后世年画中的人面像有什么联系呢?诸如河南开封朱仙镇木版年画中的《魁头》、江苏苏州桃花坞木版年画中的《和合二仙》、天津杨柳青木版年画中的《年年有鱼》,以及各地的财神像、关公像、钟馗像、灶神像、祖先神等各种神像,包括宗教场所的壁画、雕刻、塑像等,它们之间有没有继承关系?如果有,又是如何传承和转化的?岩画中的手印、太阳纹等抽象符号与后世木版年画中的吉祥物有无联系?后世木版年画中的求子图像与岩画中的生殖崇拜有无联系?包括佛像悬挂在内的宗教习俗与之有无联系?后世木版年画中的仕女图与岩画中的女性身体显示有无联系?岩画中的战争场面与后世木版年画中的武打戏图案有无联系?

回答这些问题,不能仅仅依据文献记载。文化的传承与记忆形式,通常表现为实物、文献和社会风俗等,或许我们从生活中能够得到更好的答案。岩画的背后是信仰,年画的背后也是信仰。信仰成为文化的核心,以此传承、传播,变化无穷。应该说,在岩画与年画之间,漫长的岁月流过,各种联系不会简单地表现出来。图像叙事理论从立像以言意出发,告诉我们一个道理,各种图画、图案、图像之间存在着暗流,在不同时期涌动,形成不同的思想文化潮流和艺术潮流。把握

---

① 王晓琨,张文静.环太平洋的人面像岩画源头在将军崖.中国社会科学报,2014 年 6 月 4 日.

这些潮流,需要从众多的学科中汲取营养。

文化具有生态的意义,能够静立,保持稳定,也可以流动,充满变化,文化的传承与传播都离不开一定的媒介。媒介理论告诉我们,媒介即信息,而通常意义上,媒介即具体的质料,包括背后的信仰观念与各种仪式,将具体的图像展示在人们面前,形成故事的文本。故事需要言说、叙说,才能得到认同,被"接着讲"或"照着讲",而言说、叙说的方式并不是只有单一的口语或文字。那么,岁月流逝,谁来讲述或者揭示故事表达的真相呢?这是文化转换成为文化叙事的重要机制。

总之,文化的生命在于传承和传播,以文化育世界,文化育生活。年画在文化叙事的转换与承接中,有效完成了各种媒介的制造,从古老的石刻转向金石刻与岩画等原始文明相关,逐渐转向泥塑,转向木刻等文化形式,转换为纸质的印制,就形成我们今天看到的木版年画。年画属于历史,也属于现实,属于生活,属于文化,属于信仰。

汴京与临安：宋代都城春节的狂欢
——《东京梦华录》和《梦粱录》的年俗仪式

胡志毅①

中国的春节是一年中最重大、最热闹的节日。钟敬文主编的《民俗学概论》说，据史籍记载，除夕、元旦、元宵、上巳、寒食、清明、端午、七夕、重阳及春秋社日、冬祭腊日等传统节日，大都在汉代形成定制，此后沿袭两千多年以至今日。② 但是真正具有世俗意味的节日应该是从宋代开始的，在这些节日中，最接近巴赫金"狂欢"意义的就是春节。

米哈伊尔·巴赫金指出，较为复杂的狂欢节形式，动用了诸如令人开心的送冬、送终、送走大斋、送走旧年以及令人开心的迎春、迎亲、迎接开斋日、迎接屠宰日、迎接新年等一切世代相延的形式，是一切世世代代固定下来的交替和更新、生长和丰盈的形象。③ 春节就是一个"交替和更新、生长和丰盈的形象"。有人说，利玛窦在中国新年节庆活动中看到类似于酒神祭祀之狂欢。④

宋代有一个"礼下庶人"的过程，春节是普天同庆的世俗化的节庆，这在北宋的《东京梦华录》和南宋的《梦粱录》中得到了体现。本文从都城与春节、表演与礼仪、服饰与饮馔三个方面来分析北宋汴京和南宋临安的年俗仪式。

一、汴京与临安：北宋与南宋的都城文化

北宋的都城汴京与南宋的都城临安是最具有世俗意义的城市，显示出宋代特有的"坊墙倒塌之后"⑤的狂欢。

---

① 作者简介：胡志毅，男，1957年11月出生，浙江大学传媒与国际文化学院教授，博士生导师，研究领域为戏剧美学。
② 钟敬文主编.民俗学概论.上海：上海文艺出版社，1998年，第139页.
③ 米哈伊尔·巴赫金.拉伯雷研究.石家庄：河北教育出版社，1998年，第114页.
④ 汪晓云.从仪式到艺术：中国戏剧发生学.桂林：广西师范大学出版社，2016年，第115页.
⑤ 参见李春棠.坊墙倒塌之后：宋代城市生活长卷.长沙：湖南人民出版社，2006年.

宋代定都开封,因为汴梁与从隋炀帝时开始开凿的大运河相距不远,有汴河、蔡河、金水河、五丈河流经该城市,号称"四水贯都",交通十分方便,已成为全国经济和交通的中心。

开封城的面积只有唐长安城的一半稍多,但人口却比唐长安城的100万多出一半以上,达到150万左右,是当时世界上最大的城市。而北宋的人口大约超过1亿,达到中国历史上前所未有的高峰。

宋代一味地求和,也给百姓带来了暂时的安宁和繁荣,张择端的《清明上河图》就是表现各行各业和百姓生活的场景的。全图纵24.8厘米,横528.7厘米,分为城郊、汴河和街市三大段,共绘仕、农、商、医、僧、吏、船工、车夫等各阶层740多人。

北宋开封与南方的交通靠的是运河。但是,在水网发达的地带,桥成了跨越河流的重要方式。在这之前,中国最重要的桥是始建于隋开皇十五年(595年)完成于炀帝大业二年(606年)的河北赵州安济桥。北宋第一次出现了新颖的木拱桥。

据《东京梦华录》记载:

汴水自西京洛口分水入京城……自东水门外七里至西水门外,河上有桥十三。从东水门外七里曰虹桥,其桥无柱,皆以巨木虚架,饰以丹,宛若飞虹,其上下土桥亦如之。

《清明上河图》所画的虹桥,概括了开封虹桥的式样。宋代汴梁世俗化的繁华,比起隋唐长安的恢宏大度,更有市民气,更加热闹和生动有趣,这是城市的一大转折。

中国人以前的居所都是封闭性的,到了宋代,汴梁与隋唐城市最大的不同是废除了里坊制。里坊制的城市,居民被限制在一座座坊城内,大街上只见坊墙,不见居户,市场局限在几座坊内,入夜全城宵禁,交易停止。早在中唐时,由于商品经济的发展,已经出现了破坏里坊制的趋势。长安城在临近东、西市的坊内出现商店,晚唐更出现了夜市,影响了宵禁的实行。

宋太祖于干德三年(965年)颁诏废除夜禁,仁宗又废除了报夜间鼓,并一举拆掉了坊墙。从此,商铺和居民都可面对大街开门,就像我们在《清明上河图》中所看到的,沿街都是店面和商铺。宣德门东侧的潘楼街、东华门的土市子、州桥和州桥东的相国寺附近,都是繁华的商业街,甚至连相国寺本身也成了市场。

汴梁出现了专业的娱乐场所,称为"瓦子",集中有杂耍、杂剧、游艺、茶楼和妓馆,以资游冶,全城有五六处。其中演出百戏的杂剧的地方称"勾栏",往往一处瓦子有勾栏数十座。《东京梦华录》里记述汴梁城宫廷设立教坊,民间设立瓦舍的勾栏棚,上演说唱、杂剧、傀儡和歌舞艺术。

但正是在这种歌舞升平的时候,发生了"靖康之变"。于是,出现了中国历史上第三次南渡。

公元1127年5月,康王赵构登基于应天府(今河南商丘),史称南宋,改元建炎,尊钦宗为渊圣皇。10月,金人进逼,高宗离弃南京(应天府)至扬州。建炎三年(1129年)二月,高宗仓皇出逃,坐着小船过长江逃到镇江,后来又马不停蹄,过苏州,一直逃到杭州,惊魂未定,诏令改州为行宫。

"靖康之变",对于北宋来说是灭顶之灾,大量的北方居民向南方逃亡,这是我国历史上第三次巨大规模的人口南流。这种被兵火驱赶的人口流动,是以许多城市文明被摧毁、千千万万生灵涂炭为代价的。

临安皇城的范围是南至笤箒湾,西至凤凰山的山腰,东至中河南段以西,北至万松岭以南。现在凤凰山上的"忠实"二字传说是宋高宗赵构的亲笔。作为南宋王朝首都的临安,取代了开封的地位,成为天下第一大城市。

历史上最著名的大旅行家马可·波罗,从意大利威尼斯来到东方。他亲自领略了杭州的风采后,便以极大的热情赞美这个"堪为世界城市之冠"的"天城",称之为"令人心旷神怡熏熏欲醉"的"人间天堂"。

柳永在他的《望海潮》中形容临安"东南形胜,三吴都会,钱塘自古繁华。烟柳画桥,风帘翠幕,参差十万人家",这讲的是北宋年间的临安。南宋定都杭州后,人口逐渐增加。干道年间(1165—1173年),临安府(包括属县)也达到100万人。

南宋在定都临安之后,更是"西湖歌舞几时休""直把杭州作汴州"。杭州的瓦舍勾栏和汴州一样,成为都城的娱乐场所。

《梦粱录》说,瓦舍可以说是"来时瓦合,去时瓦解之义,易聚易散也",也可以说是"用瓦盖屋"或"遍地瓦砾"。那么勾栏呢?栏杆低矮,互相勾连,所以称勾栏。有人说勾栏也就是戏台,但它原来的意思是用花纹图案互相勾连起来的栏杆。据《武林旧事》记载,当时的临安曾有瓦舍23处,勾栏13座,分布在西大桥、武林门、众安桥、卖鱼桥、大关等地。吴自牧《梦粱录·卷十九》记录,南宋时临安共有瓦舍17处。南宋中期成书的《西湖老人繁胜录》中提到的瓦舍有城内5座,城外20座,共25座。且不论数字有何出入,有一点可以肯定,瓦舍勾栏几乎遍布了全城的各个角落。

有学者指出,"靖康之难"后,艺人流落到南方的更多,如开封艺人孙花翁善歌舞,南迁后活动在苏、杭一带。① 艺人到勾栏里是为了卖艺,而观众到这里是出钱买娱乐。也就是说,在南宋出现了真正意义上的市民艺术。

二、礼仪与表演:"梦华"与"梦粱"的春节狂欢

法国学者谢和耐指出,世上再没有什么地方能像中国这样把节日过得如此欢闹喜庆了,也再没有什么场合能比中国的大小节日更好地表达全体人民对生活的愉悦企望了。这些节日不仅可以作为季节转换的标志,使时间被人看重,而且还表达了对生活的某些确定理解。②

在春节的仪式中,礼仪与表演是中心。我们可以通过《东京梦华录》和《梦粱录》的记载来进行分析。

《东京梦华录·卷十·除夕》曰:

> 至除日,禁中呈大傩仪,并用皇城亲事官。诸班直戴假面,绣画色衣,执金枪龙旗。教坊使孟景初身品魁伟,贯全副金镀铜甲装将军。用镇殿将军二人,亦甲胄,装门神。教坊南河炭丑恶魁肥,装判官。又装钟馗、小妹、土地、灶神之类,共千余人,自禁中驱祟出南薰门外转龙弯,谓之"埋祟"而罢。是夜禁中山呼,声闻于外。士庶之家,围炉团坐,达旦不寐,谓之"守岁"。
>
> 凡大礼于禁中节欢,但尝见习按,又不知果为如何,不无脱略,或改而正之,则幸甚。孟元老识。

在这里,大傩是最古老的仪式。萧兵指出,傩蜡文化包括傩仪、蜡典、傩戏及其相关性事项,作为一种内在统一的民俗宗教艺术现象,它主要起源于中国的西部地区,到现在还以"文化遗痕"(Culture Survivals)或"活化石"状态保存并流行于几乎整个长江流域及展延区,成为一种至今还在影响南方人民艺术心理、"节仪"性文化和生活的艺术力量。③

傩仪的最大特点就是"假面","诸班直戴假面",服装装扮的"绣画色衣"以及道具的"执金枪龙旗"。然后是"教坊使孟景初身品魁伟,贯全副金镀铜甲装将军"用"镇殿将军二人,亦甲胄"装"门神"、"南河炭丑恶魁肥"装"判官",又"装钟

---

① 参见黄宛峰等.吴越文化与中州文化比较研究.北京:中国社会科学出版社,2009年,第168页.
② [法]谢和耐.蒙元入侵前夜的中国日常生活.北京:北京大学出版社,2008年,第173页.
③ 萧兵.傩蜡之风:长江流域宗教戏剧文化.南京:江苏人民出版社,1992年,第1页.

馗、小妹、土地、灶神之类",其目的是"驱祟""埋祟"。最后是"士庶之家,围炉团坐,达旦不寐",称之为"守岁"。

《梦粱录·卷六·十二月》记载:

自此入月,街市有贫丐者,三五人为一队,装神鬼、判官、钟馗、小妹等形,敲锣击鼓,沿门乞钱,俗呼为"打夜胡",亦驱傩之意也。

《梦粱录·卷六·除夜》记载:

备迎神香花供物,以祈新岁之安。禁中除夜呈大驱傩仪,并系皇城司班直,戴面具,着绣画杂色衣装,手执金枪、银戟、画木刀剑、五色龙凤,五色旗帜,以教乐所伶工装将军、符使、判官、钟馗、六丁、六甲、神兵、五方鬼使、灶君、土地、门户、神尉等神,自禁中动鼓吹,驱祟出东华门外,转龙池湾,谓之'埋祟'而散。

在这里,我们可以看出,南宋和北宋的除夕习俗是一致的,这可以说是北宋影响了南宋,就如《武林旧事·卷三·岁除》说的,"大率如《梦华》所载"。这种春节习俗,随车驾南渡,从汴京到了临安。

三、服饰与饮馔:"小民"与"士庶"的年俗仪式

美国汉学学者尤金·N·安德森说道,宋朝时期中国的农业和食物最终形成,食物生产更为合理化和科学化。他认为,中国伟大的烹调法也产生于宋朝。唐朝食物很简朴,但到宋朝晚期,一种具有地方特色的精致烹调已被充分确证。地方乡绅的兴起推动了食物的考究,宫廷宴会奢华如故,但不如商人和地方精英的饮食富有创意。[①]

中国人的生活方式,如服饰与饮馔是在宋代形成的。

宋灭后蜀,将后蜀锦工迁到开封,建立了绫锦院,宋徽宗时又在开封设文绣院。据统计,宋真宗末年,财政收入中,绢帛约为1100万匹,丝棉2300万两,比盛唐庸调收入最多的天宝八年(749年)财政收入中绢帛740万匹、丝棉1100万两有较大幅度的增长。

每年从南方运送到京城的粮食高达600~700万石。各地的特产佳品,也源

---

① [美]尤金·N·安德森.中国食物.南京:江苏人民出版社,2003年,第54页.

源不断地向汴梁输送。

《东京梦华录》曰：

集四海之珍奇，皆归市易，会寰区之异味，悉在庖厨。

在汴梁，许多酒楼通宵营业，昼夜喧呼不决绝。宋人诗云："忆得少年多乐事，夜深灯火上樊楼。"樊楼是有名的大酒楼，由五座三层楼房组成，有飞桥相通。酒楼门口常设彩楼欢门，以广泛招徕顾客。

《东京梦华录·卷六·正月》记载：

正月一日年节，开封府放关扑三日。士庶自早互相庆贺。坊巷以食物、动使、果实、柴炭之类，歌叫关扑。如马行、潘楼街、州东宋门外、州西梁门外踊路、州北封丘门外，及州南一带，皆结彩棚，铺陈冠梳、珠翠、头面、衣着、花朵、领抹、靴鞋、玩好之类，间列舞场歌馆，车马交驰。向晚，贵家妇女纵赏关赌，入场观看，入市店饮宴，惯习成风，不相笑伢。至寒食冬至三日亦如此。小民虽贫者，亦须新洁衣服，把酒相酬尔。

临安的部分著名菜肴是由东京南迁的店铺制作和销售的，如钱塘门外宋五嫂的鱼羹、李七儿的羊肉、王家的奶房、宋小巴的血肚羹等。其中宋五嫂的鱼羹还有一个故事：有一次，宋高宗赵构游西湖，点了宋五嫂的鱼羹，并且宣她上船，召见了这位半老徐娘。赵构尝了她的鱼羹，果然味道鲜美，要她经常给皇宫进送，赏赐她金钱10枚、银钱100枚、锦绢10匹。

《梦粱录·卷六·十二月》记载：

二十五日，士庶家煮赤豆粥祀食神，名曰"人口粥"，有猫狗者，亦与焉。不知出于何典……岁旦在迩，席铺百货，画门神桃符，迎春牌儿，纸马铺印钟馗、财马、回头马等，馈与主顾。更以苍术、小枣、辟瘟丹相遗。如宫观羽流，以交年疏、仙术汤等送檀施家。医士亦馈屠苏袋，以五色线结成四金鱼同心结子，或百事吉结子，并以诸品汤剂，送与主顾第宅，受之悬于额上，以辟邪气。街市扑买锡打春幡胜、百事吉斛儿，以备元旦悬于门首，为新岁吉兆。其各坊巷叫卖苍术小枣不绝。又有市爆杖、成架烟火之类。

《梦粱录·卷六·除夜》又曰：

十二月尽,俗云"月穷岁尽之日",谓之"除夜"。士庶家不论大小家,俱洒扫门间,去尘秽,净庭户,换门神,挂钟馗,钉桃符,贴春牌……

临安的这种习俗一直延续到今天,只是"换门神,挂钟馗,钉桃符"内容有了新的变化,变成了简单的挂"福"字,贴春牌变成了贴春联。

弗洛伊德在《文明及其不满》中指出,所谓的文明本身应该对我们大部分的不幸负责。如果我们放弃它而回到原始的状况,我们会快乐得多。中国人为什么在春节急着赶回家乡,就是为了修复在大城市中工作产生的厌倦,通过春节的狂欢,使心得到回归。而在大城市中,人们感觉到年味越来越淡,因此,更多人希望回到老家的乡下去过年。而在全球化的今天,人们则更怀念中国古代,比如800年前宋代的生活,春节也是如此。

民国时期天津的春节习俗[1]
——以《益世报》为中心的考察

黄旭涛[2]

天津,从清末沦为通商口岸后,就成为近代史上中西方经济文化交融的重要场地。民国时期,天津发展成为北方的经济中心,也成为新文化运动的主要阵地之一。在西方文化和新文化运动思潮的双重影响下,天津的民俗文化发生了急剧变迁。创刊于天津的《益世报》是民国时期影响最大的四大报纸之一,1915年创刊,1949年停刊,因其刊发内容颇能反映社会现实和民间疾苦,[3]而成为研究当时的天津、华北及至中国社会的重要文献。《益世报》对天津的社会民情的报道比较丰富,本文以《益世报》中有关天津春节习俗的报道为核心,结合当时的地方志、地方文人的诗歌笔记等文献,总结民国时期天津春节习俗的特点,并分析其形成的社会文化原因。

一、历法改革并未影响春节习俗的传承

民国年间,对春节产生影响的重要事件之一是历法的改变。1912年元旦,临时政府将国际通用的阳历引入中国的历法制度,与传统的阴历并行,由此引发了阳历中的元旦与阴历中的春节孰为新年的争论。为了维护阳历为"民国正朔"的主张,1928年南京国民政府发出废除阴历、废止春节的政令,要求商民一律遵行阳历,过阳历新年,禁止阴历年的一切庆典活动。至此,春节存在的必要性史无前例地遭到质疑,春节习俗的传承受到严峻考验。在春节习俗的存废问题上,官方力量和民间力量展开了较量。在《益世报》有关天津春节的报道中,一方面

---

[1] 本文系天津市教委社会科学重大资助项目(2012ZD)阶段成果,中央高校基本科研业务经费专项基金项目(NKZXB1134)阶段成果。
[2] 作者简介:黄旭涛,女,1972年9月生,南开大学社会学系副教授,研究领域为民俗学、民间文艺学、文化社会学。
[3] 侯杰,姜海龙.历史回眸《益世报》九十载.天津日报,2004年7月10日.

看到政府按新历安排官方机构部门的工作,大力渲染新历新年的更新气象,极力取缔和革新旧历及春节习俗;另一方面又看到春节习俗照常不误地传承延续,节日氛围热闹不减。大致形成了官方主要用阳历、民间主要用阴历的"历法二元社会"①现象,而且,阴历为主,阳历仅为点缀。

从1925年之前《益世报》有关春节的报道中看到,阴阳历并行的历法对春节习俗的影响并不大。1919年2月8日,"津埠娘娘宫每年旧历由正月初一日起开放庙会,男妇结对成群往烧香,迷信不改,以致宫北街往来之人连卖要货者,拥挤异常,几无住(驻)足之地。而庙门以内尤其热闹,自晨至晚香烟缭绕,红烛高烧,入其中者如处云雾世界,但见时髦男妇并户叩头视不为怪。"②去娘娘宫祈福,是天津人大年初一举行的重要的民俗事项,热闹的庙会折射出当年春节的热闹景象。1922年1月5日的《新年中天津之形形色色》报道了阳历新年的热闹景象,"新年爆竹声中,点缀铺张,亦复应有尽有"。2月3日的《旧历新年津埠之闻见》中又报道了"颇极一时之盛"的旧历年景象。③ 新旧年并举同贺,互不影响。

1925年之后,取缔旧历的风声日紧,传统春节习俗在取缔废止之列。1925年1月7日,春节前夕出现了"旧年取缔之布告",要求取缔燃放鞭炮、不得行使红帖、严禁迎神赛会。1926年1月26日取缔年节陋俗,内容同前一年相似。④ 1928年废除旧历的政令发布后,阴阳历并行转向了独尊阳历的历法方式,春节被称为"废年"。1933年10月14日出现了"查禁阴阳合历、阴阳挂历等"⑤的报道。从习俗上看,1931年2月11日"臧启芳对属员谈话铲除过废年的旧习",由时任天津市市长的臧启芳对政府各科处长讲话,要求废年期间不准拜年、不准送礼。⑥ 1933年10月14日"取缔旧年粘贴门神",10月29日"矫正社会恶习敬财

---

① 左玉河.评民初历法上的二元社会.近代史研究,2002(3).
② 天津地方志编修委员会办公室,天津图书馆编.《益世报》天津资料点校汇编(一).天津:天津社会科学院出版社,1999年,第1387页.
③ 天津地方志编修委员会办公室,天津图书馆编.《益世报》天津资料点校汇编(一).天津:天津社会科学院出版社,1999年,第1389页.
④ 天津地方志编修委员会办公室,天津图书馆编.《益世报》天津资料点校汇编(一).天津:天津社会科学院出版社,1999年,第1393、1394页.
⑤ 天津地方志编修委员会办公室,天津图书馆编.《益世报》天津资料点校汇编(二).天津:天津社会科学院出版社,1999年,第1561页.
⑥ 天津地方志编修委员会办公室,天津图书馆编.《益世报》天津资料点校汇编(二).天津:天津社会科学院出版社,1999年,第1546页.

神之日严禁讨赏钱"。① 1934年2月20日,为破除迷信、节止浪费及矫正种种无意识的习惯起见,特举行年俗展览会等。② 从舆论和政令看,阴历历法及春节习俗遭到了严厉的禁止、废除。

但与此同时,报纸也忠实地报道了旧历废而不止的现象。1931年2月8日的《统一国历后腊尽春回宫南宫北观》中写道:"旧历新年,又来到矣,普通社会,未能免俗,聊复尔尔,对此久经废弃之斗柄回寅,尚表一种恋恋不舍之态度,一年之计在于春,当兹腊尾春头,多数仍欲温其过年之好梦……甚矣社会习惯,比任何势力,皆为伟大,真有不期然而然,莫之致而致者,虽国府三令五申,地方晓谕劝导,终不能扭转此数千年相沿之风尚,则甚矣旧历之入人深矣"。③ 1932年1月21日,《提倡国历废除旧历》报道:"废除以前旧历,已逾二十载,只以社会积习难改,现行国历,在一般社会中几无人采用……社会中无智无愚,咸视为金科玉律,非此几无以度日,观夫旧历历书销行之速,大有求过于供之势,亦足见旧历在社会中之权威为可惊也。"④

春节习俗禁而不绝,毫无衰微迹象。1930年2月6日,《蓟县废历难除》报道:"现值春节,吾蓟各机关虽奉文照常办公,而亦休息一日,惟商民仍燃炸点炮,于废历除夕之日,彻夜不息,元旦日各户门首红红绿绿一如往昔,庆祝新春,整冠肃衣,贺年之客络绎街途,虽经政府三令五申,而陋习仍不亚于往昔云。"⑤ 正月期间的闹会活动,也并未因春节废除而取消,"不料当此国事蜩螗、凶荒饥馑之年,县城西各村,仍有不知进退之徒,借故闹会……彻夜通宵,人山人海。"⑥ 1931年2月8日至15日,《统一国历后腊尽春回宫南宫北观》连篇累牍地报道了天津最大的年货市场宫南宫北大街上琳琅满目的年货,"天津市面,最能表现旧历新

---

① 天津地方志编修委员会办公室,天津图书馆编.《益世报》天津资料点校汇编(二).天津:天津社会科学院出版社,1999年,第1561页.
② 天津地方志编修委员会办公室,天津图书馆编.《益世报》天津资料点校汇编(二).天津:天津社会科学院出版社,1999年,第1562页.
③ 天津地方志编修委员会办公室,天津图书馆编.《益世报》天津资料点校汇编(二).天津:天津社会科学院出版社,1999年,第1545页.
④ 天津地方志编修委员会办公室,天津图书馆编.《益世报》天津资料点校汇编(二).天津:天津社会科学院出版社,1999年,第1550页.
⑤ 天津地方志编修委员会办公室,天津图书馆编.《益世报》天津资料点校汇编(二).天津:天津社会科学院出版社,1999年,第1544页.
⑥ 天津地方志编修委员会办公室,天津图书馆编.《益世报》天津资料点校汇编(二).天津:天津社会科学院出版社,1999年,第1544页.

年之征象者,盖无过于宫南北两街,凡年节需用之品,应有尽有,无美不备。"① 1933年1月4日"国难紧急市民依然过腊八",1月23日"市民庆年之无谓靡费。现在废历年关即届,民众又多忙于度岁,而以天后宫一带年味尤足",2月11日"灯节大嚼"。② 即使战乱年代,人们的过年兴致也不减。

即使是那些积极提倡推行新历废除旧历的政府工作人员,他们按新历安排作息时间,也遵循习俗按旧历过春节。1922年1月5日报道,元旦是官方节日,各政府部门、商家、学校放假,放鞭炮、张灯结彩以示庆贺。2月3日又见报道:春节放假五天;节前,政府部门安排迎接春节的准备工作,如官厅结彩,春节期间的治安等。③ 1931年,废除春节政令发布后的第三年,机关部门的工作人员在春节期间的工作时间里还处在休假状态,"旧年既过,新春已来,当前昨两日,本市各机关团体狃于积习,名义上虽照常办公,而实际上办公人员则已趁此大好春光,别寻佳境。"其他从业者更甚,"工商方面,积习更深,其粉饰旧年之一般现象,应有尽有,一如往昔,可谓为毫无改革废除之可言。工厂放工,商家休假,大部均须废历初六日开始工营业……而曲街幽巷,犹时有爆竹声若断若续也。"④

由此可见,民国年间,历法的改革和废止春节的政令等政治变革措施,虽然在制度上对春节习俗造成冲击,但民俗的力量是强大的,政治力量对民俗的影响效度是有限的,天津的春节习俗依然稳健地得到传承。

二、社会革新引发春节习俗的变迁

新文化运动引领的革故鼎新的社会思潮贯穿民国始终,提倡科学、反对迷信,提倡维新、反对守旧,提倡革命、反对封建,这些思想主张影响了春节习俗的变迁。

在新思想主张下,旧历被看作迷信落后的产物,与当时的社会思潮相矛盾。如,1932年1月21日《提倡国历废除旧历》报道:旧历是"我国社会中一部迷信百科全书也……夫迷信者,教育之障碍,科学之大敌,此有识者所不能否认者也,

---

① 天津地方志编修委员会办公室,天津图书馆编.《益世报》天津资料点校汇编(二).天津:天津社会科学院出版社,1999年,第1544~1547页.
② 天津地方志编修委员会办公室,天津图书馆编.《益世报》天津资料点校汇编(二).天津:天津社会科学院出版社,1999年,第1557页.
③ 天津地方志编修委员会办公室,天津图书馆编.《益世报》天津资料点校汇编(一).天津:天津社会科学院出版社,1999年,第1389页.
④ 天津地方志编修委员会办公室,天津图书馆编.《益世报》天津资料点校汇编(二).天津:天津社会科学院出版社,1999年,第1548页.

独具有绝大权威之迷信百科公书,所谓皇历者,尚不能废除,而空言振兴教育,提倡科学,此无异缘木求鱼耳,为最大之矛盾。"所以,该教育局要求会员们不得举行废年仪式,从自身做起,然后再影响周围的人。①

诸多春节习俗也被认为有迷信色彩而被废止。1925年后,《益世报》中屡次出现取缔旧年的布告,贴门神、放鞭炮、迎神赛会、敬财神等春节习俗遭禁止。②1933年10月14日"查旧历年节,粘贴门神,事涉迷信,应加以取缔。"③正月初二敬财神的习俗,因其"涉近迷信"被认为是社会恶习而禁止,意在"剔除积弊,移俗正风"。④对一些影响广泛的重要春节民俗事项,如正月初一娘娘宫上香、腊八舍粥、腊月二十三祭灶,相关报道虽然反映了它们的传承盛况,但往往以批判民众思想落后、冥顽不化、坚守旧俗、不肯革新之类的评论为结束语。如1919年2月8日,"津埠娘娘宫每年旧历由正月初一日起开放庙会,男妇结队成群纷往烧香,迷信不改……津埠为文明之地,不知此种迷信何不迅图革除也。"⑤1934年为破除废历年关的迷信而举办年俗展览会。⑥

春节习俗活动还被认为是与革命氛围不符的落伍守旧行为,报道指责普通民众不管国难当头,依然庆贺春节。如1933年1月4日,"国难紧急市民依然过腊八……值兹榆关吃紧之际,不知若辈心肝何在尔。"1月19日,"国难紧急中不忘祭灶……际兹国难益急,谣诼繁兴之秋,此种举动,可谓毫无心肝矣。"⑦记者认为普通民众犹如"不知亡国恨"的商女般麻木冥顽,流露出"怒其不争"的愤懑无奈的情绪。

春节习俗活动的支出被看作是浪费。1930年2月10日、16日分别报道了春节和元宵节前的杀牲统计。1933年1月23日报道称"市民庆年之无谓靡

---

① 天津地方志编修委员会办公室,天津图书馆编.《益世报》天津资料点校汇编(二).天津:天津社会科学院出版社,1999年,第1550页.
② 天津地方志编修委员会办公室,天津图书馆编.《益世报》天津资料点校汇编(一).天津:天津社会科学院出版社,1999年,第1394页.
③ 天津地方志编修委员会办公室,天津图书馆编.《益世报》天津资料点校汇编(二).天津:天津社会科学院出版社,1999年,第1561页.
④ 天津地方志编修委员会办公室,天津图书馆编.《益世报》天津资料点校汇编(二).天津:天津社会科学院出版社,1999年,第1561页.
⑤ 天津地方志编修委员会办公室,天津图书馆编.《益世报》天津资料点校汇编(一).天津:天津社会科学院出版社,1999年,第1387页.
⑥ 天津地方志编修委员会办公室,天津图书馆编.《益世报》天津资料点校汇编(二).天津:天津社会科学院出版社,1999年,第1562页.
⑦ 天津地方志编修委员会办公室,天津图书馆编.《益世报》天津资料点校汇编(二).天津:天津社会科学院出版社,1999年,第1557页.

费",2月11日报道了"灯节大嚼"。1934年的年俗展览会中,专门公示了年节消耗的统计,并指出"若将此款移作正用,则民众获益,当非浅鲜"。①

民国年间,一些带有信仰色彩的春节习俗逐渐式微,这个变迁不能不说与当时的革新思潮有千丝万缕的联系。清末犹有记载的立春迎芒神、打春牛的习俗,在民国文献中已无踪影。清末,周楚良在《津门竹枝词》中记录了正月初七食豆腐以祈来年不头疼、初八占星忌避灾难的习俗,"逢七水磨小豆腐,加餐终岁免头疼。男怕罗侯女忌都,年年星象尽人殊。新正八日书名祭,水月庵中接履趋。"这些习俗在民国文献中也均未见到。

此外,技术的革新和审美的变化也改变着年俗事项。如,石印技术被运用到年画印刷中,"(年画)从前使用木版,今已改为石印,画工既精细,印刷着色,亦颇美丽"。② 同时,受上海"洋画"的影响,年货市场中的年画不再限于杨柳青年画,而出现了符合当时审美情趣的现代美人图。刘炎臣在《天津年俗》一书中也提到,杨柳青年画受到石印年画等新式年画的挑战,"就这种旧式年画而论,在含义上固然是已失去时代性,而在印刷方面,由于墨守成规,不知改进,已有被淘汰的趋势,于是由上海而来的'洋画',逐年增多。所谓洋式年画,有石印的,在画的题材方面,以时代美人居多数,此外有戏出、小胖儿、儿童游戏图等。"③传统年画在含义、技术、题材方面都被认为失去了时代性,由于技术的革新和审美的改变,"洋画"有取代传统年画的趋势。这一变迁与当时的社会文化思潮也有直接关系。

三、华洋杂处带来春节习俗的华洋相融

清末以后,外国人在天津租界区长期生活,带来了中外文化的融合碰撞,带动了天津春节习俗的变迁。

首先,天津人将外国人的娱乐、饮食等新鲜的生活方式融入春节习俗。

据《益世报》记载,娘娘宫年货市场中孩童之娱乐品,"内中十之五六,来自东洋"。④ 春节期间,天津人喜欢听曲艺,"津门茶肆,每逢冬令,添设杂耍,以广招

---

① 天津地方志编修委员会办公室,天津图书馆编.《益世报》天津资料点校汇编(二).天津:天津社会科学院出版社,1999年,第1544~1562页.
② 天津地方志编修委员会办公室,天津图书馆编.《益世报》天津资料点校汇编(二).天津:天津社会科学院出版社,1999年,第1545页.
③ 刘炎臣.天津年俗.刘炎臣文集.天津:天津古籍出版社,2015年.
④ 天津地方志编修委员会办公室,天津图书馆编.《益世报》天津资料点校汇编(二).天津:天津社会科学院出版社,1999年,第1547页.

徕。其名目有大鼓书、京子弟八角鼓、相声、时新曲子等类",而在清末,"近年又添设外洋灯影"。① 跳舞、看电影等西洋娱乐方式,在民国时期已广为天津人接受,参加面具舞会、看电影是春节期间的娱乐时尚。1947年1月24日《天津卫的春节》中报道:"许多舞场都是以化装舞会为号召的,在除夕以前便广事宣传。等到除夕华灯初上以后,家家舞场便开始忙碌起来,红男绿女个个头戴着纸冠,在乐声悠扬中拥对着翩翩起舞。胜利、仙乐、永安等处始终保持着满座的热闹境况……中国、新中央、国民、燕乐、大舞台等家戏院和明星、光明、北洋、华安、平安、大光明、亚洲、东亚等家电影院,没有一家不是满座的。"②

住在租界区五大道的天津家庭,饮食深受西餐影响,年夜饭"菜品有土豆火腿沙拉、奶油栗子粉、克拉夫香肠、俄式红肠、洋葱圈、西式泡菜、酸黄瓜、鹅肝酱、炸牛扒等。酒有欧洲的,英国香槟酒、法国葡萄酒、俄国伏特加酒"等经典的西餐菜式和酒品,也有"直沽高粱酒、金奖白兰地和山海关汽水"等本地饮品,"食具既用中式碗筷,也用西式刀叉",③可谓中西合璧、华洋相融。

其次,久居租界的外国人因长期浸淫在中国文化中,也入乡随俗地庆贺中国年。李琴湘在写于1926年的《过年叹》中感慨道:"偏偏租界别有一天,灯花爆竹不减当年。只怕把中国年认作了外国年!"战乱年代,中国老百姓没心思也没钱过年,而住在租界的外国人反倒是热闹地庆贺着中国年。他们还遵循天津年俗,在居室中悬挂纸灯以渲染年节氛围,"纸灯为年节一种点缀品。粗者不过以红绿之纸,用作灯皮,糊成圆球形,聊供小儿之提挈,其细者则精巧玲珑,或作宫灯形,或作壁灯形,上绘之人物花鸟,栩栩如生……近年,外人亦多喜此者,其住室中,每喜悬挂中国式之彩灯,此种彩灯,系以极薄之绢制成,所绘者多为旧小说旧戏剧中之节目。"④他们甚至接受腊月二十三祭灶的习俗,"昨为废历腊月二十三,市民狃于迷信习惯,仍有祭灶之举,英法日各租界内,皆大放纸炮,声震耳鼓,一般不明真相者,疑为有异,曾一度惊惶……"⑤

盆栽鲜花是民国年间天津人馈赠亲友、装点居室的时尚年货,1931年4月

---

① 羊城旧客.津门纪略.天津风土丛书.天津:天津古籍出版社,1986年,第97页.
② 天津地方志编修委员会办公室,天津图书馆编.《益世报》天津资料点校汇编(三).天津:天津社会科学院出版社,1999年,第1535页.
③ 佚名.旧时五大道年俗.天津日报,2015年3月4日.
④ 天津地方志编修委员会办公室,天津图书馆编.《益世报》天津资料点校汇编(二).天津:天津社会科学院出版社,1999年,第1547页.
⑤ 天津地方志编修委员会办公室,天津图书馆编.《益世报》天津资料点校汇编(二).天津:天津社会科学院出版社,1999年,第1557页.

16日《走到百花深处》就详尽地描述了腊月里北马路上繁忙的花市。① 而这也成为外国人喜欢的过年方式。1947年1月24日是除夕,东马路的振卉花局里,记者"亲眼看到有人拿着一大包法币在那里开付花款,以那堆法币的形势来判断,约莫也在百余万元左右,因为他所选定的十几盆花都是上品,每盆的标价又都在十万元以上,故此我敢断定约有百余万元"。② 从法币的使用上推断,即使不是外国人亲自来采买,也是他们出钱差人来买的。

四、战乱拉大了贫富阶层的春节习俗差距

民国时期历经了军阀混战、国内革命战争、抗日战争和解放战争,兵荒马乱、战火纷飞、动荡不安的时局打乱了天津人的生活秩序,也影响了春节习俗。当时的天津是清朝遗老、官员雅士、达官贵人为躲避战乱或政变首选的归隐地,也是各地工商从业者趋之若鹜的谋生地,还是周围受灾地区农民选择的求生地。③ 不同阶层人群的大量涌入,使阶层间的差距愈加明显,又逢战乱,贫富阶层在春节习俗方面的差异表现得尤其鲜明。

普通民众的年俗活动受时局动荡的影响表现出萧索暗淡的态势。军阀混战时期,因战乱,天津的戒严日多,1926年除夕日解除戒严为百姓称颂,冯文洵在《丙寅天津竹枝词》中写道:"爆竹声中一岁添,桃符灯彩壮观瞻。张罗年事商民喜,共道今宵不戒严。"同年,李琴湘写了《过年叹》:"干戈满地,烽火连天。今天闹逃兵,明天出枪案。这一年中,提心吊胆,哪得安闲?咳,这个时候要过年!过年净是花钱的事,这一年又是税又是捐,这样的票子,那样的券,谁肯出钱?小货摊星星点点,家家户户把门关,鸦雀无声吃完了饭,早早地安眠。财神手中的那一鞭(财神骑虎举鞭),哪敌得过他腰间的六转(指左轮手枪)……"这样的年代,老百姓没心思也没钱过年。

解放战争时期,天津物价飞涨,对穷人而言,过年相当于过关。即使如此,人们也要把家里值钱的东西当掉换钱来过年,而当铺则趁机抬高利息大赚一笔。1947年1月24日,"当铺,这已经不是过去那样裕国便民的应时生意了,因为他

---

① 天津地方志编修委员会办公室,天津图书馆编.《益世报》天津资料点校汇编(二).天津:天津社会科学院出版社,1999年,第1548页.
② 天津地方志编修委员会办公室,天津图书馆编.《益世报》天津资料点校汇编(三).天津:天津社会科学院出版社,1999年,第1535页.
③ 任云兰.民国灾荒与战乱期间天津城市的社会救助(1912—1936年).中国社会经济史研究,2005(2).

们的利息是那样的大(十五分),限期又是那样的短(三个月),再加上当时的一成手续费,许多通融款项的人们,对于它实在视为畏途,更何况当铺方面还不肯认出大价,于是造成一般人宁肯卖,而不肯当的现象。春节前的这几天,许多当铺的门前却一反平日冷冷清清的情形而变成熙熙攘攘门庭若市的热闹景象,几家出价较称公道的当铺,竟致水泄不通的挤满了人……可怜那些期待用衣物典质一些金钱来开付节关债务的人们,虽然在层层的剥削下,还得笑颜相对的央求当铺老板放宽限度。"①

但局势对富人的影响并不大。1936年2月8日,元宵节"本市估衣街各大商号,门前均悬有各色彩灯,扎成各项人物花草,如义记绸缎庄窗内置有刘关张三顾茅庐聘请诸葛亮泥像,装潢精致,头手活动,嫣然表示言谈状态。瑞林祥、瑞蚨祥均扎有葫芦架,元隆之葡萄架,院内并有五色花篮,附有机关活动彩灯。源合时之猪八戒娶媳妇活动泥像,老源合时塑有财神财神奶奶泥像,身穿蟒袍玉带,头戴凤冠霞帔,其意表专卖寿衣之意。其他商号亦多绘有三国戏剧及宋家八大义图像,入晚五光十色,灿烂可观,锣鼓喧天"。②商家尚有经济能力庆贺元宵节。1947年1月24日,"东马路振卉花局,这是一个开设有年的生意,不过能够到这里来问津的,却只有那些确有闲钱的人们。当除夕以前的几天中,记者便为它那满屋的鲜花担忧,担忧这些既不能充饥又不御寒的纯粹浪费品,有谁来购呢!……谁知事实竟完全出乎我的意料,除夕的中午,它那满屋的货品已经寥寥无几……天津卫的人们,确实是有此余力的。""除夕的中午,稻香村、文利号、益林春、汉宫秋等处都是满坑满谷的人,这种拥挤的情形直至除夕夜晚,并未稍见松缓,眼看着他们的货架逐渐空下来。记者曾经跑到了几个地方去买南糖,结果都是南糖早已售罄。蜜柑橘虽然每斤标价六千元,但购买的人仍是争先恐后地抢着买。"③春节期间,电影院的票价虽然增加了五百元,但观众们并未因此稍见减少。④

---

① 天津地方志编修委员会办公室,天津图书馆编.《益世报》天津资料点校汇编(三).天津:天津社会科学院出版社,1999年,第1535页.
② 天津地方志编修委员会办公室,天津图书馆编.《益世报》天津资料点校汇编(三).天津:天津社会科学院出版社,1999年,第1527页.
③ 天津地方志编修委员会办公室,天津图书馆编.《益世报》天津资料点校汇编(三).天津:天津社会科学院出版社,1999年,第1535页.
④ 天津地方志编修委员会办公室,天津图书馆编.《益世报》天津资料点校汇编(二).天津:天津社会科学院出版社,1999年,第1535页.

五、独特的春节商业习俗

作为北方的商业中心,商业习俗自然是天津习俗的一大特色。春节期间是商家的销售高峰期,也是他们开展年终结算、敬神、贺年、新年开张等重要事务的时段,因此,商业习俗必然是天津春节习俗的特色。

首先,春节商业习俗体现在琳琅满目的年货中。年货市场向来是天津春节习俗的标志性事项,民国地方志《天津志略》①及文人作品都有对年货市场丰富详尽的记载。《益世报》有关年货市场的报道在春节报道中也占很大比例,而且,报道的文笔生动活泼,内容富有生活气息,鲜有批判说教的言辞出现,看不出是在历法改革、废除春节的时政背景下调查撰写的。如,1931年2月8日至15日的报纸以"统一国历后二十年腊尽春回宫南宫北观"为名,连续报道了天津最大的年货市场宫南宫北街上的各类年货,如年画、香烛纸马、金鱼、玩具、年花、春联、洋灰粗瓷家具等。4月16日《走到百花深处》报道了花市情况。② 1931年1月24日《腊鼓声中宫北一瞥》再次介绍了宫北街年货市场的年货。③ 1947年1月24日的报道介绍了东马路的花店、当铺、茶点、点心铺等店铺。④ 丰富而类别清晰的年货,折射出具有天津地方意义的年俗。

其次,春节商业习俗还体现在商人及从商群体的习俗活动中。商家传统的年终结算时间是旧历年之前,历法改革后,要求商家的年终结算提前至新年,但天津商人表面以新历为标准,谓新历年结算为"结账",而实际仍按旧年行事,称旧历年结算为"煞帐"。1947年1月24日,"自鼎革后,政府即已明令废除旧历,所有公私事务,悉以国历为标准,迄于今日,改用国历虽达三十六年之长久时期,但商会以狃于多年之积习,对于国历仍不甚重视,一切节令,胥以旧历为准绳。尤其天津旧式商人,所有交易结算及业务之进退,按旧历节令,视国历节令为具文……天津商店除零售商外,在腊八以后,即徐徐进入结算时期,至二十日前后,

---

① 宋蕴璞.天津志略.台北:成文出版社,1931年.
② 天津地方志编修委员会办公室,天津图书馆编.《益世报》天津资料点校汇编(二).天津:天津社会科学院出版社,1999年,第1545~1548页.
③ 天津地方志编修委员会办公室,天津图书馆编.《益世报》天津资料点校汇编(二).天津:天津社会科学院出版社,1999年,第1547页.
④ 天津地方志编修委员会办公室,天津图书馆编.《益世报》天津资料点校汇编(三).天津:天津社会科学院出版社,1999年,第1535页.

即可渐次结算清楚。"①

春节期间,商家要在饮食、工作时间及酬金等方面酬劳职工,并要决定新一年职工的聘用问题。"商店为酬劳职工一年之辛勤起见,由(腊月)十五日起,每日饭蔬,特加丰厚,直至次年元宵节始止。盈利稍少,或较节省之商店大多须至次年初五六日后渐次恢复常态。店中职工自结算后,虽不能竟日离店,但较平日则自由多矣。职工应得之馈送,最迟在祭灶前后即可发出,经理人对平日辛勤之职工苟有特别奖励,则暗中馈赠,倘有必须解雇之职工,则由侧面告知,亦有年前不解雇而延至年后者,盖虑其新年中苦闷耳。"②

商家在春节期间要举行敬神、接财神、同行拜年及开张等仪式。"除夕夜之祀典谓为'敬神',初二晨之祀典谓为'接财神'……初二'接财神'后,店中高级职员例须至各同业家及有关系之商店拜年,普通职工亦可自由离店。天津商店之正式营业日期,由初六日开始,在营业未开始前,经理人必须召集全体职员宣布过去业务之良,本年营业方针及职工之职务分配,此之谓'交代公事',倘开业前,经理人不'交代公事',则系内部发生纠纷,职工供职亦不甚安心。"③

---

① 天津地方志编修委员会办公室,天津图书馆编.《益世报》天津资料点校汇编(三).天津:天津社会科学院出版社,1999年,第1536页.
② 天津地方志编修委员会办公室,天津图书馆编.《益世报》天津资料点校汇编(三).天津:天津社会科学院出版社,1999年,第1536页.
③ 天津地方志编修委员会办公室,天津图书馆编.《益世报》天津资料点校汇编(三).天津:天津社会科学院出版社,1999年,第1536页.

开封春节习俗与城市文化变迁

彭恒礼

开封,古称汴梁、汴京,位于河南省东部,是我国著名的古都,北宋时曾是世界上最大的城市。宋以后,开封仍为北方重镇,明、清两代及民国时期是河南省会。1954年河南省政府西迁,开封从省级城市转变为地级城市。开封现有市区面积359平方千米,分鼓楼、龙亭、禹王台、金明、顺河五区,市区人口80万,是旅游文化名城和消费型内陆城市。

关于开封春节习俗的调查从2011年1月4日(农历腊月初一)开始,首先是选择调查点。经过比较,将地点选在开封龙亭区。龙亭区是开封古城核心区,位于开封市中北部,因古迹"龙亭"得名。龙亭区是开封老城区,保有开封最大的胡同区,至2012年止,基本保持着民国时期的街道格局。①

龙亭区辖4个街道,10个社区居委会,面积91.51平方千米,人口11.6万。胡同主要集中在北道门街道,初设于1955年,分为里城、游梁祠、北道门三个社区,辖北道门街、铁西街、卷棚庙、西棚板街、三元街、游梁祠、马府坑、花井、柴火市街、育红街、里城、无梁庙12个居委会,占地面积2.6平方千米,人口1.9万(据1997年统计数据)。在文化局和社区居委会帮助下,经过筛选,选定游梁祠社区育红街60号老鲍家作为参与观察的立足点。

一、调查点的历史

游梁祠社区因古迹孟子游梁祠而得名,始建于北宋,初建于城西南隅,清康熙二十八年(1689年)迁建于文庙以北、贡院以东、守道街(今北道门街)以西,即今址。

游梁祠社区基本保持着民国时期开封街巷的风貌,建筑多为居民自建,以

---

① 开封市自2012年春季启动旧城区改造,龙亭区大部分棚户区因毗邻名胜,列入改造计划,随着旧城区改造,最大的胡同区可能消失,故其原始面貌保留至2012年止。

2~3层小楼居多,其中不乏民国时期存留下来的老四合院。社区内胡同纵横,道路宽窄不一、坑洼不平,缺少路灯、公厕等公共设施。生活垃圾主要靠流动的人力车清运。社区居民多为自谋职业者。1990年以前有不少产业工人,经过企业破产、工人下岗高峰,人数大为减少。社区老龄化严重,年轻一代嫌条件差,成家后多搬出。无所事事的老年人,成为街道一景。

无梁庵街北端与育红街成九十度拐角。育红街东端与无梁庵街相接,西端与豆腐营街相通,拐弯处有一座北泰山庙,一墙之隔就是老鲍家。

提起老鲍家,社区居民无人不知,老鲍家已故男主人鲍忠功(1916—1989)曾是开封市知名的武术家。据鲍忠功遗孀段秀英女士讲,鲍忠功的师父是著名武术家孙霁虹(鲍家堂屋至今供着师父画像)。孙霁虹是少林派武术名家仇玉书(1830—1922)的得意弟子,1914年在开封创立"培英武术学社",鲍忠功入其门下,成为徒弟中的佼佼者,武术学社后更名为"培英武馆",馆长就是鲍忠功。

鲍忠功在开封是颇带传奇色彩的人物。1933年著名京剧表演艺术家尚小云来汴演出,鲍与同门杨金贵表演的"朴刀进枪"曾令尚小云赞叹不已。1934年,他参加国术省考,获甲等优胜,抗战爆发后参加过台儿庄会战,1949年后担任开封市武协顾问,并荣获"河南省著名武术家"和"全国优秀武术教练"称号。鲍的另一项绝技是正骨推拿。鲍忠功的六女儿鲍素芳回忆:"那时候,开封人都知道我父亲擅治各种跌打损伤,很多人找他看病,包括市里的干部,家里不断人。"

鲍忠功还是春节期间的"活跃人物"。据鲍素芳讲,鲍忠功最"慌"过年,每年春节都会带领徒弟舞狮、舞龙,能连上七八张八仙桌,负有盛名。鲍忠功有儿女十人,俱已成家单过,如今祖宅由遗孀段秀英与小儿子鲍胜、长孙居住。

二、当地春节盛况

(一)年的序曲:腊八

腊八这天最重要的节俗就是熬制和食用腊八粥。从明确的文字记载看,腊八粥最早始见于北宋开封。

> (十二月)初八日,街巷中有僧尼三五人作队念佛。以银、铜、沙罗或好盆器,坐一金铜或木佛像,浸以香水,杨枝洒浴,排门教化。诸大寺作浴佛会,并送七宝

五味粥与门徒,谓之腊八粥。①

这是古文献中关于熬制腊八粥的最早记载。腊八粥始于佛寺,是"浴佛会"期间的神圣食物,用来供养佛祖和施与僧众信徒。《东京梦华录》又云:"都人是日各家亦以果子杂料煮粥而食也。"说明这种习俗早已不限于佛寺内,成为当时开封人普遍过的节俗。

今天的开封人仍然保持着北宋以来熬制腊八粥的传统。开封的寺庙照例会熬制腊八粥,"腊八那天居民也有向相国寺要腊八粥的,俗称寺院的腊八粥,小孩吃了'成人'。"②可见开封的佛寺一直保有施腊八粥与门徒的传统。在游梁祠社区,遵循传统的市民如"老鲍家"会在家里熬制腊八粥,有些嫌麻烦的就到街上早点摊儿喝,街边粮店也有配好的腊八粥原料,供社区居民购买。

变化主要出现在腊八粥的配料上。宋代,腊八粥又叫"七宝五味粥","五味"指粥里添加五种配料,这五种配料分别是松子、胡桃、乳蕈、柿、栗等。③北宋开封人"以果子杂料煮粥而食",所用"果子杂料"主要就是这五种配料。现在开封腊八粥与古代相比配料有很大变化。"腊八粥,是用大米、小米、江米、绿豆、红枣、花生米、红薯、豇豆等八样煮成稀粥。"④豆类、红枣、花生、红薯,都是过去配料中所没有的。也有的人家遵循"有啥放啥"原则,根据厨房里储存的粮食来熬制,放豆类、花生、红枣的比较普遍。

腊八过后,街边开始出现鞭炮摊儿,先是一家、两家,随着年的临近,数量逐日增多,看到火红的鞭炮和春联,人们开始感受到年味的逼近。

(二)年前的小高潮:祭灶

开封人腊月二十三"祭灶",民谚云"二十三,祭灶官"。⑤"灶官"即灶君,开封人视他为一家之主。据段秀英女士讲,过去开封人建房时,墙壁上要留出一尺见方的神龛,内供灶君像,随着老房子的翻建,现在已经见不到。宋代开封人祭灶是在腊月二十四。

二十四日交年,都人至夜请僧道看经,备酒果送神,烧合家替代钱纸,帖(贴)

---

① 孟元老撰,邓之诚注.东京梦华录注.北京:中华书局,1982年,第249页.
② 韩德三、陈雨门撰.汴梁琐记.郑州:河南人民出版社,1986年,第12页.
③ 周密.武林旧事.杭州:西湖书社,1981年,第47页.
④ 韩德三、陈雨门撰.汴梁琐记.郑州:河南人民出版社,1986年,第12页.
⑤ 思我.开封旧历的新年.民俗周刊,1930年,第53~54页.

灶马于灶上,以酒糟涂抹灶门,谓之醉司命。①

司命就是灶君,又称"东厨司命"。以酒糟抹灶门,与用灶糖祀灶君的用意是一样的,就是希望他"上天言好事"。开封人二十三祭灶,当是宋代以后的事情。

祭灶前一两天,胡同里已有人叫卖灶糖和灶君像。灶糖有麦芽糖制成,呈长条状,约筷子长,白色。灶君像为彩色印刷,画面分三层,最下方是财神,左右侍列利市天官和招财童子,中间是灶君和灶君奶奶,最上方的王母娘娘代表着灶君要去的天庭,画面左右环绕着八仙,有一副对联是"上天言好事,下界保平安",横批是"一家之主"。

祭灶仪式在天黑后举行,仪式前要放鞭炮,仪式在厨房里进行。灶君像通常是贴在灶台正上方的墙上,祭灶时,神像前摆放香烛、供品,其中,灶糖和酒必不可少。祭灶仪式都由家里的男主人主祭,祭灶时女人要回避,古语有"男不祀月,女不祭灶"之说。老鲍家过去也是由男主人鲍忠功主祭。

过去,嫁出去的女儿泼出去的水,属于婆家人,祭灶时不能在娘家,否则认为会被"拴住",这一禁忌至今仍有效力。2011年1月26日祭灶时,五女儿鲍素芹当时在家里帮厨,听闻家里祭灶,顾不上吃饭,慌慌张张推上车子就往外走,母亲及鲍胜媳妇劝她吃完晚饭再走,鲍素芹不听,执意要走。当然,这跟鲍素芹的年龄有一定关系。鲍素芹已经退休,属于老开封人,对于传统禁忌遵循得比较严格。社区内的年轻一代,则未必认同。

据段秀英老人讲,过去祭灶用的灶君像下边有匹马,这匹马是"天马",是灶君上天汇报时骑的,又称"灶马""纸马",现在的灶君像印得比过去好看,但是"马"没了,代之以财神。"灶马"的记载见于《东京梦华录》,可见开封人过去祭灶一直延续着北宋的传统,用财神替代灶马发生在1949年以后。

过去祭灶是在厨房灶台边进行的,因为灶君像就贴在灶台上方的墙壁上,现在改在客厅里举行。鲍家堂屋正厅北墙下的供桌是供神的地方,供奉着太上老君、观音、福禄寿三星、关公、送子和尚等神灵塑像。灶君的画像就贴在这些神灵旁边的墙上,说明灶君地位较低。祭灶时,先贴灶君像,摆供品。供品不是单独摆给灶君的,而是在诸神像前摆一张方桌,献给所有神灵的。灶糖也是分散给每一位神仙,灶君唯一能享受的特殊待遇是像前有两盏油灯、一个香炉。

祭灶仪式的最大变化是妇女可以参与祭灶。2011年祭灶时,男主人鲍胜在家,但却不担任主祭,他只负责在家门口放炮,主祭人是鲍胜的媳妇王毅。鲍胜点燃鞭炮,王毅点燃一把线香,在神像前拜了三拜,说了几句"神仙保佑",将线香

---

① 孟元老撰,邓之诚注.东京梦华录注.北京:中华书局,1982年,第249页.

插入方桌上的香炉里,仪式结束。说明今天祭灶的主持者已不限于男性,或者说"女不祭灶"的禁忌已不复存在。

通过对老鲍家及其邻里访谈了解到,其实现在很多人家都不举行祭灶仪式。过去祭灶,是把贴了一年的灶君像"请"下来烧掉,大年三十再把新灶君像贴上去。在老鲍家,并未看到旧灶君像以及张贴的痕迹,说明他们家的祭灶仪式也不是年年举行,今年的仪式多少带有点儿"表演"性质。据鲍素芳讲,过去他们家非常看重祭灶,每年到祭灶的时候,所有的家庭成员都要回家吃晚饭,这是除夕之外最重要的团聚机会,又称"小年下"。

(三)过年的筹备:腊月二十四至二十九

祭灶过后,年味明显变浓,街道上出现自发的年货集市,社区居民开始按照计划进行各项筹备。过年食品主要包括两类:主食和副食。主食主要是蒸馍,通常在腊月二十六前后进行。老鲍家的蒸馍工作主要由五女儿鲍素芹和六女儿鲍素芳负责。鲍素芹退休后长年在娘家帮厨,鲍素芳则是因为心灵手巧,蒸出来的馍比较好吃,加之住得不远,过来帮忙。馍是开封人春节期间的主食之一,除夕前一次蒸够,一直要吃到正月初五,这期间不再蒸新馍。老鲍家过去人口多,一次要用两袋面粉,现在人少饭量也小,蒸馍的规模也缩小。据鲍素芳讲,蒸馍的时候有禁忌,不能说话,馍出锅后更不能评论好坏,蒸好蒸歹就这样了。

蒸馍期间还要蒸一种特殊的花馍,即枣馍,俗称"枣花"和"枣山子"。"枣花"是一种圆形的类似花朵一样的馍,上嵌满红枣,"枣山子"呈三角形,俱是用来祭祖的特殊食品。蒸好后供在祖先像前,正月外甥来拜年时,作为礼物回赠给他,称"背枣山子",有枣(早)生贵子之意。

副食主要是各种油炸食品和扣碗类。这段时间家里会储备大量的肉、豆腐之类,此时距离正月尚有5~6天时间,为延长保质期,通过油炸的方式对食品进行处理,俗称"过油"。油炸过的东西既方便保存,又容易烹调,故家家户户都会集中几天时间预先处理这些过年的食物。油炸类的食物主要有肉丸子、酥肉、方块肉、炸带鱼、炸豆腐、炸面筋、炸腐竹等。

除油炸外,水煮也是重要的加工方式,尤其是猪、牛、羊肉,开封人往往会事先将其煮熟,河南称为"卤肉"。卤好的肉正月待客时可直接切片做凉菜或做回锅肉、烩菜。

扣碗又叫"蒸碗",是豫东地区比较流行的过年食物。扣碗中的肉类也要先用油炸熟,然后再放到专门准备的碗里,配上蔬菜、油、盐、味精、酱油、腐乳、葱、姜等各种辅料,上大锅大火蒸四五十分钟,使之入味,带碗晾凉,储存在阴凉通风处,吃的时候拿出来热一下就可上桌,是快捷方便的菜肴。现在有冷藏设备,多放进冰柜里冷藏保存,可吃整个正月。开封的扣碗分汉族和回族两种。汉族扣碗主要以鸡、鱼、排骨、猪肉为主,回族扣碗以牛羊肉为主。节日前夕,有的饭店会提供代蒸扣碗服务,居民只需交纳若干订金,饭店会将蒸好的扣碗送到家里,好处是方便省心,缺点是价格较高或者质量、口味未必合人意。扣碗以咸食为主,甜食只有八宝饭。

在整个游梁祠社区,居民以自家蒸制为主,一来是传统,二来经济实惠、口味好。老鲍家从二十四开始蒸扣碗,鲍胜夫妇负责采买,五姐鲍素芹负责蒸制,菜肴包括海带肉、黄焖鸡、腐乳肉、米粉肉、排骨、带鱼、八宝饭等,通常需要1~2天才能将扣碗蒸好。

过去,大年三十中午一过,所有店铺都会停止营业,买不到任何东西,因此在准备食物的同时,还要储备足够的用品,如香烛、火柴、油盐酱醋等。现在,城市里超市春节照常营业,给人们生活带来极大便利,节前不需要再储备物品。但有些用品,如春联、门神、福字、鞭炮、过年穿的新衣服等,仍需提前预备。

大年三十前,会将屋里屋外进行一次彻底的卫生打扫,也就是民间所说的"扫房子"。扫房子时间并不固定,有的人家在二十四、二十五打扫卫生,也有在二十六、二十七打扫卫生的,打扫的重点是平时不易清扫到的卫生死角,如厨房、厨具、门窗、墙角、床下等。除了打扫房子,还要进行个人的清洁,如更换被罩和床单、拆洗旧衣物、洗澡、理发等。这几天澡堂子和理发店生意红火,人满为患。

腊月三十以前,流行馈送年货,其意不外乎借送年货表达孝心、联络感情。这又可分为三种情况:第一种情况,儿女晚辈孝敬长辈。在游梁祠社区,很多儿女都已经搬出去单过,在节日前往往会准备一些年货送到父母家里,一来看望双亲,二来减轻老人过节经济负担,所送年货不外乎米、面、烟、酒、肉、蛋、蔬菜之类。第二种情况,晚辈孝敬师长,有感谢之意。如徒弟在这几日择日去师父家探望,送上酒水、饮料、香烟、水果等,表达对师父过去一年教导有方的感激之情。第三种情况,商家看望大客户,单位下级看望上级,有打通关系、联络感情之意,所送物品包括购物卡、烟酒、干鲜果品、蔬菜箱、土特产等。发生在游梁祠社区的主要是前两种情况,那些儿女多、弟子多或行业特殊的家庭,往往会迎来一个送年货的高潮。

(四)快乐巅峰:大年三十

大年三十是最富年味的一天,从早晨开始,鞭炮声不时在城市的各个角落响起。几乎所有主干道路口都成了临时的年货市场,人们熙熙攘攘,进行最后的采购。

三十这天下午,吃罢午饭,人们纷纷开始穿上为新年准备的新衣服。过去新衣服、鞋袜等都是由家里早早预备下的,很多是家中妇女一针一线手工缝制的,现在几乎见不到家里自制衣服,都是提前到商场去买成衣。而且,从游梁祠社区的情况看,有些人过年必须预备新装,主要是妇女和儿童。妇女天性爱美,对服饰比男性讲究,春节是一年中的大日子,自然要好好梳洗打扮一番,只要经济条件允许,都会准备过年穿的新衣新鞋。

中青年妇女对新衣服的要求比平时要高,款式以当年冬季流行款为主,以羊绒大衣、羽绒衣较为多见,颜色崇尚鲜艳,忌穿全黑或全白的衣服,款式追求时髦、好看。少女衣服以可爱、纯洁为主调,多粉红、红色。老年妇女衣服款式不求新,往往穿传统的中式对襟,罩在棉袄外面,布料一般为丝绸,颜色偏暗红,上绣福寿万字等吉祥符号,多穿深色裤子,脚穿皮鞋。儿童正处于长身体阶段,身高发育迅速,衣服磨损较快,加之现在多独生子女,故春节前一定要备新衣。成年男子有准备新衣的,也有不甚讲究,不专门为春节购买衣服的,就穿当季冬装或者西装、中山装,老年人有的会穿唐装,衣物会提前送洗衣店干洗,保证过年时穿出去整洁、挺括。

下午四五点钟,游梁祠社区的居民纷纷走出家门贴春联和门神。春联大都是前几天从街上买好的,内容也大都是"天增岁月人增寿,春满乾坤福满门"之类的传统内容。门神多为秦叔宝和尉迟敬德,也有用关公的。门神都贴在入户的大门上,大门以内的各道门上则会倒贴"福"字,墙壁上贴"抬头见喜"等。

比较新颖的是信奉基督教的人家,他们的春联和门神都与传统迥异。如老鲍家附近一户人家,上联是"一片热心为教会",下联是"百般荣耀归上帝",横批是"恩光普照",门上有两张类似门神的画,画着十字架和一片美丽的牧场,上写"感谢主年年月月,赞美神岁岁时时",画面上还有石榴、葡萄、梅花等象征美好、多子多福寓意的中国吉祥图案。

就在家家户户贴春联的同时,一墙之隔的北泰山庙也迅速热闹起来。《如梦录》记载,北泰山庙始建于北宋,为宋真宗敕建的泰山娘娘行宫,最后一次重建是20世纪80年代末,位置在原址往西几百米处(原址现为河南大学附中),紧邻老鲍家。北泰山庙供奉道教诸神,正南为碧霞元君、紫霞元君、佩霞元君(当地人俗称老奶奶),正东供奉天、地、人三皇。自清代至今,这里一直是游梁祠社区居民的信仰中心。大年三十的下午,社区居民纷纷到北泰山庙烧香,庙里提供线香、元宝、聚宝盆等物供信众购买。有一种长约1.5米的香,当地人称"高香",15块钱三支,尤为受人青睐。也有居民从家里自带高香,到庙里来烧。高峰时期,大香炉里"香满为患",连插的地方都找不到。人们还会购买"聚宝盆",用金箔纸叠成盆状,内装满金箔纸叠的小元宝,先说几句"神仙保佑,来年大吉大利发大财",然后将聚宝盆送入焚化炉。

也有在自家院子里烧高香的。下午六点，鲍家拿出一个大香炉，放在院子正中对着客厅神龛的位置，点燃三根一人多高的大香，插进香炉。这香从大年三十下午六点燃起，一直到第二天早晨燃尽，以此为吉利。游梁祠社区的大多数居民都有在自家院子烧高香的习惯。

贴罢春联门神，开始往客厅正中的神位和祖先像前摆供品，有整鸡整鱼、各色扣碗、水果、点心、油炸食品、汤圆和枣山。西侧的桌上是鲍忠功的师爷、师父、父亲和他自己的遗像，前面同样摆放着类似的供品，除枣山之外，还有枣花。客厅正中的桌子上摆着一对红烛、一个香炉、四样供品。过去，上供的时候，还要行礼，焚香叩头，现在已经见不到了。

居民家摆供品的同时，北泰山庙里也在给神仙摆供品。庙里无道士，平时由几位五六十岁的老年妇女管理。居民们贴春联的同时，她们也在为神庙贴春联，为神仙准备供品。供品包括白水、酥肉（肉裹面油炸而成）、丸子、鸡块、炸豆腐、炸面筋、炸粉条、海带、芥菜、馍、西红柿等，每位神仙跟前一份，一样一样地上，一位妇女负责端菜，另一人专门负责摆放，每放一道都要做敬献的手势。附近居民也会携带水果、饼干、糖果等来到庙里上供。

上过供，厨房气氛紧张起来，开始准备当晚的大餐——年夜饭。妇女们忙着置办酒菜、包饺子。菜主要是扣碗和火锅，这些都是现成的，早几天就准备好的半成品，很快就端上桌。最忙的任务是包饺子，包饺子的面和馅儿都是白天事先准备好，晚上做饭时包好下锅。开封人对三十晚上的菜要求不高，甚至谈不上丰盛，但饺子必不可少。不吃饺子就不叫过年。

大年三十晚上的这顿饭叫"团圆饭"，家里人到齐了才能吃，否则不吉。老鲍家已经分家，已经分家的儿女不要求必须回来，因为他们有自己的一大家子要团聚。下午大儿子鲍平带媳妇回来了，他是老大，代表分家出去的儿女们陪母亲过除夕。此外，就是居住在老宅的鲍胜一家、长孙一家陪段秀英吃团圆饭。段秀英面南坐上首，其余人等按辈分依次排开，右为尊，左次之。

房间里热气腾腾，格外温馨热闹。男人们端起白酒，妇女们端起饮料，祝老人健康长寿。吃饭的过程中，段秀英给曾孙们发压岁钱。根据鲍素芳的回忆，过去过年的时候，父母要给孩子发两次钱，一次是辞岁钱，大年三十晚上给，另一次是压岁钱，大年初一早上拜年的时候给。现在已经没有辞岁钱，压岁钱也不一定大年初一才给，很多在大年三十晚上就给了，而且晚辈不需要给老人磕头，一般改为道谢或口头祝福。

年夜饭过程中，来了一位访客，他是鲍忠功的徒弟，专程来看望师娘。通常情况下，团圆饭不欢迎外人参与，但徒弟显然是例外。据他讲，当年他学艺时就住师父家，跟鲍平等人同吃同住。虽然与师父无血缘关系，但师父视他如己出，故他也把鲍家当作自己家,将师娘视作亲娘,故可以不受大年三十不登门的禁忌约束,与鲍家人同吃团圆饭。

在亲人的祝福声中,在觥筹交错中,饺子上来了,吃完热气腾腾的饺子,团圆饭就结束了。人们纷纷跟老太太辞行,赶在八点之前回自己家去看"春晚"。家里只剩鲍胜一家、长孙一家陪老太太。过去,开封是有"守岁"传统的,现在则改为全家聚在一起看电视。段秀英的生活很有规律,大约九点半左右回屋就寝,鲍胜等年轻一辈人边看电视边守岁。当新年钟声敲响的时刻,家家户户都会派一个人出来放鞭炮,鲍胜也会准时走出家门放炮,迎接新年的到来。放过鞭炮后,除夕才算结束,人们才上床休息。

(五)新年的第一天:正月初一

大年初一打开家门后第一件事就是放"开门炮",又叫"驱魔炮"。乾隆四年(1739年)《祥符县志》云:

"元旦",履端之晨也……焚避祟丹,放驱魔炮,刻木为匙,悬匏于户,福来灾祛矣。①

现在依然如此,爆竹声从早晨五六点钟开始,一直持续到八九点钟,每家每户的门前都是一地红色碎屑。男人们放炮的同时,女人在厨房里下饺子。据鲍素芳回忆,过去开封人通常在大年初一的五更天就要吃饺子,讲究的人家要先吃元宵后吃饺子,这叫"团团圆圆"。

拜年的习俗在宋代就有了。《东京梦华录》云:"正月一日年节,开封府放关扑三日。士庶自早,互相庆贺。"②互相庆贺就是拜年。拜年的习俗一直延续到清代和民国,康熙三十四年(1695年)《开封府志》云:"正月元旦,早起新服,盛馔祭祖考及外神,卑幼拜尊长,亲友相谒贺新年。"③"相谒贺新年"就是拜年。拜年有一定次序,首先是给祖考拜年。据鲍素芳讲,过去大年初一一早,放过炮之后,要有一个未成年的男丁站在门口喊"爷爷奶奶回家过年啦",连喊三声,这就是邀请祖考回家拜年的习俗,现此风已熄。然后是卑幼拜尊长,即晚辈给长辈拜年。开封民谚云"大年初一,撅着屁股乱作揖",说的就是晚辈给长辈拜年的情景。段

---

① 丁世良,赵放主编.中国地方志民俗资料汇编(中南卷)上.北京:北京图书馆出版社.1991年,第18页.
② 孟元老撰,邓之诚注.东京梦华录注.北京:中华书局,1982年,第154页.
③ 丁世良,赵放主编.中国地方志民俗资料汇编(中南卷).北京:北京图书馆出版社.1991年,第16页.

秀英回忆,鲍忠功在世时,家里十个儿女加上徒子徒孙从堂屋一直跪到院子,长辈则给压岁钱。给压岁钱也有讲究,在晚辈成家立业前给压岁钱,给到长大自立就不给了,现在通常是给到大学毕业或参加工作。

拜过长辈后,同辈亲戚之间相互拜年。过去人们住得较近,往往会串门拜年,现在离得远了,多采用电话拜年。以老鲍家为例,鲍胜夫妇、长孙一家住得最近,自然要见面拜年;鲍素芳家离祖宅不远,也会一大早赶过来拜年;其余子女就不一定亲自过来,因为他们也都年届花甲,自家有一大家子人要招呼,不方便过来,就通过电话问候一下。

过去,开封人过年有上门拜年递名片的风俗,上写吉利语与拜年者姓名,如果主人不在家,从门缝把名片塞进去,表示自己来拜过年。现在多改用短信、电话方式来拜年,年轻人还使用网络。拜年的时间也不限于大年初一,有的从大年三十晚上就开始了,一是为了抢个彩头,二是避开网络繁忙的高峰,从大年三十晚上到正月初一,拜年短信提示音不断。

大年初一,从早晨五六点钟开始,来北泰山庙烧香的人就多起来。香客除了本社区的居民,还有从郊区赶来的农民,以中老年妇女居多。这一天,开封市所有庙宇都香客成群,香客们会相互传递消息,如哪处寺庙要门票,香多少钱一支等。与相国寺、禹王台等规模较大的寺庙比,北泰山庙只能算是小庙,但是其吸引人的优势在于不收门票,香售价便宜,而且允许香客自备香火,因此吸引了大量郊区农民来此地烧香。

烧香时,香客先点燃高香,然后依次向北、东、西、南四个方向四拜,心中默念祝词,将高香插入香炉,然后进殿,在每一个神像前磕头,离开。也有的会在神像前逗留,我就亲眼见到一位住在社区的大妈,可能有什么伤心事,坐在三皇殿的神像前,以韵语的形式连哭带唱。这在大年初一被视为是很不吉利的,引来掌管庙务的信徒的不满,说她对神不敬。这一天是北泰山庙香火最旺的一天,烧香的人群到下午五点以后才逐渐减少。

游梁祠社区紧挨开封最著名的风景旅游区,经过近几十年的建设,这里成为开封景点扎堆的"特区",旅游资源包括龙亭、宋都御街、清明上河园、翰园碑林、万岁山森林公园、天波杨府等,集中连片,形成规模优势。其中,春节期间最受本地人欢迎的是翰园碑林举办的"春节祭祖大庙会"。翰园碑林文化主题公园始建于1985年,占地120亩,紧邻开封著名的景点龙亭。据考证,这里曾经是北宋皇宫旧址的一部分。翰园碑林最初以书法文化为主题,游客寥寥,为扭转经营困境,自1996年起创办春节祭祖庙会,祭祀华夏人文始祖黄帝,每年从正月初一开始至正月二十三结束。开封过去春节有庙会,鲍忠功经常带徒弟在庙会上表演舞龙舞狮等。1949年以后,庙会逐渐消失。春节祭祖庙会虽为当代人的"发明",但它借助于传统的力量,赢得了市场,成为开封春节规模最大的庙会。游梁祠社区距离庙会主会场不到1千米,有地利之便,加之大年初一人们娱乐休闲的需要,社区居民多会选择去逛庙会,看各种表演。庙会在大年初一早上九点正式开始,吸引大批市民参加。

（六）正月初二：回娘家

大年初二,是迎女归宁的日子,俗称"回娘家"。这一天,嫁出去的闺女要带着礼物回娘家看望自己的父母。老鲍家的女儿们出嫁后,这天会带着丈夫、儿女回娘家。虽然儿女们没聚全（男丁都跟着老婆回娘家了）,但仍然非常热闹。外孙和外孙女照例给姥爷姥姥拜年,接受压岁钱。

中午,家里要准备一桌丰盛的宴席,款待女儿、女婿。这顿饭从中午开始,一直吃到下午二三点钟结束,是又一次团圆饭（与出嫁的女儿团圆）。

就游梁祠社区的情况看,初二回娘家并不适用于所有人。对于那些儿女尚小的人,初二回娘家是惯例,但是随着儿女长大成家,他们就不再回娘家,因为他们的儿女这天要回娘家。老鲍家就属于这种情况,初二这天,鲍胜跟媳妇回娘家去了,其他八个儿女（有一个过世）都忙于在自己家里招待回门的女儿和女婿。有些鲍忠功的徒弟来拜年,但通常拜完年就走,祖宅反倒显得相对安静。

（七）正月初三：祭祖拜墓

大年初三是重要的日子,开封人在这天要上坟祭祖。清康熙三十年（1691年）《陈留县志》云"（正月）初三日,上冢焚所供牌疏",清乾隆五十三年（1788年）《杞县志》云"祭礼,在正月朔日则祀天地、祖先,初三日则拜墓",可见这一风俗古已有之。

现在依然如此,家家去门扫墓。正月初三的上午九点,鲍家的儿女,除卧病的,这天都回到祖宅,去祖坟拜墓,有些还带了孙儿辈一同前往。

老鲍家的祖坟在开封市北郊,在长子鲍平所住的村子附近,平时也都是由他在照看管理。天冷加之年纪大,段秀英派鲍素芳、鲍胜两家人带着孙儿辈过去,其他人在鲍平家休息。拜墓的东西包括黄表纸、金元宝（纸质）、鞭炮、食物等。鲍忠功的墓在家族墓地的最北端,是坟茔最大、墓碑带门楼的墓,墓碑后面还刻有墓志铭,以彰显他生前取得的功绩。

祭祀仪式在鲍忠功的墓前进行,鲍胜在父亲墓前点燃鞭炮,"通知"先人来扫墓了。众人将黄表纸、元宝在先人的墓前分别焚化。除在墓前烧纸,还要烧香、摆供品,供品有整鸡、整鱼、大块猪肉。摆完了供品,所有人来到墓地正前方,男人和孩子在前,妇女在后,向着先人们三鞠躬,祭拜仪式结束。祭祀队伍回到鲍平家,午宴已经准备好了。人多,摆了三桌,段秀英与鲍忠功的儿女们一桌,鲍家的孙儿辈一桌,鲍家的女婿、儿媳坐一桌。由此看出,排定座位的原则有二:一是辈分高低,二是血缘关系远近。段秀英辈分最高,坐上席上首,几个儿女是鲍忠功嫡系,得以作陪。孙儿辈基本上都是鲍家后代,故坐次席。女婿、儿媳辈分虽比孩子们高,但属外姓,故坐末席。初三中午的宴会,是老鲍家春节期间聚得最齐的一次。

(八) 正月初四及以后

初三过后,游梁祠社区的春节似乎进入新阶段。如果说,此前的日子里有神灵和祖先的影子,初四以后的活动内容,则主要发生在活着的人们当中。

老鲍家是个大家族,初四以后,亲戚之间走动开始增多。鲍家的儿女们会轮流做东,邀请兄弟姐妹上门做客。亲族之外的社会活动增多,往往会宴请自己的好友、同事等,上门做客的人一般也不会空手,讲究的要带四色礼,即四种礼品,如水果、饮料、烟酒、糕点等。这是社会活动密集的时期,几乎家家户户都有宴请,有的可能中午、晚上连续进行,浓浓的酒香和炒菜的油烟味飘荡在胡同里。

人们的活动也逐渐转移到节日娱乐上来,娱乐方式多种多样,有看电视、看电影、玩网络游戏、逛街、逛庙会、外出旅游等。游梁祠社区以中老年人居多,最常见的娱乐活动除了串门儿、逛庙会以外,最受欢迎的就是打麻将。

开封人自古就有春节博戏的习俗。《东京梦华录》记载:"正月一日年节,开封府放关扑三日……坊巷以食物、动使、果实、柴炭之类,歌叫关扑。"[1]这里的"关扑",就是一种博戏,类似于今天庙会上的套圈等带有赌博和碰运气性质的游戏。近代开封赌博之风更炽,描述民国时期开封风俗的《开封旧历的新年》中写道:

> 赌博自然无处不有,无时不存,但都没有新年来得普遍而且公开,所以也有提及的必要。高雅的自然是叉麻雀了,文明的玩扑克,但都没出宝盒或推牌九来得痛快,没掷骰子来得豪迈;老太婆爱用纸牌来"对垒"或"扑胡";老头儿爱来"八丁";小孩子们复杂的不会,却会"吊猴""跌斗""掷小圈""赶点"……而游艺场内的流氓和卖糖的,又生出许多巧法,来引诱人赌;什么"五独""抽笺""摇会""转糖""摸闷"……不一而足。并且元旦后三日,公开大赌,金吾不禁,更是赌博的普遍大原因。[2]

---

[1] 孟元老撰,邓之诚注.东京梦华录注.北京:中华书局,1982年,第154页。
[2] 思我.开封旧历的新年.民俗周刊,1930年,第53~54页。

由此可见开封春节赌风之盛。其中所说的小孩子爱玩的吊猴、跌斗、掷小圈、赶点等,就是宋代文献中所说的"关扑"。"麻雀",就是麻将,开封人春节酷爱打麻将,老鲍家就专门设有麻将室,可以同时容纳一二十人打牌,输赢的数目都不大,5~10元之间。打麻将,是春节期间成年人主要的娱乐方式之一。

正月初五,开封称"破五",是接财神的日子。初五这天的早晨,人们照例要放一挂鞭炮,自正月初一过后,这是第二个放鞭炮的高峰,其寓意有人说是"崩穷",其实就是接财神的意思。

过去有很多讲究,比如初五以前不能打扫卫生,不能往外倒垃圾,否则会破财,店铺也要等到初五以后才能开门营业,但是现在,这些规矩都被打破了。

(九)正月初十至正月十六:元宵

正月初八是上班的日子,许多开封人已经走出假期,恢复到朝九晚五的状态。游梁祠社区的居民大都可以自由支配自己的时间,春节仍在奔向最后一个节点——元宵。

正月十日以后,街上卖元宵节用品的开始多起来,主要是灯笼和元宵。开封过去有专门卖纸扎灯笼的店铺,元宵节期间有卖灯笼的"灯市",现已濒临失传。街上所售花灯,都是工厂流水线上下来的成品,以塑料的为主,有的可以用电驱动,俨然电子玩具。

与传统的花灯相比,传统的元宵生意依然红火。回民市场附近"老尚家"元宵,是开封有名的老字号,买元宵的市民排起长队。也有市民到超市去买速冻元宵,但游梁祠的人还是喜欢买手工制作的元宵,说新鲜、好吃。

元宵买回后并不一定等正月十五才吃,开封有"十五扁,十六圆,团团圆圆过一年"的说法,意思是说十五吃饺子、十六吃元宵,这样才吉利。

开封自宋朝开始就有元宵灯会,一直持续到民国初年,正月十四"挂灯",正月十五"正灯",正月十六"收灯"。1949年后,开封市政府也曾组织过几次大规模的灯会,尤其是20世纪80年代,盛况空前。90年代以后,灯会仍年年举办,但规模缩小,开封的几个著名景点龙亭、相国寺、汴京公园都曾经是灯会会场。

传统的灯会一般在正月十五前后举行,现在灯会从腊月末就开始了,会期长达21天。传统的灯会是开放式的,所有市民免费参观。自20世纪90年代以后,灯会就从大街转移到公园里举办,需要购买门票方可进去看灯。过去灯会上展出的花灯都是由本地制作,往往突出地方特色和文化,现在开封灯会的花灯均来自四川自贡,虽然也有表现本地文化的灯盏,但数量较少。传统灯会往往是春节公共活动的高潮,大街小巷人满为患,然现在所见,灯会热闹程度远逊于过去。

开封有正月十五放焰火的习俗。北宋开封正月十五的社火表演中有"孙四烧炼药方"①,应当就是早期的焰火表演。《如梦录》载,明代元宵节,"烟火架上,安放极巧故事,纵放走线兔子,有火盔、火伞、火马、火盆、炮打襄阳、五龙取水、牌坊等名,花炮声震耳。"②说明明代开封春节放焰火的习俗已经非常流行,而且焰火有了很多品种。

十五日夜,人们纷纷走出家门,将年前买好的焰火在门前燃放。近些年来,大型礼花很受市民欢迎,儿童则会选择燃放一些小型的焰火。除了各家各户放焰火,有些厂矿企业也会放焰火,这些单位财力雄厚,焰火规模大,时间长,很受市民追捧。近几年来,文化主题公园清明上河园每年正月十六日都会举办焰火晚会。清明上河园属于文化企业,放焰火的目的在招揽游客,增加门票收入。由于晚会场地与居民区仅一街之隔,因此,到公园后墙外"蹭"焰火成为居民乐事。尤其是游梁祠社区,与公园仅一步之遥,正月十六夜晚,往往举家前往。人流如织,道路堵塞,开封市要专门派出交警维持秩序。焰火表演持续约一小时,礼花照亮夜空,街道上人山人海,颇有些当年北宋开封上元之余韵。

四、春节期间的公共文化活动

开封春节期间由市政府出面组织的大型公共文化活动主要有:春节灯会、春节庙会、宋代民俗文化展演。灯会又名"开封龙亭——自贡艺术灯会",时间从腊月二十九到正月二十日,采取与四川自贡合办的形式,公园提供布展场所和后勤保障,自贡提供花灯,市民需购票参观,门票收入合作双方分成。

现在开封春节庙会主要是前面介绍过的翰园碑林春节祭祖庙会,始创于1996年,每年举行一届,始于正月初一,正月二十三止,市民需购票进场。庙会采用商业运作的模式,主办方为开封翰园集团,分为主会场(翰园碑林)和分会场(万岁山度假村),主会场主要侧重于祭祀黄帝大典、春节演艺和节日民俗体验,分会场主要侧重于展示大宋武侠文化和游乐项目。

开封过去没有祭祀黄帝的传统,祭祀黄帝完全是开封翰园集团导演的一出"文化秀"。

祭祀仪式从大年初一开始,每天早上十点在公园正门广场举行。表演由"宋徽宗"担任主祭,在"宫人"的陪同下,向黄帝叩首、上香、念祭文,配合以乐舞、仪仗等。祭祀黄帝的祭品,仍然遵循了古礼,以三牲即牛头、羊头、猪头为祭品。

为满足当代人寻找年味的心理,许多业已消失的年俗在庙会上"复活",如踩

---

① 孟元老撰,邓之诚注.东京梦华录注.北京:中华书局,1982年,第164页.
② 孔宪易校注.如梦录.郑州:河南人民出版社,1984年,第88页.

芝麻秆、滚铁环等。正月初一踩芝麻秆的习俗,清代开封就有,乾隆四年(1739年)《祥符县志》记云:

> 夜半各起,栉沐□(盥)漱,陈牲醴,焚寓钱,祝天地,祭影堂,换桃符,张门神守户,曰"炭将军",逐疫也。衣地以芝麻秸,驱邪也。①

可见,清代开封人把芝麻秆铺在地上是为了驱除不祥、保平安。庙会将这些已消失的年俗"再现",供游人体验。

公园从全国各地招募演艺艺人,表演内容逐年丰富,以2010年为例,演艺内容包括杂技、魔术、歌舞、舞狮、高跷、旱船、皮影戏等,既有传统表演形式,又有现代歌舞表演,甚至有来自俄罗斯、乌克兰等地的外国演艺团体,庙会上还有书法、拉洋片、捏面人、吹糖人、糖挑子等传统技艺的展示。

宋代民俗文化展演由另一座著名的文化主题公园清明上河园承办,时间从初一到十五,举办地点就在公园内,市民也需购票入园。表演项目包括抛绣球招亲、高跷、梁山好汉劫法场、斗鸡、马球、大宋科举等,也就是公园平时的表演项目,以春节民俗文化周或文化节的名义包装后推出,意在开拓节日市场。因票价较高,外地游客居多。

五、结　语

作为历史悠久的文化名城,开封的春节习俗与各地的春节习俗同样面临时代变迁所带来的机遇与挑战。积极的方面在于,随着近十年来"非遗"保护运动的开展普及,人们对传统年俗的热情有一定的提高,当地政府部门更是表现出异乎寻常的热情,如2010年开封市就打出了"大宋年文化节"的招牌,花大力气营造过年的文化氛围,这在以往极为少见。但是,调查发现,对于春节文化的热情似乎只停留在官方文件和媒体宣传上,与普通市民的生活相去甚远。开封民众依然故我,按照自己的生活轨迹和方式过年,年味淡化的整体趋势并未改观。由此也提出一个问题,国家层面的文化政策,如何才能转化为民众的文化自觉?延续了千年的春节传统又将向何方去?仍是值得思考的问题。

---

① (清)张淑载,鲁曾熠撰修.祥符县志.乾隆四年(1739年)刻本.

从精神追求到文化记忆:春节剪纸习俗观念的演变

张朝晖①

年节贴剪纸是众多春节习俗事象中最富有艺术性、文化性和思想性的一种民间艺术。作为一种民间艺术,春节剪纸有着几千年的历史,具有强烈的文化感染力和凝聚力。几千年来,春节剪纸习俗在观念和内涵上不断演变,这一演变是社会发展和时代变迁的结果。对春节剪纸习俗演变轨迹的探讨,有助于把握这一习俗事象的本质和演变规律,为留存和创新这一传统习俗找到适合新时代发展的路径,对于弘扬优秀传统文化也极为有益。

一、主题性与多样性:春节剪纸习俗的内容与形式

春节是我国最隆重的传统节日,它历史悠久、内涵丰富。关于春节的起源,《尔雅·释天》记载曰:"载,岁也。夏曰岁,商曰祀,周曰年,唐虞曰载。"②即尧舜时期的"载"就是春节的前身,夏朝称"岁",殷商称"祀",周朝称之为"年",此后一直相沿。汉时有"春节"一词,但其义为立春或春季,清代时出现了以"春节"指称"新年"的说法,这里指的是夏历新年,直到民国时阴历新年才改称"春节"。作为一年之首,又是最隆重的节日,春节自古以来颇受人们的重视,形成了春祭、祀祖、放鞭炮、贴春联、贴门神、贴年画、贴剪纸、吃饺子等众多习俗事象。在丰富的春节习俗中,贴剪纸习俗古老而又喜闻乐见。作为我国民间一种传统的造型艺术,剪纸与民众的日常生活紧密相连,尤其是在宗教活动、节日礼俗中较为常见,具有浓厚的生活气息和强烈的装饰美化等特点。春节贴剪纸颇受人们喜爱,极富有装饰意味和文化艺术气息。

---

① 作者简介:张朝晖,男,1971年3月生,河南大学历史文化学院副教授,主要从事剪纸艺术的创作、教学和研究工作。
② (晋)郭璞注,(宋)邢昺疏.尔雅注疏.李学勤主编.十三经注疏整理本.北京:北京大学出版社,1999年,第169页。

图1　窗花　　　　图2　挂钱剪纸　　　　图3　门笺

春节剪纸题材丰富,形式多样,窗花就是春节剪纸常见而重要的一种。窗花的题材内容一般为花卉、兽禽、吉祥用语、戏曲故事和神话传说,具有迎春、祈福、装点居所的民俗功能。春节还盛行贴门笺习俗。门笺(也叫挂笺、过门笺、红笺、喜笺、门彩等),由古时彩胜演变而来,彩胜是用彩绢或彩纸剪的一种避邪物。《山海经·西山经》中所载西王母头上所戴的"胜"就是这类剪纸,"西王母其状如人,豹尾虎齿而善啸,蓬发戴胜,是司天之厉及五残"。[1]《后汉书·礼仪志》所记载的"青幡"也属于此类,"立春之日,夜漏未尽五刻,京师百官皆衣青衣,郡国县道官下至斗食令史皆服青帻,立青幡,施土牛耕人于门外,以示兆民,至立夏"。[2]这些都是门笺的前身,其功能与立春窗花一样,是为迎新纳福之用。门笺样式多为镂空的锦旗形,一般贴于门楣或堂屋二梁上,图案多为几何纹,嵌以人物、花卉、龙凤等,并多与"四季平安""年年有余"等吉语组合在一起。门笺图案一般与春联同时使用。

图4　门神剪纸　　　　图5　纸马送神　　　　图6　钱马送禄

春节贴门神驱鬼的习俗在我国大部分地区也极为盛行,钟馗、尉迟敬德等门神剪纸形象贴于门上起到避邪的作用。春节祭祀门神、户神、室神、井神和灶神也要用到剪纸,俗称"五祀",除了剪出各种代表形象摆贡外,还特意剪出一些马匹、供花等象征性物品。纸马,被视为可以联通人神,自古以来是过年必备之物,贴纸马送神也是古代我国大部分汉族居住地区流行的习俗。在我国西北如甘

---

[1]　袁珂.山海经校注.上海:上海古籍出版社,1980年,第50页.
[2]　(南朝宋)范晔.后汉书.北京:中华书局,1965年,第3102页.

肃、陕西等地区民间风行年节贴钱马的习俗,剪一匹马,背驮着元宝,这一组合图案有天马送禄、马上发财之意。春节贴财神剪纸则是塘沽及东北等地流行的习俗。

春节贴鸡、贴虎习俗也较盛行。晋王嘉《拾遗记》就有关于尧时贴公鸡习俗的记载:"尧在位七十年……有祗支之国献重明之鸟,一名'双睛',言双睛在目。状如鸡,鸣似凤。时解落毛羽,肉翮而飞。能搏逐猛兽虎狼,使妖灾群恶不能为害……其未至之时,国人或刻木,或铸金,为此鸟之状,置于门户之间,则魑魅丑类自然退伏。今人每岁元日,或刻木铸金,或图画为鸡于牖上,此之遗像也。"[①]春节时在院内或窗上剪贴大红公鸡以辟邪求吉的习俗就由此流传下来。《荆楚岁时记》对南朝时流行剪镂五色彩鸡贴于门户的习俗有记载:"帖画鸡或斫镂五彩及土鸡于户上。"[②]山西省临汾至今仍保留有年节剪贴大红公鸡的习俗。唐代流行门楣上贴厌胜纸虎头的习俗,认为贴纸虎头可以驱邪镇宅。传说人死为鬼,虎专吃恶鬼,门楣上贴虎头,可驱离百鬼。山西、陕西一带民间于年节在门楣上粘贴剪纸虎头的习俗一直流传后世。春节除了上述所贴剪纸类型之外,还贴墙花、屏风花、炕围花等,题材多是戏曲故事、民间传说和吉祥语,用于祭神求福、迎新纳喜。

总体而言,中国古代春节剪纸的内容具有多样而丰富的主题性,有迎春纳福主题,也有驱鬼辟邪主题,更有宗教信仰主题。内容主题性,说明中国春节剪纸都是人们日常生活的需要,不同于纯粹的以审美为主的艺术,具有丰厚的实用功

图7 五色彩鸡剪纸

图8 门楣虎头剪纸

---

① (晋)王嘉撰,(梁)萧绮录,齐治平校注.拾遗记.北京:中华书局,1981年,第24页.
② (南朝梁)宗懔.荆楚岁时记.太原:山西人民出版社,1987年,第4页.

能和文化功能,更多地反映的是它的创作和审美主体——劳动人民的生活观念、审美情趣和生存状况。从形式上来看,中国剪纸的造型元素千差万别,剪纸的色彩运用更是各具匠心,剪纸类型也五彩缤纷,具有形式表现的多样性特征。

二、信仰与生命意识:春节剪纸习俗的原生精神追求

春节贴剪纸,其内涵寓意极为丰富,但从其初始功能看,与古人的宗教信仰、对人类生存繁衍的庇佑和对生命意义的永恒追求密切相关,"原始民俗文化是民俗剪纸生发的原基因。而原始宗教则是原始民俗文化的核心,换句话说,原始宗教文化是民俗剪纸生发的渊源。"①

早期剪纸表现的主题与春节起源的原始意义密切相关。春节起源之说有三种:腊祭说、巫术仪式说和鬼节说。② 腊祭是重大的岁终祭祀节日,"腊"就是通过祭祀自然神灵和祖先,祈愿自然万物时序正常以保障农作物的丰收,期盼家人团聚、平安。腊祭是古人祈求生存和发展的祭祀,是生命意识观念的集中体现。鬼节说源于人们的灵魂不死的宗教观念。古人认为世间一切皆有灵魂,且有善恶之分,善的灵魂能保佑人们平安、丰收,而恶的灵魂则给人们带来疾病、灾难,故要善待、定期祭拜善的魂灵,并想方设法驱逐恶的魂灵,以防带来不测和灾害。巫术仪式是追求生命意识的一种带有功利性的行为方式,古人希望通过某些仪式和努力来驱赶或避开邪恶。春节起源的种种说法,其实都蕴涵着中国人特有的世界观和生命观。春节剪纸正是古人春节期间辟邪祈福的一种重要形式和载体,所以说春节剪纸早期的功能与宗教意识、生命意识有关,是人们精神意志的体现。

图9 娃骑鱼剪纸　　　图10 狮子滚绣球剪纸　　　图11 鱼戏莲剪纸

春节期间贴剪纸,不单单是为了红火喜庆,表达人们对新一年美好的期盼,

---

① 陈竟.中国民俗剪纸史.北京:北京大学出版社,2007年,第22页.
② 关于春节的起源,高春霞《中国春节文化与生命意识》(博士学位论文,兰州大学,2007年,第4页)中有所总结,本文采纳此说。

其深层诉求体现了人们对生命的关注和思考。比如窗花中的花卉图案,"并不单单是为了表现花的自然形态和美丽的外观,而是把自然形象与生命、生殖崇拜的原始阴阳哲学观念结合起来。所以,'春'为蝴蝶(阳)戏牡丹(阴),'夏'为莲花(阴)与童子(阳),'秋'为蝴蝶(阳)扑金菊(阴)等,都是这种观念的形象化反映。"①窗花中的吉祥图案和十二生肖,还有戏曲故事和人物,更具有深层的意识和观念,更能体现人们的愿望和心愿。剪纸中的蛙、鱼、龟等图案,也不仅仅是表现自然生物,而是有着更深的寓意。"蛙"与"娲"同音,青蛙又多子,所以,剪纸中的"蛙"形象是对女娲始祖崇拜的遗俗的反映。许多春节的剪纸作品都表现出对极强的生命意识和子孙繁衍的崇拜。"鱼"也有强大的生殖能力,在中国人的眼里,它既是生殖崇拜的符号,又含有多子之意,"娃骑鱼"剪纸、"鱼戏莲"剪纸反映的都有这层寓意,所以"鱼"是丰收、繁衍的象征,其生命象征意义不言而喻。"鼠"的繁殖能力也很强,因此,"鼠"类题材也常常成为春节剪纸的表现主题,"老鼠吃南瓜""老鼠嫁女"等剪纸反映的便是绵绵瓜瓞、子孙长续的观念主题。春节剪纸中"玉兔抱金瓜"和"狮子滚绣球"的题材也是生命意义的象征。"玉兔抱金瓜"中,"瓜"最初的含义是多子的象征,"玉兔"是月亮中嫦娥的象征,应是子孙繁衍之意。"狮子滚绣球"中,"绣球"是太阳的象征,这一图案是太阳崇拜的遗留痕迹,反映了生命永生、生生不息的中国哲学核心的原始哲学概念。"抓髻娃娃",人们也将其视为是繁衍之神和人类的守护神,郭沫若指出:"'抓髻娃娃'的原型就是金文的'天',是中华民族始祖轩辕黄帝族的族徽。这个祖先标识,几千年来一直作为中华民族子孙后代的保护和生育之神。"②

图12 老鼠嫁女剪纸　　　图13 抓髻娃娃剪纸

西北地区春节流行的用黄表纸(常用于送神送鬼)剪成的"疳娃娃"剪纸,其目的也是为了祛除病魔。"疳"是一种病魔,"疳娃娃"是辟邪的,通过"燎疳"(焚

---

① 童彦婷,张翠.浅谈中国传统春节"窗"装饰艺术特征.城市建筑,2013(2),第226页.
② 问远.剪纸:黄土地上的春节浪漫曲.传承,2009(23),第53页.

烧"疳娃娃")可以满足人们人丁兴旺、五谷丰登、无病无灾、吉祥如意的愿望。春节挂门笺的用意据传是为了吓跑怪兽"年"①，同时取悦鬼神。

春节剪纸中还有一种是招魂剪纸，其宗教意味极为浓厚。万物有灵和鬼神观念盛行之时，人们从人类生存繁衍、发展和追求吉祥如意出发，把消灾纳福的美好愿望寄托于神灵身上，剪出所谓的吉祥辟邪之物并加以信仰崇拜。新疆阿斯塔那古墓葬群出土的北朝和隋唐时期的对花、对马、对猴、对鹿、拉手娃娃等剪纸式样，皆属于招魂剪纸，其作用在于慰藉亡灵、祭祀鬼神、表达亲人对亡者的心愿与祝福。"马"有"马到成功""马保平安""马上封侯"之意。"猴"被认为是保护神，意为辈辈封侯、加官晋爵。"鹿"也被视为吉祥之物，起着保佑子孙繁衍的作用。"鹿"还有福禄之意，象征着财富。拉手娃娃，在中国西北部的山西、陕西、甘肃、宁夏一带至今仍很流行，也被称为"人胜剪纸"，贴起来或插于鬓角，起辟邪、装饰作用。因此，最早的剪纸常用于宗教仪式，且具有驱邪除祟、求吉祈福功能。

由此可见，春节剪纸虽然种类繁多，但民间生命繁衍和长寿平安的意识深植在人们的脑海之中，精神信仰根深蒂固，既有群体认同的"集体表象"，又有生命自觉的精神守望，更有拜物祈福的信仰观念。人们正是通过春节剪纸这种艺术符号，展现对世界本原和生命本体的体认。正是从这个意义上说，春节剪纸是人类精神意识的载体，具有丰富的精神信仰价值和文化教育功用。

三、文化与记忆：春节剪纸的功能演变

春节剪纸是诞生于农耕社会的传统民间艺术，农耕社会的经济土壤和社会组织结构滋养了剪纸特有的内涵和表现特征。自然界的树叶、兽皮、箔片、丝织品等适合剪刻的材料以及后来纸张的发明，为剪纸的产生奠定了物质基础。原始的宗教意识、宗教崇拜及巫术活动，则是剪纸生发的文化基因。古代春节剪纸从纸张发明之前的剪金箔、银箔、铜箔、缣帛、树叶等开始，至魏晋南北朝时期以纸张为创作材料的真正意义上的剪纸在黄河流域的流传，再到唐宋时期剪纸被广泛应用到日常生活和节日礼俗之中，尤其是人们在春节剪镂华胜、人胜迎新习俗成为常态。至明清，剪纸发展至全盛，应用范围广、题材多样、技法精湛。近现代以来，随着小农经济的解体、社会的转型，以及现代文明的确立，人们的生活方

---

① 民间传说，每当岁终，有个叫"年"的恶鬼专门到各家偷吃小孩，家里为了防止它侵入，特地剪出各色的纸笺悬挂在门上。年鬼看到五颜六色的门笺，就望风而逃。从此，挂过门笺成为一种迎春祝福、祈求吉祥平安的风俗。见于李命成《剪窗花》（河北美术出版社，2003年，第50页）。

式、审美情趣和信仰发生了转变。春节剪纸的内涵和意义发生了演变,主要体现如下:

一是春节剪纸功能向装饰和造型艺术发展。在传统社会,剪纸主题多是围绕着神灵和农事展开,以表现喜庆吉祥、五谷六畜、家禽瑞兽、神话传说、戏曲人物等为主要题材,反映了农民的生活图景和美好愿望。古老的剪纸纹样里蕴含着人们的宗教信仰、生命意识和精神追求。至如今,尤其在现代社会特定的文化语境中,科技发达,鬼神观念淡漠,时尚文化、快餐文化成为主流,传统剪纸艺术的生存空间不断被挤压,它已成为留存在人们心底的丰富的文化记忆。现代的春节剪纸虽有辟邪驱怪、招祥纳福之功能,但人们内心已不再真正地相信有什么神灵和鬼怪,它已经成为一种传统和习惯,一种单纯的祈愿而已。也就是说,剪纸的基础意义和基本内核还在,但已经发生了变形和转换。即使是传统的题材,其含义也已发生了质的变化,如"玉兔抱金瓜"和"狮子滚绣球"这些具有生命象征意义的春节剪纸已被现代人赋予了金钱的象征,俗语有"玉瓜,一定能发家","狮子滚绣球"则寓意财源广进。春节时的"五祀"剪纸,至明清时其用途已从祭祀转向装饰,且不仅在中国广大乡村流行,在城镇也广泛流传,年节各行各业,家家户户都要贴,既满足了人们招福、纳吉的趋吉心理,又增添了除旧迎新的节日欢乐气氛,强化了春节剪纸的装饰和造型功能。由此可见,春节剪纸已从宗教仪式和生命象征的神坛上走下来,逐渐趋于实用,演变成为装饰和造型艺术,并逐渐沉淀为一种文化记忆。

二是春节剪纸逐渐趋于欢庆和娱乐功能。春节剪纸的宗教意味减弱之后,其欢庆、娱乐功能不断得以彰显,宋元明清时已渐露其迹。《酌中志》载:"(宫中)自岁暮正旦,咸头戴闹蛾,乃乌金纸裁成,画颜色装就者,亦有用草虫蝴蝶者,咸簪于首,以应节景。"[①]《宛署杂记》记载:"岁时元旦拜年,烧阡张,道上叩头,戴闹嚷嚷……以乌金纸为飞蛾、蝴蝶、蚂蚱之形,大如掌,小如钱,呼曰:闹嚷嚷。大小男女,各戴一枝于首中,贵人有插满头者。"[②]这些材料说明最晚至明清时期,民俗剪纸已从年节祭神的功能转为欢庆娱乐功能,这也是民俗剪纸在今天的一个主要用途。

三是春节剪纸的收藏和商业用途凸显。传统意义上的剪纸,制作技艺是属于农耕文明的,其价值主旨与中国农耕社会的宗教信仰、审美意识和生命追求紧密相连。但随着社会的发展和制度的转型,剪纸的生态环境发生了改变,剪纸艺

---

① (明)刘若愚.酌中志.台北:伟文图书出版社,1976年,第505~506页.
② (明)沈榜.宛署杂记.北京:北京古籍出版社,1980年,第190页.

术随之就生发了新的价值取向。尤其在现代社会,年轻人由于受影视文化、网络文化等新潮和时尚文化的影响,对剪纸艺术的感受和体会不深,民间剪纸的现代价值没有得到很好的发掘,使其逐渐成为具有历史和艺术价值的收藏品和文化遗产,成为一种"死"的文化记忆。那些造型、寓意俱佳的工艺性剪纸加以装裱之后,成为人们收藏或馈赠亲朋好友的礼品。随着时代的发展,人们又为春节剪纸添加了新用途,剪纸不断被应用于商业、工业设计、商品包装、广告制作等领域剪纸元素越来越凸显,民俗剪纸的商业气息越来越浓厚。

从春节剪纸习俗内涵的演变看,传统剪纸艺术的传承,既具有变异性,又有稳定性。变异性体现在随时代的变化和环境的变迁其内容和形式不断变化,稳定性体现在春节剪纸无论如何变化,其承载人们对人类生存繁衍和生命意义的关切和追求一直都在。作为一种艺术,剪纸经过现代文明时代理性的规范,原始观念因素和现代发展中新的文明因子互相融合,形成了一种文化符码。然而,"尽管是以文化符码的形式存在,文化符码形式本身仍然携带着原始自然基因的意义内容。这种'自然基因内容',正是民间艺术(包括剪纸)图案形象所隐喻的最具基础性的意义,并且构成了各种民间文化意义系统最基本的内核。""原始物象往往是以变形和隐喻的方式进入文明时代的民间艺术和民间叙事的。"① 因此,春节剪纸习俗的传承需要关注其发展的内在因素和演变特征。

四、转型与创新:春节剪纸的保护与传承

正如上述所言,春节剪纸在数千年的发展过程中,尤其是从农耕文明跨入到现代文明的过程中,由于现代生活方式的冲击、价值观的变化,春节剪纸习俗的生存空间变小了,已逐渐失去往昔的虔诚与神圣,但作为数千年传承下来的文化习俗,并没有被淹没在历史的长河之中,仍有其存在的基础,尤其是其承载的人们对生命意义和美好生活的期盼永不过时,贴剪纸仍然是春节习俗活动中重要的一项内容。但是,随着春节气氛的冷淡,春节贴剪纸的习俗也渐渐被主流文化疏离,尤其是年轻一代离剪纸文化的距离越来越远,加上剪纸艺人的分散和减少,春节剪纸艺术的传承越来越困难。如何留存这一优秀的文化传统呢?当前,人们对这一问题多有关注,也提出了保护和培养传统剪纸艺术传承人、建立传习所、改善传承人生存及生活条件、为传承人技艺进行影音处理、建立数据库等种

---

① 吕小满.民间剪纸组合意象的解读.民俗研究,2003(3),第147、148页.

种行之有效的措施。① 笔者认为剪纸的传承与创新还应该从以下几个方面去努力。

首先,春节剪纸观念的创新和精神的传承是关键。剪纸之所以在中国民间传承上千年而不绝,与其契合中国人的社会心理、满足中国人的审美和文化需求有密切关系,因此,剪纸的传承除了技艺的传承外,更重要的是剪纸内涵和精神观念的传承。对那些蕴涵民族社会深层心理的繁衍昌盛、平安吉祥等主题的剪纸纹样,要坚定不移地信奉它。在春节剪纸内涵上还要契合现代社会人们发展的需求,尤其是精神心理的需要和人文关怀。要把春节剪纸打造成为既有历史积淀和历史厚重感,又有鲜明时代气息、时尚韵味的新文化。

其次,剪纸要迎合新时代的需求,在题材方面要有突破。传统剪纸的内容和题材是适合农耕时代人们的心理需求的,与现代人们的审美和需求不相符,这就给剪纸艺人提出了新的时代要求,那就是在继承传统剪纸合理内核的基础上,在内容和题材方面要创新,更加贴近现代生活。创作要契合当代人的审美心理,满足个性化需求,比如在家居装饰方面,可将小巧窗花变身为大型装饰壁画,以满足现代人的家装需求。在生活日用品设计制作上,可巧妙融入剪纸元素,以增添其艺术气息和审美情趣,还可给传统剪纸注入时尚元素,这也是现代剪纸发展的一个方向。

再次,营造剪纸文化的生存空间也极为重要。剪纸艺术起源于民间,依托各种民俗而存在。只有保护好传统民俗,引导人们尊重民族文化空间,才能使民间艺术和文化更好地生存。此外,从国策层面看,目前我国在大力弘扬优秀的传统文化,倡导以文化立国,建文化强国,这对于发展和弘扬春节剪纸文化是一个很好的契机。

民俗活动是现代剪纸的母体和基础,只有立足于民众,立足于民间,传承剪纸内涵和精神,才是春节剪纸获得现代原创力和生命活力的关键。

---

① 邹瑾琳的《佛山剪纸艺术的传承与发展探究》(《美术教育研究》2014 年 11 期,第 34～37 页),金丽娜的《黑龙江民间剪纸资源库建设的意义》(《科技情报开发与经济》2015 年第 16 期,第 138～139 页)等都对此有所研究,提出了很好的建议。

春节文化习俗研究

马福贞

一、立春、鞭春和农耕文明

立春节,又名"打春""正月节",在古代无论民间还是官府都十分重视。新年伊始,人们举行盛大隆重的迎春仪式,立春节"鞭春"习俗是最具代表性的节日活动。谚曰"春打六九头",每年公历2月4日前后,太阳到达黄经三百一十五度时立春开始。"立,始建也。春气始而建立也。"立春是传统二十四节气之首,这是天文学意义上的新年开始。所以,立春节气才是新旧农历年份的分界,是天文学意义上的年、月、日三元之始端。立春节立春之时,我国大部分地区天气转暖,大地回春,正是农人备耕的开始。宋人高承《事物纪原》记载:"周公(旦)始培制立春土牛,盖出土牛以示农耕早晚。"立春时节在迎春仪式上"打春牛",又叫"鞭春",是汉族旧俗,流行于中国许多地区。"春牛",用桑木做骨架,冬至节后辰日取土塑成,身高4尺(约1.3米),长8尺(约2.7米),画四时八节三百六十日十二时辰图纹。立春前一日,人们到先家坛奉祀,然后用彩鞭鞭打,把"春牛"赶回县府,在大堂设酒果供奉。男女老少牵"牛"扶"犁",唱栽秧歌,祈求丰年。

《逸周书·时训》云:"立春之日,东风解冻;又五日,鱼上冰。"又《吕氏春秋·孟春纪第一》云:"是月也,天气下降,地气上腾,天地和同,草木繁动。王布农事,命田舍东郊,皆修封疆,审端径术。善相丘陵阪险原隰,土地所宜,五谷所殖,以教道民,以躬亲之。田事既饬,先定准直,农乃不惑。"[1]由于立春节标志着春季来临,和农业生产关系密切,历代官府和民间都重此节,故其逐渐演变为民间节日。周代已重此节,立春日,天子亲率三公、九卿、诸侯、大夫到东郊迎春,并有祭祀太皞、芒神的仪式,以祈求丰收。《吕氏春秋·孟春纪第一》:"是月也,以

---

[1] 张双棣等.吕氏春秋译注上·孟春纪第一.吉林文史出版社,1987年,第2页.

立春。先立春三日,太史谒之天子曰:'某日立春,盛德在木。'天子乃斋。立春之日,天子亲率三公、九卿、诸侯、大夫,以迎春于东郊;还,乃赏公卿、诸侯、大夫于朝。命相布德和令,行庆施惠,下及兆民。庆赐遂行,无有不当。乃命太史,守典奉法,司天日月星辰之行,宿离不忒,无失经纪,以初为常。"①汉承周制,立春之日,天子迎春于东郊,祭青帝句芒,车骑服饰皆青,唱《青阳》《八佾》之歌,各都城立男女土偶像,手执锄头,站在泥牛旁,以示农时。《后汉书·礼仪上》云:"立春之日,夜漏未尽五刻,京师百官皆衣青衣,郡国县道官下至斗食令史皆服青帻,立春幡,施土牛耕人于门外,以示兆民,至立夏。"②《后汉书·祭祀中》亦云:"立春之日,皆青幡帻,迎春于东郭外。令一童男冒(帽)青巾,衣青衣,先在东郭外野中。迎春至者,自野中出,则迎者拜之而还,弗祭。三时不迎。"③又《祭祀中》云:"立春之日,迎春人于东郊,祭青帝句芒,车骑服饰皆青。歌《青阳》,八佾舞《云翘》之舞。"④汉代祭祀春神、土地神、土牛耕人等活动,是象征性地告诫人们春耕到来,催劝农耕之意十分明确。魏晋南北朝时期立春节俗仍然盛行,宗懔《荆楚岁时记》:"立春之日,悉剪彩为胜,贴'宜春'二字。"唐、宋时期也有立春祈农劝农风俗。唐韩鄂《岁华纪丽》云:"春为青阳,云成白鹤,太簇司律,苍灵奉涂,女夷鼓歌,风回解冻,岁适载华,雷方出地,鱼已上冰……帝称太暤,神曰句芒。"⑤宋孟元老《东京梦华录·卷之六·立春》载:"立春前一日,开封府进春牛入禁中鞭春。开封、祥符两县,置春牛于府前。至日绝早,府僚打春,如方州仪。府前左右,百姓卖小春牛,往往花装栏坐,上列百戏人物,春幡雪柳,各相献遗。春日,宰执亲王百官,皆赐金银幡胜,入贺讫,戴归私第。"⑥明、清以来,民间有食青菜、迎春牛、迎农祥、鞭春牛、浴蚕种、贴春帖、喝春茶等俗信活动。清富察敦崇《燕京岁时记·打春》:"打春即立春,在正月者居多。立春先一日,顺天府官员至东直门外一里春场迎春。立春日,礼部呈进春山宝座,顺天府呈进春牛图。礼毕回署,引春牛而击之,曰打春。是日富家多食春饼,妇女等多买萝卜而食之,曰咬春,谓可

---

① 张双棣等.吕氏春秋译注上·孟春纪第一.吉林文史出版社,1987年,第2页.
② (晋)司马彪撰,(梁)刘昭注补.后汉书·礼仪上·卷九四·志第四.吉林人民出版社,1995年.
③ (晋)司马彪撰,(梁)刘昭注补.后汉书·祭祀中·卷九九·志第九.吉林人民出版社,1995年,第1816页.
④ (晋)司马彪撰,(梁)刘昭注补.后汉书·祭祀中·卷九八·志第九.吉林人民出版社1995年,第1802页.
⑤ (唐)韩鄂.岁华纪丽.四库全书·子部·说郛.上海古籍出版社影印,1987年文渊阁版本,第728~879页.
⑥ (宋)孟元老.东京梦华录·卷之六·立春.中华书局,2004年,第163页.

以却春困也。"①《长子县志·卷四》:"立春前一日,有司具春花杂彩,张乐率农夫执犁具迎芒神、土牛于东郊,设坛于县治二门外,候立春时,致祭之官员各执彩仗环牛而击者三。其日,士女竞观,民家各为春盘、春饼,曰迎春,又食萝卜,曰咬春。"②《钦定日下旧闻考·风俗》引明刘侗、于奕正《帝京景物略》云:"京尹迎春,自春场入府。是日,塑小春牛芒神,以京兆诸生舁入朝进上。"③又:"迎春前一日,顺天府尹率僚属朝服迎春于东直门外,隶役升芒神土牛,导以鼓乐,至府署前陈于彩棚。"④分析以上资料可知,立春节各种俗信活动主题是围绕农业生产进行的,是春季农业总动员,其中最有特色的是"鞭春劝农"。

　　牛,自古就是中国民间普遍信仰的神灵,古代民间关于牛的俗信十分普遍,这是因为在农业社会牛作为代替人力的农业动力十分重要,正如史料所述:"牛者,农之本,为家长者,须当留心提调,每日水草不可失时。"⑤安徽《滁阳志·卷五》云:"迎春日,农人村妇竞上城观春,又取春牛土涂灶避虫蚁。"可见,人们对牛敬之、爱之又信之,因为作为古代的重要畜力,牛与农业生产息息相关。根据民国胡朴安的《中华全国风俗志下·贵州·盘县十月朔之俗》记载,在贵州盘县,"十月朔,俗传为牛王神生日。乡农各寨,捐资举牛王大会,爆竹之声,各寨相应,极一时之喧闹。各家并出新糯米制饼,先取一团喂牛,一团挂牛角上,牵之至河畔饮水。俗传牛饮时见角上之饼(俗名粑粑)格外喜悦,知人酬其劳也。"作为农业民族,对农业生产的重要帮手和动力虔诚地崇拜,是很自然的事情。我国大部分地区都有鞭牛劝农习俗,这是立春节最重要的俗信活动之一。《钦定日下旧闻考·风俗》记载:"大兴、宛平县令设案于午门外正中,奉供进皇帝、皇太后、皇后芒神、土牛,配以春山,府县生员舁进,礼部官前导,尚书、侍郎、府尹暨丞后随,由午门中门入,至乾清门、慈宁门恭进。内监各奏,礼毕皆退。府尹乃出土牛环击,以示劝农之意。"又曰:"正统中,每岁立春,顺天府别造春牛、春花进御前及仁寿宫中。宫凡三座,每座用金银珠翠等物,费钱九万余。景皇即位,以明年春日当复增三座,宛平坊民相率陈诉,乞买时花充用。"⑥可见,农业民族重视节令,不误

---

① (清)富察敦崇.燕京岁时记·打春.北京出版社,1961年,第45页.
② (清)徐廷修,徐介纂.长子县志·卷四.清康熙四十四年(1705)刻本·稀见中国地方志汇刊(第19册),中国书店1992年版,中国科学院图书馆选编,第94～95页.
③ (清)于中敏等编.钦定日下旧闻考·风俗·卷一四七.北京古籍出版社,1981年,第2344～2345页.
④ 同上书,第2345页.
⑤ (元)元世祖敕,司农司撰.农桑辑要.丛书集成初编,第1463册.中华书局,1985年,第1页.
⑥ (清)于中敏等编.钦定日下旧闻考·风俗·卷一四七.北京古籍出版社,1981年,第2345～2346页.

农时,立春节活动声势浩大,以隆重、热烈的活动迎接春天,进行春耕动员,其目的在于劝农保丰收。

二、古代"春节"祭祖习俗与古代家族教育

春节,也称为"元旦",时间为农历正月初一,是通过政府文件颁布的年、月、日三元之始端,也就是立正朔,这是政治(社会)意义上的新年伊始,象征开辟了新纪元。

汉武帝时期之前,各朝各代春节的日期并不一致,自汉武帝太初元年(公元前1104年)始,以夏历(农历)正月为岁首,春节的日期由此固定下来,延续至今。1911年,孙中山领导的辛亥革命爆发后建立了临时政府,他将"元旦"调到公历1月1日,这样,公历1月1日被称为"元旦"。因为民众以农历正月为岁首已经相沿成俗,民国三年(1914年)一月二十一日,时任内务总长的朱启钤致时任大总统袁世凯《定四季节假呈》:"拟请定,阴历元旦为春节,端午为夏节,中秋为秋节,冬至为冬节……"这样,"立春节"成为节气名称。元旦在不同时代有不同名称,在先秦时叫"上日""元日""改岁""献岁"等;到了两汉时期,又被叫为"三朝""岁旦""正旦""正日";魏晋南北朝时称为"元辰""元日""元首""岁朝"等;到了唐宋元明,则称为"元旦""元""岁日""新正""新元"等;而清代,一直叫"元旦"或"元日"。"一夜连双岁,五更分二年",古时春节曾专指节气中的立春,也被视为是一年的开始,后来改农历正月初一为新年。作为传统节日的春节,一般至少要到正月十五(上元节)才结束,春节俗称"年节",是中华民族最隆重的传统佳节。

中国古代伦理社会的文化特征,决定了中国古代岁时节日文化非常强调人伦关系的协调。如果说上述强调节日祭祀祖先的节俗内容主要是指向已逝祖先同子孙后代的人伦关系的话,那么更多的节日礼俗强调现实生活中的人伦关系,通过拜节、亲幼往来、仪式活动等节俗突出强调在家庭伦理中的男尊女卑、内外有别、尊老爱幼、尊尊亲亲等道德观念。与平常相比,新春佳节期间更强调族人的亲情与和睦,因此,在欢乐的节日气氛中有很多进行"尊老爱幼"家教活动的典型俗信事例。例如,新年拜年、守岁、发压岁钱等俗信活动都深含伦理教育功能。旧俗,除夕之夜,一般在年夜饭后,全家老少欢聚一堂,这时由晚辈给长辈叩头拜年,祝老人健康长寿。《清嘉录·辞年》:"卑幼行礼于尊长以别岁,俗称'辞年'。"又:"东坡诗序云:'蜀中风俗,岁晚酒食相邀,呼曰别岁'。"[①]"辞岁凡除夕,蟒袍

---

① (清)顾禄.清嘉录·辞年.上海古籍出版社,1986年,第182页.

补褂走谒亲友者,谓之辞岁。家人叩谒尊长,亦曰辞岁。新婚者必至岳家辞岁,否则为不恭。"①晚辈给长辈拜年表示祝福与尊敬,长辈则给晚辈压岁钱以示爱意。压岁钱常在年夜饭后或元旦早晨发给晚辈,也有在除夕夜等晚辈们睡熟以后置其床角或枕边的。富察敦崇《燕京岁时记·压岁钱》云:"以彩绳穿钱,编作龙形,置于床脚,谓之压岁钱。尊长之赐小儿者,亦谓之压岁钱。"②压岁钱又曰"厌胜钱",最早是一种小儿佩戴的压邪饰品,上面有文字、生肖像或绘图,是用来压服邪魔的。民间俗信认为小儿魂魄不全,极易被邪祟摄去,需小心呵护,压岁钱可避祟保平安,故有长辈给晚辈发压岁钱之俗,以压服邪魔。后来这种厌胜物被专用于年节,即压岁钱,以祝愿小孩在来年健康平安,其用意相通。相传若有鬼怪妖魔,可用此钱贿赂以逢凶化吉。民国河南《淮阳县志·礼俗·卷二》记载:"除夕,书春贴,易门神,换桃符,家长赐幼者钱,曰压岁。"又《清嘉录·压岁盘》:"长幼度岁,互以糕果、朱提相赉献,谓之'压岁盘'。长者贻小儿以朱绳缀百钱,谓之'压岁钱'。置橘、荔诸果于枕畔,谓之'压岁果子'。元旦睡觉时食之,取谶于吉利,为新年休征。"③对此,《孔府内宅轶事》有极为生动的描述:"年三十晚上,大人们要给我们三个人'压岁钱',装在红纸袋里,写上长命百岁,放在枕边,还要在我们每个人的景泰蓝食盒里放上用年米面做的如意、小柿子、橘子等食品,大年初一,我们一醒来不许说话,先要用手摸摸这些东西……"④可见,压岁钱、压岁果都是用于避邪镇恶,并取吉利之意,充分体现长辈对晚辈的关爱之情。

如果新年发压岁钱俗信传达的是长辈对晚辈暖融融的亲情和爱意,那么拜年守岁俗信则表达着晚辈的一片孝心。《岁时广记·岁除》:"痴儿俊女,多达旦不寐,俗云:守冬,爷长命。"⑤"家人长幼悉盛衣服冠,以次拜如礼。饮椒酒为尊长寿。"⑥《沅州府志》记载,在云南元江一带"三十日为除夕……子弟向家长拜庆,谓之辞年。家长分压岁钱于家人谓之压岁钱。连旦不寐,谓之守夜"。⑦ 可见,压岁钱、守岁、拜年等习俗都深含传统伦理教化意义。

---

① (清)富察敦崇.燕京岁时记·压岁钱.北京出版社,1961年,第 93 页.
② 同上,第 92 页.
③ (清)顾禄.清嘉录·压岁盘.上海古籍出版社,1986年,第 181 页.
④ 孔德懋.孔府内宅轶事.天津人民出版社 1983 年,第 96 页.
⑤ (宋)陈元靓.岁时广记·除岁.卷四十.丛书集成初编,第 0181 册.中华书局,1991年,第 443 页.
⑥ (清)佟企圣修,苏毓眉等纂.曹州志·卷六.清康熙十三年(1674 年)刻本.稀见中国地方志汇刊,第 6 册.中国书店,1992 年.
⑦ (清)瑭珠修,朱景英,郭瑗凌纂.沅州府志·风俗·卷二三.清乾隆(1736—1796)刻本.稀见中国地方志汇刊.第 40 册.中国书店,1992 年,第 650 页.

三、岁时瞻拜"祖图"的俗信活动和传统伦理教化

我国不少地区有岁时瞻拜"祖图"的俗信活动。《天镇县志·风俗·卷四》云:"正月元旦祀先食扁食,家各拜贺,月内各筵宾。"①山东《曹州志·卷六》:"元旦,皆于院落结棚插竹陈酒脯,供神门贴画像祀灶于烛区,设纸像祭之,祀祖先于祠堂,无神主者亦设纸像致祭。"②《临晋县志·风俗》:"元旦……男女礼服拜天地毕,次悬祖宗像,陈寒具牲醴而列拜。"③瞻拜祖先图像,主要指逢年过节时张挂祖先影像以拜祭。

此俗尤以年节期间最为突出。祖先崇拜,是民间原始崇拜的一种形式,约起源于氏族公社母权制时期,起初表现为对同族死者模糊的关怀和追忆,常在其墓中放置简单的工具、武器和食物等,以备在"冥界"的需要。随着父权制的确立,逐渐萌生了祖先灵魂可以保佑本氏族成员的观念,并形成各种祖先崇拜俗信和仪式,在岁时节日瞻拜祖先图像就是原始祖先崇拜的遗风。

旧时的大宗族有在宗祠展挂祖先图像者,一般人家则展挂在家中正厅。有的祖先像绘有几代祖先,称"代图",有的则为有画像的家谱,北京等地也有以天地马代替的。此俗除了拜祭祖先以外,还有请祖先灵魂回家团圆、过年之意。旧时,我国大部分地区除夕祭祖以后,新年早晨要先祭祖,然后才能进行其他活动。我国大部分地区春节、清明节等都有瞻先图、拜祖宗的习俗。《沅州府志》云:"正月元旦启门,燃百子爆,出谒邻近祠庙,谓之出天方,悬祖先影像于堂,具香烛、茶果,少长肃衣冠拜,拜毕,先父后母及尊长各以次序拜,戚友相近贺,谓之庆节,俗名拜年。"④顾禄《清嘉录》并引《月令事宜》等叙述此俗尤为详细:"元旦为岁朝,比户悬神轴于堂中,陈设几案,具香蜡以祈一岁之安。"悬神轴,即挂祖先画像,又称挂喜神像。又:"比户悬挂祖先画像,具香蜡、茶果、粉丸、糙糕,肃衣冠,率妻孥依次拜,或三日、五日、十日一、上元夜始祭而收者。至戚相贺,或有瞻拜尊亲遗像者,谓之'拜喜神。'案:厉樊榭《可庵遗像记》:'古者人子之于亲亡也,至汉氏以

---

① (清)胡元朗纂修.天镇县志·风俗·卷四.清乾隆四年(1739年).稀见中国地方志汇刊,第4册.中国书店,1992年,第682页.
② (清)佟企圣修,苏毓眉等纂.曹州志·卷六.清康熙十三年(1674年)刻本.稀见中国地方志汇刊,第6册,中国书店,1992年.
③ (清)徐可先修,胡世定纂.临晋县志·风俗.清康熙二十五年(1686年)刻本.稀见中国地方志汇刊,第7册,第1011页.
④ (清)瑭珠修,朱景英、郭瑷凌纂.沅州府志.清乾隆(1736—1796)刻本,卷二三.稀见中国地方志汇刊,第40册,第648页.

来,乃有画像,虽非古制,实寓生存,遂相沿不能废。宋之先儒,有恐似他人之议,则画手不可不工也。'朱鹿田诗:'感旧应添看面人。'《月令事宜》:'除夕祭飨,即悬真于家庭,供奉以拜节。'江震志亦有以除夕悬祖先画像,至新正初三日或初五日收者。金介山云'杭俗谓之神子'。《落灯夜收神子》诗云:'若非除夜何能见,绕过元宵不可留(正月,挂喜神)。'又云'其三五世合绘一幅者,则曰代图,亦曰三代图,五代图'。"①再如,浙江西部的拜祖公在正旦清晨举行,家长率领全家到家堂焚香致祭,瞻拜祖图,称"向祖公拜早年"。早饭之前,人们着新衣,结队到祖坟瞻拜祖墓,焚香烧纸,鸣放鞭炮,有宗祠的还要合族致祭并整点宗族人丁,敦睦族人间的关系,新妇因此尽快熟悉族内长辈等。次日新婿才到岳家拜年。故当地俗谚:"年初一拜太公,年初二拜外公。"我国民俗学资料显示一些少数民族也有节日瞻拜祖图、祭祀祖先的习俗,并将瞻拜祖图、祭祀祖先的俗信活动与社会文化教化目的互相结合起来。我国少数民族,如满族、畲族等都有瞻拜祖图、祭祀祖先的节俗。例如,上十节是畲族的传统节日,瞻拜"盘瓠祖图"是节日活动的重要内容,主要流行于福建、浙江等地畲族聚居区,每年农历正月初八举行。届时,同祖同姓的老少男女,各自聚集到各村寨本姓祠堂内,瞻仰"盘瓠祖图"。由本姓辈分高、年龄大的老人主持活动,领众人唱"祭祀歌",讲述畲族的来源和盘瓠祖先的传说。祭毕,众人到祭房内共食"太公饭",全族人齐集祠堂内瞻拜"盘瓠祖图"。1982年中国历史博物馆从浙江省丽水县搜集到一件绘制于清代乾隆二十四年(1759年)的"祖图"——盘瓠图,这是畲族以长卷布画的形式描绘的,以28个宏大的场面记述了畲族女始祖与盘瓠通婚而生育后代、创立部族的历史故事和功绩,反映了后代子孙对他们的怀念之情。其中的"祭祖"图,正中摆有狗头杖,象征祖先,绘有供桌,子孙杀牲祭祀,在另外一张长桌子上,放着供品,桌前一人手持牛角号正跳祭祀舞,子孙列于两侧,怀念自己的祖先。盘瓠图真实地再现了畲族瞻拜祖图、祭祀祖先活动场景。正如宋兆麟先生所言,畲族瞻拜祖图是"怀念自己的始祖,包括图腾和女祖先,讲述他们的历史、功绩,借以加强氏族和家族的团结,众人一心,增强战胜困难的信心和勇气。其实,祭祀图腾不限于怀念祖先,更主要的是为了子孙。祭祀图腾又称'学师',这是针对青少年后辈说的"。② 可见,瞻拜祖图、祭祀祖先深含教育功能。

---

① (清)顾禄撰.清嘉录·卷一·正月·挂喜神.上海古籍出版社,1986年,第4~5页.
② 宋兆麟.会说话的巫图.学苑出版社,2004年,第161页.

春节、回家与"乡下人进城"人群的身心安顿[1]

褚金勇[2]

春节是中国人的传统节日,回家是中国春节的节日传统。尽管伴随时代的发展,年味越来越淡,新的过年方式越来越多,但每逢春节,离乡在外的人还是不辞辛苦、各种辗转,想尽办法回到家乡,因为"春节回家"的文化传统已经灌注在每个人的心理结构之中。"回家"有着一种近乎宗教信仰的仪式感,给奔波在外的人以身心安顿,尤其是在城市化进程快速推进的当代社会,其身心安顿的意义更加凸显。当下中国正处在城市化进程中,"乡下人进城"也是一种普遍现象,它是一个中国现代化与最广泛的个体生命联系的命题。因此,以"乡下人进城"人群为中心研究中国人的身心安顿问题,能够更深入地呈现"春节回家"的文化意义,并且具有强烈的问题意识和现实关怀。

一、"乡下人进城":城市化进程中的身心漂泊

随着中国城市化进程的推进与劳动力市场的变化,农民脱离乡土进入城市谋生,其身心安顿问题在当代别具意义。他们日常工作生活在城市,却总是无法建立城市认同感,无法安顿自己的身心,由此更加凸显城市认同感的缺失和"春节回家"的文化意义。

(一)社会现实:"乡下人进城"的社会风潮

关于中国社会,社会学家费孝通有一个著名的论断:中国社会是乡土性的,

---

[1] 本文为2015年度国家哲学社科基金青年项目"争议性新闻事件中的专家参与研究"(项目编号:15CXW006)之阶段性成果。
[2] 作者简介:褚金勇(1982.8—)男,山东省禹城市人,郑州大学新闻与传播学院副教授,博士,硕士生导师,主要从事文化传播研究。近年来在《现代传播》《文史哲》《河北学刊》等刊物发表论文十数篇,其中多篇被《新华文摘》辑览、《中国社科文摘》转载、《人大复印资料》复印。

"以农为生的人,世代定居是常态,迁移是变态。"①当然,费孝通眼中的"乡土社会"从"乡土"一点点在走向"现代",现代化从经济、政治和思想文化等多个层面不断瓦解着乡土世界原有的自在性、自然性和完整性。因而,古老的"传统社群"不再是一个"生于斯、死于斯"的社会,不再作为自然村舍和自发生活群落而独立于世外。特别是20世纪80年代以来,随着中国城市化进程的加快,由乡村走向城市逐渐成为中国历史上前所未有的一股潮流,"乡下人进城"也成为当代中国最重要的现象之一。

面对城市化进程的加速,充满诱惑的城市世界让这一代"乡下人"觉得,要想致富,乡村是不可能提供资源和机会了,乡村已经丧失了经济上的重要意义,不再是一个可以终身依托的锚地。正如学者帕克所指出的:"城市与乡村在当代文明中代表着相互对立的两极,二者之间除了程度之别外,还存在着性质差别,城与乡各有其特有的利益兴趣,特有的社会组织和特有的人性。它们两者形成一个既相互独立又相互补充的世界,二者生活方式互相影响,但又绝不是平等相配的。"②伴随着城乡分离的出现,城市以其发达的经济、先进的观念和时尚的生活吸引着一代又一代中国农民奔走在由乡村走向城市的路上。可以说,"乡下人进城"是一个中国现代化与最广泛的个体生命联系的命题。作为农业大国的主体,农民在现代化过程中进入城市的行动选择及心路历程,是当下社会与现代化关联的最有价值所在。

(二)身心漂泊:乡下人进城人群的现实境遇

城市化是现代社会的必然趋势,它表现为减少农民、降低农村人口比重、增加城市人口的过程,这是推动社会历史进步和实现社会现代化目标的过程。但在此过程中,传统农民脱胎换骨走向现代文明,无论现代化的根本是什么,占中国人口绝大比例的乡下人在现代化进程中身份地位的变化,其由边缘而进入中心的努力、尴尬,其在城市化背景下呈现的精神状态都不容弃置。传统的乡土社会尽管已慢慢解体,然而那些让中国社会之所以被称为"乡土中国"的思维并没有消散,仍然在生活的方方面面影响着"乡下人进城"人群。人人都需要安身立命之道,都要努力求得自我身心的安顿。乡下人虽然进城工作生活,但个人的横向空间经验转移与纵向历史身份变化给自己带来了巨大的心理压力,而农耕文明养成的乡下人的坚忍品质与难以承受的城市境遇之间的张力成了一个巨大的

---

① 费孝通.乡土中国·生育制度.北京:北京大学出版社,1998年,第7页.
② 帕克.城市社会学.北京:华夏出版社,1987年,第275页.

情感精神领域,不可回避。

当下的中国都市正快速地发展,"乡下人进城"也成为必然趋势,但"乡下人进城"人群在普遍享受到因经济发达与技术进步所带来的物资便利的同时,却往往又在其"心灵何从安顿"的自我内心方面弥漫出一种信仰无着、无从安身立命的"意义危机"。正如《人民日报》一则新闻评论中所言:"他们出身农村,却有着明确的城市梦想,远离父辈眷恋的土地和故园,他们渐行渐远;然而,尽管城市在他们手中越来越丰富,但融入光鲜的城市生活,却有着重重阻碍。"[1]这种状况使得"乡下人进城"人群的心理产生了巨大的混乱与虚脱而陷入"精神迷失"的境地。乡下人进入城市,但自我对城市的认同感总是难以建立,他们在城市工作中往往发出心灵的呻吟,他们努力用吃苦耐劳和勤奋努力的无声誓言将轻微呻吟声压下去。他们的身心漂泊感无所不在,亟待一种身心的安顿感。这就是"乡下人进城"人群特殊的心态。

二、"谁能役役尘中累":春节是对日常生活的身心救赎

"乡下人进城"人群在城市中无所依着的漂泊感,使他们始终在寻找一种身心安顿的方式。体面的工作、稳定的住房、居住证的办理,都能够给人一种心灵安顿感,但与此相较,春节回家更具有一种身心安顿的文化意义。对于"乡下人进城"人群,日常的工作生活是一种常态,而春节回家是特殊的时段。人生虽有涯,但是每天面对同样繁重的工作,需要春节回家,以抚慰自己工作中的创伤,安顿自己漂泊无依的心灵。本节从时间维度上来探讨春节回家的身心安顿意义。

(一)时间的分割:日常生活与节日生活

对人类而言,时间是一个既熟悉又神秘的存在。从时间维度来审视人的生活,当然有很多分类方式,比如早生活、夜生活。但这里因为论述的需要,笔者把人类的生活分成日常生活和节日生活。在一年之中,嵌套着无数的民间节日。春节便是时间的一个节点,不管是中国的循环式时间观念还是西方的线性时间观念,我们都需要节点。节日便是时间的节点,它把日常生活分成不同的段落。庸俗是日常生活的常态,高尚是一种追求、一种修养的境界。城市日常的生活烦累,"日常"(everyday)的限定修饰实则消解了"乡下人进城"人群的诗意和荣耀,诸如崇高、诗意、美好、生活理想和信念等光环在日常生活的磨砺下都变得虚无

---

[1] 刘维涛.新生代农民工市民化的现实路径.人民日报,2012年1月4日,第20版.

缥缈。乡下人进城一般干的都是最苦最累的工作,出门在外,忍受思乡之苦,忍受他人的白眼,这些都是日常的、常态化的。而节日是特殊的时日,是对日常生活的点缀与修正。因此,对于"乡下人进城"人群而言,忍受日常生活的繁重,其希望便是节日的到来。

  作为特殊日子的春节,一家人团聚是许多人的期盼。不管在外混得好坏,挣钱多少,都要回家,因此有"有钱没钱,回家过年"的说法。春节是中国最重要的节日形式,中国人过春节已有4000多年的历史。作为一个节日,春节既是一年的结束,也是新的一年的开始,正如关于万年历的传说中的一首诗所言:

<blockquote>
日出日落三百六,周而复始从头来。
草木枯荣分四时,一岁月有十二圆。①
</blockquote>

  在现代,人们把春节定于农历正月初一,但一般要到正月十五(上元节)新年才算结束。在民间,传统意义上的春节是指从腊月的腊祭或腊月二十三、二十四的祭灶,一直到正月十五。流行于民间的一首民谣将春节的流程表达得生动细致,"二十三,糖瓜粘;二十四,写对子;二十五,炖豆腐;二十六,去刘肉;二十七,去宰鸡;二十八,白面发;二十九,供香斗;三十黑下坐一宿;大年初一扭一扭。"②在春节期间,各地的中国人一般都要举行各种庆祝活动,这些活动均以祭祀祖神、祭奠祖先、除旧布新、迎禧接福、祈求丰年为主要内容,形式丰富多彩,带有浓郁的民族特色。节日和日常生活也有着不同的标准,人们可以不再保持艰苦朴素的生活,可以"奢侈"一回,犒劳一下自己一年的辛苦劳作。歌谣写出了欢度春节的心情,也描述出了节日生活的"奢侈","新年来到,糖瓜祭灶。姑娘要花,小子要炮。老头子要戴新呢帽,老婆子要吃大花糕。"③

(二)节日庆典是对日常生活的救赎

  日常的劳作辛苦、工作琐事,使得"乡下人进城"人群日常生活变得烦累,如何面对漫无尽头的日常生活的烦累,如何在现实境遇的逼仄中开拓出生存之道以保有做人的尊严与高贵,使心灵获得安慰?春节在古代给人以短暂的休顿,这是一种文化仪式,也是对日常生活节奏的打破,节日被看作是对日常生活的救

---

① 樊岚岚.中华传统万年历(1801—2100年).西安:陕西科学技术出版社,2015年,第2页.
② 中国民间文学集成全国编辑委员会.中国歌谣集成·天津卷.中国ISBN中心出版,2008年,第234页.
③ 周作人.厂甸.周作人散文.北京:人民文学出版社,2005年,第28页.

赎。时间在消耗着人类的生命,时间也在磨砺着人的斗志和理想。对于自然的生态时间,人类都能够感觉到时间对生命的侵蚀和耗损,并产生一种隐约的焦虑感。乡土的民间节日,实际上是对指向死亡时间的一种绝望的救赎,用节日这种特殊的事件来调节自我的焦虑。可以说,民间的传统节日是对自然变化和时光流逝的一种纪念和哀悼,同时也是安顿自我身心的重要方式。

回到家乡,暂时放下城市工作的纷纷扰扰,享受短暂的节日休顿。"你太累了,也该歇歇了",这是流行歌曲里的歌词,其实也能反映出人类对日常生活庸俗劳累的无奈,希望能从中解脱出来,休息整顿。春节,在新文化运动中曾经遭受批评,周作人则强调春节休闲的可贵之处,他说:"旧历新年之为世诟病也久矣,维新志士大有灭此朝食之概,鄙见以为可不必也。问这有多少害处?大抵答语是废时失业,花钱。其实最享乐旧新年的农工商他们在中国是最勤勉的人,平日不像官吏教员学生有七日一休沐,真是所谓终岁作苦,这时候闲散几天也不为过。"①"乡下人进城"人群春节回家,从日常匆忙的城市工作节奏中抽离出来,为自己留一点时间来"闲散几天"。城市社会体现了与乡土社会不同的现代性,因此城市中人的存在是高效率、快节奏的,一切都得讲究利益核算,讲究投入与产出,讲究利益的最大化。乡下人脱离乡村,来到现代化的公司,企业要求的效率会压得人喘不过气来,工具理性甚嚣尘上,现代性的快节奏、高效率使人沦为一种发展的工具。与此相较,家中的生活是慢节奏、不追求效率的,做事可以慢条斯理,可以精益求精。

三、"此心安处是吾家":回家是对城市漂泊的身心安顿

按照春节习俗,在春节这一天,人们都尽可能地回到家里和亲人团聚,表达对未来一年的热切期盼和对新一年生活的美好祝福。民国时期有一篇论文写道:"远居在外职业的家主,或游学的子弟,到了这时,也得回家同享天伦之乐。若家中有年老双亲,到年节,更得回家拜年省亲,以尽子女之道,所以腊八以后,我们常常在道路上,看见一个个担囊负物的归客,以及那三五成群放了年假归家的学生,假如事情羁身,赶不及祭灶,至迟也必须于除夕之日,不顾一切地跑回家来,大家欢聚,来共同过这一年一度的佳节。"②"吾心安处是吾家",对于"乡下人进城"人群而言,"家"的概念足以支撑其人生意义和灵魂归宿,因此虽千难万险,

---

① 周作人.厂甸.北京:人民文学出版社,2005年,第28页.
② 权国英.北平年节风俗.燕京大学社会学系学士论文,1940年,第96页.

也要成全这样一份团圆。

(一) 空间分割:城市与乡村

人类生活的空间被人为地分为乡村与城市,乡村与城市成为传统与现代的代名词。乡村是散落的平房村落,城市到处是高楼大厦;乡村存在的是"日出而作,日入而息"的自然时间观念,城市遵从的是制度化的时间观念;乡村是祖祖辈辈生存于此的熟人社会,城市是不断迁徙的陌生人社会。尽管现在乡下人走向城市谋生活,但他们依旧不能抹去乡村在其生命中留下的痕迹,无法适应城市生活的节奏、人情世故。在城市空间里,无论是临时打工,还是入驻企事业单位,个人都是渺小的一个个体,无论个人多么出类拔萃,总非不可替代的。而回到家中,我们有着一个不可或缺、不可替代的身份,是父亲、母亲,是女儿、儿子,抑或是爷爷、奶奶,血缘与情感的融合赋予了我们在家庭识别上的唯一性,这种不可替代的唯一性,能充分地满足人性的自尊和情感需求。

"乡下人进城"人群奔波在城市的空间中,笼罩在高低优劣的"不平等"氛围中,地位的悬殊、贫富的差距、阶层的不同,让自己总是难以融入城市人的生活,也不能像在家一样任性放纵。面对城乡差距带来的种种不公平,"乡下人进城"人群可以委屈,可以不平,但是城市不相信眼泪,来到城市必须屈从于城乡之间潜移默化的差序规则。春节回家,从城市的钢筋水泥回到土地房屋,老家的温暖迎面而来,家是温暖的、平等的,可以任性、放纵,把城市工作中所遭受的不公、委屈可以毫无保留地向家人倾诉。同时,"乡下人进城"人群的远游回家,也是对家乡、父母、亲人的一种感恩,"我们要回家,以回家的名义过节,感谢天感谢地感谢伟大的父亲和母亲,感谢给我们生命飨我们实物赐我们温暖予我们从容生长的大恩情大恩德。"①

(二) 回家是对城市生活的安顿

"家"的意义寓意于、依赖于每个家人对自己的有效修养与外延,整个宇宙意义也寓意于、依赖于家国之中每个人对自己的有效修养。正所谓"修身、齐家、治国、平天下",个人价值可谓文化之源,而人类文化又反过来成为一个源泉集聚,为每个人的修养提供了境域。这种宗教感蕴含着转化性,它特别是每日"以家为中心"的人生命素质的转化。家庭作为一种组织,作为具有礼仪感角色与关系喻义的集结点,提供的是模范典型,所立意的是一种在世做人的最佳状态——最大

---

① 南方周末编著.回家过年.南昌:二十一世纪出版社,2012年,第53页.

限度地增添人类经验,最大限度地从它那里获取。乡村的家里,门神、灶神都存在,人对神灵保持着虔敬之心。

对于"乡下人进城"人群而言,从城市回到乡村,不单单因为节日的需要,而且还有对自我身心的皈依。春节回家之"家"不仅是家庭的家,更是安身立命、寄托灵魂的神圣之地。面对融入城市生活的艰难困境,人们不借助宗教的麻醉,只有在现实生活中为自己的心灵找到一个足以安放的家园。相对城市而言,家对"乡下人进城"人群来说有着与生俱来的安定感。漫长的农耕文明塑造了中国人安土重迁的思维习惯,家依附于大地和血缘,祖祖辈辈生于斯、长于斯、死于斯,与居住者之间有一种内在的联系。熟悉的村落、熟悉的土地、熟悉的家园,"这里是贯穿亲情和维护心灵安全的地方,是人类可以依托的家,是感情和生长的产物"。① 对于"乡下人进城"人群而言,城市的工作与生活不过是一种寄生,没有传统的承继,没有宗教的呵护,没有对血缘的敬畏感。城市的逻辑是注重眼前的现实,以获取利益为主要目标,在城市化进程中,全部的传统文化、传统习俗都已经变成社会的、商业性的事实,而主宰城市的意境不再是淳化的民风民俗。即使有中国传统节日的热闹,也是一种商业化的营销与炒作,而缺少一种乡土宗教化的仪式感与敬畏感。

四、结语

春节回家,不单单是为了传承中国历史的文化习俗,也是为了给日常生活中烦累的人们以身心安顿,为了让"乡下人进城"人群的生活和未来更加美好。正如学者所言:"家,是中国人最核心的认同;年,是中国人最盛大的节日。再难也要回家过年,所反映的正是中国人寻找家的归属与精神寄托的集体共鸣。"② 本文以"乡下人进城"人群来探讨"春节回家"的文化意义,探讨城市化过程中人类的身心安顿问题,其实从"乡下人进城"人群扩大到在城市生活的整个人群,"身心安顿"的问题依然显著。城市化进程中,金钱和机器给人们带来了幸福,也使得他们失落在既坚硬又冰冷的钢筋混凝土的世界里,找不到心灵安顿之所。因此可以说,在城市化进程中,城市化本身并不是最终目的,相较而言,生命的传承、生活的安适、身心的安顿才是最根本的问题。

---

① 赵静蓉.怀旧——永恒的文化乡愁.北京:商务印书馆,2009年,第171页.
② 贺雪峰主编.回乡记——我们所看到的乡村中国.北京:东方出版社,2014年,第1页.

传统与现代的接续和融合：
菏泽郊区和福祥佳苑社区春节习俗的田野调查[①]

郜冬萍　周　磊

民俗文化滋生于传统农耕社会，依托传统劳作模式、生活模式而传承、延续，隐藏着中华民族生生不息、代代相传、最具生命力的文化基因。现代化和城镇化的浪潮不可阻挡，乡村村民正处在城镇化的现代转型过程中，生产方式和生活方式正在发生日新月异的变化。生活变了，民俗也要发生变化，农耕文明下的传统节日将会自动又自觉地为适应现代生活而移风易俗。新型城镇化的推进和民俗文化自动又自觉的适应本质上是一致的，民俗文化自动又自觉的文化适应是不以人的意志为转移的，人从呱呱坠地就生活在民俗文化的氛围中，被民俗文化所滋养和熏陶，接受各种规约、禁忌，学会各种人生礼仪、技艺、民间游戏，存储各种民间故事、传说、俗语、谚语，感受民俗生活的温馨与宁静，被塑造成一个"循规蹈矩"的为俗民社会所接受的社会公民，同时，我们所生活的世界也被营造成一个遵守习俗规制的温馨和谐的俗民社会。这种不以法律强制约束而秩序井然的俗民社会，是城镇化进程持续推进的稳定社会基础。如何合理地吸收其积极因子，重构和谐社区，更好地促进农民市民化？菏泽和福祥佳苑社区，其于2014年10月由附近的三个大队五个自然村组成，在由乡村变为社区的城镇化进程中具有某种程度的代表性，本文将以该社区的春节习俗为对象，研究传统节日在现代化、城镇化过程中如何保留自己的传统、吸收现代元素，政府的节日政策如何适应乡民的节日习俗等问题。

一、调查地点的背景：从传统村落到和福祥社区

（一）自然物产

菏泽地区位于山东省西南部，古称济阴、曹州，东与济宁市相邻，东南与江苏

[①] 本文系教育部人文社会科学重点研究基地重大项目资助《黄河中下游地区乡村习俗的现代转型研究》(16JJD850001)的阶段性研究成果。

省徐州市、安徽省宿州市接壤,南与河南省商丘市相连,西与河南省开封市、新乡市毗邻,北接河南省濮阳市,地处北纬34°39′~35°52′、东经114°45′~116°25′之间,南北长180千米,东西宽140千米,面积是13145平方千米。1985年底,辖菏泽、定陶、曹县、单县、成武、巨野、郓城、东明、鄄城1市8县,305个乡、镇、办事处,8284个村民委员会,14928个自然村,总人口749.94万。① 黄河自河南入境,流经东明、菏泽、鄄城、郓城、梁山5县市,在菏泽境内长212千米,主槽河宽0.6~3.3千米,是全河有名的"豆腐腰"河段。

全区生物种类繁多,是全国著名的农、林、牧、渔商品生产基地。境内有广泛栽培的农作物品种568个,畜禽类55个。

(二)人文历史

菏泽是中国古文化的重要发祥地之一,如在安丘堌堆、曹县安陵堌堆等遗迹中发现的黑陶、红陶,在大汶口文化、龙山文化遗迹中发现的磨制精细的石斧、石铲、石镞、石凿。先民们还创造了灿烂的文化,早在新石器时代,境内就有发达的农业、渔业和手工业,还有较为发达的商业。

(三)和福祥佳苑社区的由来和组成

和福祥佳苑社区位于菏泽东10千米,它由何庄大队、南庞庄大队、坡刘大队三个大队管辖下的坡刘村、庞庄村、何庄村、米庄、李楼5个自然村落3700多人口组成,居民于2014年10月入住此社区。②

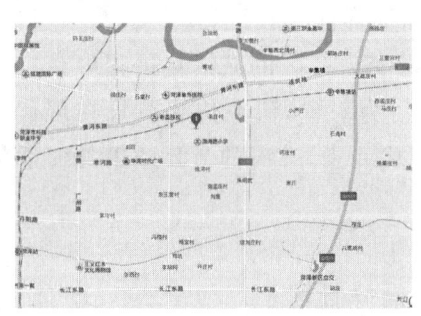 

(四)5个自然村概况

米庄建立于南宋绍熙年间(1190—1194年),米氏自四川迁此建村;李楼建

---

① 菏泽方志馆.菏泽概况,http://lib.sdsqw.cn/bin/mse.exe? seachword=％u83CF％u6CFD&K=bh&A=1&rec=1&list=&page=&run=13
② 采访人:邵冬萍;被采访人:高九菊;采访方式:电话;采访时间:2017年1月5日下午13:39。

立于明洪武年间(1368—1398年),李氏自山西洪洞县迁此建村,名李堂,清乾隆年间改为今名;何庄建立于明成化年间(1465—1487年),陈氏由双河集迁此建村,名陈胡同,清雍正年间何氏由城内迁居该村,因何氏居官改为今名;庞庄建立于明嘉靖年间(1522—1566年),庞氏由曹州东关迁此建村。刘坡村由于没有与这四个村庄迁到一个社区,距离比较远,调研时没有去。

二、春节习俗的变化:从传统到现代

村民进入社区后,过节的某些习俗形式发生了很大变化。

(一)忙年

光绪十八年(1892年)《邹县志》:田家"蒸起胶饼,作黍糕……取雪制醋,刲羊刽羔,击豚菹鱼,曰'忙年'"。

山东各地忙年的开始日期不一,单县习惯吃过"腊八粥"即开始忙年,鲁西南腊月二十五后始蒸馍、炸货、筹祭品。忙年活动包括大扫除(亦称"扫灰")、购置饭具衣物、宰牲杀鸡、加工食品、制作供品、蒸年糕、贴春联等。①

现代社区忙年的一些活动有所减免,传统上腊月二十五的蒸馍、置办年货减了很多。馒头一般不是自家蒸了,都是买蒸好的,炸的年货也很少了,因为没有地方存放。社区家庭都是住楼房,厨房很小,以前厨房在院子里,食物露天放置,保存时间较长,现在单靠冰箱解决不了食物的新鲜问题,这也许是减少年货置办的原因之一。

(二)祭灶

腊月二十三祭灶,又称"小年下",传说灶王爷是玉帝派到人间监视每家行善或作恶的神,每年年底上天向玉帝汇报这家人一年来的善恶,来回需要7天,所以腊月二十三这天,各家都给灶王爷设祭送行,叫"祭灶"。

鲁西南民俗是此日各家用秫秸篾子扎马,把鏊子翻转作为槽,饲以草料,以备灶王爷骑马升天。这天,人们在灶前摆上"祭灶糖",用"祭灶糖"贿赂灶王爷,使他上天之后多报喜少报忧,并祷告"上天言好事,下界保平安"。灶王爷像两旁有对联曰:二十三日上天去,初一五更下界来。有诗曰:

---

① 参见车吉心,梁自洁,任孚先.齐鲁文化大辞典.山东教育出版社,1989年,第817页.

酸成苦辣灶君尝,临行封口有灶糖;
只准上天言好事,吃人嘴短费思量。①

现代社区祭灶和传统的祭灶活动没有太大的差别,缘由是仪式简单,有深厚的民众信仰心理在里面。

(三) 除夕

腊月三十上午,人们多在家中堂屋当门挂起家谱,上有祖先姓名,"请"天爷、灶神。中午张贴年画、春联,摆供祭神、供奉祖先,同时燃放鞭炮,全家吃团圆饺子。

春联是对联的一种,俗称"对子",因春节时张贴,故名。旧时,堂屋前两柱叫"楹",也称"楹联"或"楹贴"。春联源于"桃符",《燕京岁时记·春联》载"春联者,即桃符也",分上、下两联,多用大红纸书写。家有父母亡故者,三年内不贴红纸春联,泰安一带习惯用灰色、淡紫色纸,招远等地区一般在亲人亡故后第一年不贴春联,谓之孝,第二、三年可贴蓝色、黄色或绿色春联。自入腊以后,即有文人墨客,在市肆书写春联,以图润笔,祭灶之后渐次粘挂,千门万户,焕然一新。

贴"福"字,除夕习俗,古亦有之。道光二十五年(1845年)《招远县志》:"除日,贴对联,宜春迎福字,换门神挑符。""福"字一般贴在门板、门楣上方或门框边。曲阜一带也喜欢在影壁墙上贴大"福"字,寓有免灾迎吉、开门见喜、处处有福之意。②

除夕之夜,燃烛焚香,灯火通明,全家饮辞岁酒,也有邀邻居及同行共饮的。睡前,院内撒芝麻秆,以防"邪魔鬼怪进入",传说是防扫帚星(姜子牙老婆)进院,并在大门内放一拦门棍,防"风水外流"。锅中要放两个馒头,俗叫"压锅",以求全年有饭吃。除夕之夜,人们围炉而坐,通宵不寐,摆宴饮酒,叙旧话新,展望未来,互相鼓励,祝贺来年更进一步,称"守岁",也俗称"熬五更"。守岁之俗古已有之。杜甫《杜位宅守岁》:"守岁阿戎家,椒盘已颂花。"苏东坡诗句:"儿童强不眠,相守夜喧哗。"民国二十五年(1936年)《临沂县志》:"除夕日,是夕燃爆竹,设肴酒,长幼宴集,曰守岁。"守岁时,人们习惯食瓜果,说吉利,临沂地区喜食枣、栗子、萝卜、马齿苋馄饨,鲁西南一带好吃花生,名曰长生果。

社区的除夕和传统的除夕还是有些差别的。对联还是贴的,每家都要请自

---

① 参见韩广洁主编.菏泽文化大览.山东友谊出版社,2002年,第315页.
② 参见车吉心,梁自洁,任孚先.齐鲁文化大辞典.山东教育出版社,1989年,第824页.

家的祖先,焚香烧纸磕头。守岁的方式大大地变化了,原来是全家人聚在一起叙旧话新,现在是围坐在电视旁,看着中央电视台的"春节联欢晚会",边嗑瓜子边谈论节目的内容。

（四）正月初一

晚饭后或大年初一早上,家长要给孩子们压岁钱。

半夜以后,各家争着早起,晚了则认为不祥。净手后燃烛烧香,祭天地敬祖宗,同时鞭炮齐鸣,晚辈给长辈叩头拜年,全家吃"团圆饺子"。初一五更人们吃素馅饺子,取"素净"之意。

初一早饭后,人们着新衣,家庭内小辈先给长辈拜年,平辈互拜,然后结伴先到本族长辈家拜年,后到异姓邻居家拜年,互祝"新年好""恭喜发财",主人则以糖果、瓜子、茶水招待。

从初二开始,亲友互相串门,走亲访友。①

村民到了社区以后,由于居住的环境变化了,初一的拜年习俗也有所变化。原来在传统村落时,初一吃过早饭,先给自家的长辈拜年,而后由家中年长的带着去挨家挨户给别家的长辈拜年,基本上串整个村庄。到了社区,由于大家不是很熟悉各家住在哪里,基本上是给自家的长辈拜年,其他的长辈就不去了。

三、传统与现代的接续和融合：社区春节未来的思考

乡村正在经历翻天覆地的变化,传统的农耕文化受到前所未有的冲击,现代化的浪潮不可阻挡,生产方式和生活方式日新月异。生活变了,民俗必然变化,自觉适应现代格局,移风易俗就是一种现代转型。自然村进入社区,生活方式完全变了,民俗变化了,而民俗中的节日民俗是变化比较明显的,节日民俗中的春节民俗变化更加明显。在乡村变为社区以后,传统的春节习俗开始与现代社区接续和融合。

（一）习俗解构与重构

乡村文化与城市文化的双向互动。在新型城镇化进程中,城市新民俗不断

---

① 上述几项材料见于：1.菏泽方志馆.传统节日,http://lib.sdsqw.cn/bin/mse.exe? seach-word=％u83CF％u6CFD&K=bh&A=1&rec=1&list=&page=&run=13；2.车吉心,梁自洁,任孚先：《齐鲁文化大辞典》,山东教育出版社,1989年,第817页.3.韩广洁主编.菏泽文化大览.山东友谊出版社,2002年,第315页.

渗透、解构着乡土民俗传统,乡土民俗传统也在进行着强大的对抗,不断渗入、糅合、重构着城市新民俗。在推动城镇化进程中,不仅要关注城市民俗对乡土民俗强大的渗透力,还要关注村民市民化过程中主体的心理感受、心态变化、生活融入、社区认同以及人机互动等隐性因素,更要发挥优秀传统民俗在疏导社会矛盾中的潜在缓冲器功能,即为了构建和谐社区尊重农民文化差异和习俗生活。

(二)发挥民俗文化软实力的作用

移风易俗应更好地发挥民俗文化软实力的作用。"民俗是一种无法言说的文化魅力和生命魅力,它指向大众,既展开为一种生存习惯、文化习惯、行动习惯,更表现为一套完整的礼仪系统。因而,民俗是通过大众的身体力行而得到保持、传承和革新的。所以,民俗作为一种国家软实力,它指向大众和大众生活的过程,就是重新塑造人性,全面开发人的身心,使人人都能道德的生活,其表现就是移风易俗。"①民俗文化往往以约定俗成的方式规定人们什么该做,什么不该做,没有功利性、目的性和强制性,人们往往在轻松、温馨、愉悦的氛围中接受规约俗制的规训,感受民俗生活的美好,完成人生的过渡礼仪。

(三)发挥民俗文化心理认同功能

城乡文化互动过程中应发挥民俗心理认同功能。民俗文化具有增强群体凝聚力、向心力的作用。人们通过重复性、模式化、参与式的民俗体验活动,增强了民俗事象的神秘性和神圣性,不仅强化了心理认同,还营造了活跃的民俗氛围,尤其是在祖先祭祀、宗教信仰上的突出表现,这一系列的民俗活动能将逝去的远祖、缥渺的神灵和朝夕相处的今人连接起来,产生某种神秘的民俗力量,增强群体的凝聚力和维系力。这种心理认同功能蕴含着人们的整合、维持、团结,若能将其合理利用,将在很大程度上缓解城镇化进程中产生的冲突、矛盾和对立,增强社会团结,推动社会和谐稳定,"在这种形势下,如何正确地利用民俗文化共同体结构的新模块,使之成为维系民俗文化情感指数的文化资本,能够携带地方的、祖先的和民族的民俗文化进入现代化文化建设,并能够对民俗文化在现代社会文化进程中所产生的积极含义加以关注,使之发挥民间积蓄的正能量,便成为一项既针对当下又有可持续发展需求的重要工作。"②

---

① 唐代兴.国家软实力的构成及其功能体系.西南民族大学学报(人文社会科学),2012(2).
② 董晓萍.当地民俗文化的"新精神性"建设.山西大学学报(哲学社会科学版),2014(1).

（四）培植社区新的民俗事象

让春节文化在社区中变异传承，同时变异的节日习俗应该有自己的特色，与这个社区有相当的关联性，否则这种新型的社区节日习俗又雷同起来了。社区春节如何发展、如何培植是需要我们重新思考的问题。比如在社区春节期间开展一些民俗活动，猜谜语、打球（乒乓球、保龄球、羽毛球等）、踩高跷等都可作为新形式。

（五）营造更浓烈的春节文化氛围

在笔者调查期间，一位65岁的老人告诉笔者，在社区没有在村落热闹。政府应该为小区民众放鞭炮提供良好的条件，既安全又不污染环境，现在的科技应该能做到这一点。鞭炮燃放既安全又不污染环境，春节的氛围就热闹了。政府最好有转型资金投入，通过张灯结彩营造春节气氛，如在公路两旁、公园等公共空间利用现代化的科技手段加以装饰，提供免费的歌舞表演，为社区免费发放春联、年货。另外，可以让商人参与春节文化的建设，比如在春节期间举行各种庙会、促销、发红包。通过种种活动，春节就会变得热闹起来。

文化在传承中创新，春节文化也不例外。春节文化要达到传统与现代的接续和融合，是需要外力进行现代转型的，如政府要采取一些措施，培植新的民俗文化事象，营造浓烈的文化氛围，发挥文化的软实力，发挥民俗文化的心理认同作用，使城乡文化更好地互动。

馒头、包子与饺子考疏

崔军红①

包子、饺子、馒头在中国是最普遍、最流行的食品,这几样东西尤其是饺子在中国北方则又是春节的必备食品。关于包子、饺子和馒头的起源,学者多有涉及,本文拟就馒头、包子与饺子在词源学方面的文献记载做简单梳理,并探讨这些食物在全球环境中的传播与影响。

一、"馒头"一词的起源与其指称

"馒头"一词,最早写作"曼头",见于西晋束皙《饼赋》:"三春之初,阴阳交际,寒气既消,温不至热。于时享宴,则曼头宜设。"②稍后,西晋卢谌《祭法》曰:"四时祠用曼头、餳饼、体牢。"③曼头是祭祀、享宴时的食品,那么这种食品是什么样式的?

宋代胡仔《苕溪渔隐丛话·后集卷二八·东坡》:"《上庠录》云:'两学公厨,列于三八课试日设别馔,春秋炊饼,夏冷淘,冬馒头,而馒头尤有名。士人得之,往往转送亲识。'"④通过此段记述可知,馒头是宋代官学里的食品之一,而且多冬季食用,同时比较珍贵,学子往往不舍得吃而转送亲友。

陆游《剑南诗稿·卷十三·巢》:"便觉此身如在蜀,一盘笼饼是豌巢。"自注:"蜀中杂彘肉作巢馒头,佳甚,唐人正谓馒头为笼饼。"馒头类似于肉包子。

馒头为肉包子,也得到了宋代文献的证实。宋高承《事物纪原·酒醴饮食·馒头》:"稗官小说云,诸葛武侯之征孟获,人曰:'蛮地多邪术,须祷於神,假阴兵

---

① 作者简介:崔军红(1965—),男,河南科技学院文法学院中文系副教授,主要从事古代文学、古典文献学及中外文化交流史教学与研究。
② 李昉.太平御览·卷860·饮食部.北京:中华书局,1960年,第3819~3820页.
③ 李昉.太平御览·卷860·饮食部.北京:中华书局,1960年,第3819~3820页.
④ 胡仔.苕溪渔隐丛话·后集卷二八.北京:人民文学出版社,1962年,第207页.

一以助之。然蛮俗必杀人,以其首祭之,神则向之,为出兵也。'武侯不从,因杂用羊豕之肉,而包之以面,象人头,以祠。神亦向焉,而为出兵。后人由此为馒头。"①关于包子起源于诸葛亮征孟获之说,殆出自传说,不足为信,但此段文献可证明,在宋代馒头是包肉馅的,而且已经成为一种民间食品。

宋代流行馒头,也可通过很多描写宋代故事的小说证明。罗贯中的《三遂平妖传》,故事发生在北宋,第九回写任迁卖炊饼、烧饼、馒头、酸枣糕等,左瘸师买了个炊饼,说:"我娘八十多岁,如何吃得炊饼?换个馒头与我。"②《水浒传》里孙二娘卖的也正是人肉馒头。

通过以上文献记载,我们可以得出如下结论:"馒头"一词起源于西晋,也作"曼头";西晋时期,馒头多用于祭祀或朝廷享宴,并不是一种普遍的民间食品;馒头是一种包有肉馅的面食,它不同于一般的蒸或煮的面食;宋代馒头也很珍贵,非一般人能常得;"馒头"一词的词源不明。

从"馒头"一词有不同的写法来看,"馒头"可能是外来借词。汉字一般有表意功能,食品类的多带"食"字旁、"米"字旁,而"馒头"一词的最早写作"曼头","曼"字无"食"字旁。汉语词汇带"子""儿""头"这种用法,大概开始于宋元以后。"曼头"如果是一个词根"曼"加"头"构词,这在语言学上讲不通,西晋时期没有这种构词方式。因此,"曼头"或"馒头",有可能是外来语的音译。下面,笔者就这个问题做简单分析。

馒头,在阿尔泰语系突厥语族的各种语言里有相似的读音。维吾尔语包子曰مانتا(manta);哈萨克语曰Мәнті(menti);乌兹别克语曰manti;土耳其语曰manti;吉尔吉斯语曰мантуу(mantuu);朝鲜语读mandu。这几种发音几乎相同。那么,是阿尔泰借用了汉语,还是汉语借用了阿尔泰语呢?目前没有确切的语言材料证明这个问题。但有一条值得我们注意,朝鲜语mandu一词不是借用的汉语,而是从蒙古传过来的突厥语借词。另外,从食物的形制上讲,根据陆游的说法和《苕溪渔隐丛话》的记载,早期的包子里面包的是肉而不是蔬菜,这一点跟游牧民族的生活方式相似。这种带肉的高热量食物,很方便游牧民族携带,食用时只需在营地里点上火烤制或蒸煮即可。③ 说"馒头"一词来源于突厥语,有人也许会有疑问:突厥在隋唐时期才进入中国历史舞台,突厥语怎么会在晋代进入汉语呢?关于突厥的起源,说法不一,但作为一个强大的帝国,它绝不会是突

---

① 高承.事物纪原·酒醴饮食·馒头.北京:中华书局,1989年,第470页.
② 罗贯中.三遂平妖传.北京:中华书局,2004年,第151页.
③ Chase Holly. A Taste of Thyme:Culinary Cultures of the Middle East (2nd ed.). London & New York:Tauris Parke Paperbacks,2001,p79~81.

然在隋唐时期才冒出来的,而是早就存在于中国北方的部族,大概与匈奴同出一源,或是匈奴的一个分支。唐长孙无忌等所纂之《隋书》卷八十四:"突厥之先,平凉杂胡也,姓阿史那氏。魏太武皇帝灭沮渠氏,阿史那以五百家奔蠕蠕。世居金山之阳,为蠕蠕铁工。金山形似兜鍪,俗号兜鍪为突厥,因以为号。"①依《隋书》的记载,突厥在北魏之前就祖居在西北的平凉一带,而且是沮渠氏的一支。关于沮渠氏,唐朝房玄龄等所著《晋书》中记载:"匈奴之类,总谓之北狄……其四姓,有呼延氏、卜氏、兰氏、乔氏。而呼延氏最贵,则有左日逐、右日逐,世为辅相;卜氏则有左沮渠、右沮渠;兰氏则有左当户、右当户;乔氏则有左都侯、右都侯。又有车阳、沮渠、余地诸杂号,犹中国百官也。其国人有綦毋氏、勒氏、皆勇健,好反叛。汉武帝时,有骑督綦毋倪邪伐吴有功,迁赤沙都尉。"②可见,《隋书》《晋书》认为沮渠氏也就是匈奴。《北史·卷九十九·突厥传》则更明确地记载说:"突厥者,其先居西海之右,独为部落,盖匈奴之别种也。匈奴之别种也。"③因此,讲突厥语的民族早就存在于中国边境地区。这样看来,"馒头"一词源于突厥语也是有可能的。

二、蒸饼、炊饼之词语起源与其指称

蒸饼之名,最早见于东汉刘熙的《释名》。《释名》曰:"饼,并也,溲麦使合并也。胡饼,作之大漫汗,亦言以胡麻着上也。蒸饼、汤饼、体饼之属,皆随形而名之也。"可知蒸饼、汤饼、体饼等都是麦面食物。《说文》曰:"饼,面餈也。"晋束皙《饼赋》:"《礼》仲春之月,天子食麦,而朝事之笾,煮麦为面。《内则》诸馔不说饼。然则虽云食麦,而未有饼。饼之作也,其来近矣。"④说明饼类的食物在汉代以前是没有的,"其来近矣"。

东汉以后,"蒸饼"一词屡见于典籍。缪袭《祭仪》曰:"夏祀以蒸饼。"⑤《晋阳秋》曰:"王欢耽学贫窭,或人惠蒸饼一轴,以充一日。妻子常有菜色。"⑥《赵录》曰:"石勒讳胡,胡物皆改名。胡饼曰搏炉,石虎改曰麻饼。"又曰:"石虎好食蒸饼,常以干枣、胡桃瓤为心,蒸之使坼裂方食。及为冉闵所篡幽废,思不裂者不可

---

① 长孙无忌.隋书.北京:中华书局,1973年,第1863页.
② 房玄龄.晋书.北京:中华书局,1973年,第2550页.
③ 李延寿.北史.北京:中华书局,2013年,第3052页.
④ 李昉.太平御览·卷860·饮食部.北京:中华书局,1960年,第3819~3820页.
⑤ 李昉.太平御览·卷860·饮食部.北京:中华书局,1960年,第3819~3820页.
⑥ 李昉.太平御览·卷860·饮食部.北京:中华书局,1960年,第3819~3820页.

得。"①《晋书·何曾传》:"蒸饼上不坼作十字不食。"②唐代张鷟《朝野佥载·卷四》:"(张衡,北周时期人)因退朝,路旁见蒸饼新熟,遂市其一,马上食之,被御史弹奏。"③宋高承《事物纪原·酒醴饮食·蒸饼》:"秦汉逮今,世所食,初有饼、胡饼、蒸饼、汤饼之四品。惟蒸饼至晋何曾所食,非作十字折,则不下箸,方一见于此。以是推之,当出自汉魏以来也。"④蒸饼大概出现在汉魏以后。

那么蒸饼是一种什么食物呢?《赵录》和《晋书·何曾传》明白告诉我们,蒸饼就是今天所说的馒头。何曾吃蒸饼,蒸饼上面不开裂成十字花纹不食;后赵石虎常吃带核桃仁、干枣的开花蒸饼。

蒸饼,到宋代时改称炊饼。胡仔《苕溪渔隐丛话·后集卷二八·东坡》二:"《上庠录》云:'两学公厨,列于三八课试日设别馔,春秋炊饼,夏冷淘,冬馒头,而馒头尤有名。'"周密《齐东野语·卷四》:"昔仁宗时,宫嫔谓正月为初月,饼之蒸者为炊。"⑤《水浒传》里武大郎卖的也是炊饼。那么蒸饼为什么改称"炊饼"呢?宋吴处厚《青箱杂记·卷二》:"仁宗庙讳祯,语讹近蒸,今内廷上下皆呼蒸饼为炊饼。"⑥宋程大昌《演繁露·续集卷六》亦有类似的记载。原来,"蒸饼"改为"炊饼"是为了避宋仁宗的名讳。

我们今天称"蒸饼"或"炊饼"为"馒头",称"馒头"为"包子"。蒸饼何时开始被称作"馒头"呢?史料似乎没有明确记载。从宋至明、清,汉语里"馒头"和"炊饼"二词都没有消失,只是所指称的内容有所改变而已。这说明,"蒸饼(炊饼)"被"馒头"一词所替代时,"馒头"一词的新义(肉包子)必有一新词替代,而这一新词就是"包子"。"包子"这个词从哪里来呢?汉典似乎没有记述。我们检索蒙古语,蒙古人把带肉馅的面食称作 Buuz。Buuz(斯拉夫拼音 Бууз)是蒙古语的正式称谓,布里亚特蒙古语则称作 Buuza(斯拉夫拼音 Бууза),用作代词时读 boze。蒙古语里带肉馅的面食 Buuz、Buuza 和 boze 与汉语包子极其相近,因此笔者推断,馒头被称作包子大概是元代以后的事。

馒头(带肉馅的面食)在元代以后被称作"包子","蒸饼"(即今馒头)一词后被"馒头"取代。那么"馒头"一词什么时候开始替代"蒸饼"的呢?考诸典籍,发现似乎在明代时还没有出现这种情况,也就是说"馒头"当时还是指的肉包子。

---

① 李昉.太平御览·卷860·饮食部.北京:中华书局,1960年,第3819~3820页.
② 房玄龄.晋书.北京:中华书局,1973年,第994页.
③ 张鷟.朝野佥载.北京:中华书局,1979年,第94页.
④ 高承.事物纪原.北京:中华书局,1989年,第469页.
⑤ 周密.齐东野语.北京:中华书局,1983年,第59页.
⑥ 吴处厚.青箱杂记.北京:中华书局,1983年,第19页.

明代王三聘《古今事物考·卷七·饮食》："《杂记》曰：'凡以面为食具者皆谓之饼，故火烧而食者呼为烧饼，水瀹而食者呼为汤饼，笼蒸而食者呼为蒸饼，而馒头谓之笼饼是也。疑此出于汉魏之间。'"①笼饼，不是蒸饼，而是带肉馅的面食。陆游《剑南诗稿·卷十三·巢》："便觉此身如在蜀，一盘笼饼是豌巢。"自注："蜀中杂彘肉作巢馒头，佳甚，唐人正谓馒头为笼饼。"此条材料可证之。可见，在明代时人们称肉包子还叫"馒头"。可能到了清代，这一称呼才发生了变化。清人厉荃《事物异名录·卷十五》："《名义考》：以面蒸而食者曰蒸饼，又曰笼饼，即今馒头。"②厉荃的记载将蒸饼混同于笼饼，大概是"笼饼"一词废之已久，故而未明蒸饼与笼饼之区别。

由以上论述我们可以得出如下结论：蒸饼，原指今天的馒头，起源于东汉时期，西晋后在中国盛行；宋代为了避讳改名"炊饼"；清代之后，改称"馒头"。

三、Dumpling、包子、饺子与全球传播

在西方世界，所有带肉馅的面食，无论形状如何，也不管是煎、炸、蒸、煮，统称作 Dumpling。水煮的、不用发面的饺子当然也在 Dumpling 之列。那么，在中国，饺子产生于何时？其称谓的来源又是如何呢？

饺子之名，似乎不见于中国早期典籍。与之相近的一个词"饺儿"，则最早出现在元代周密的《武林旧事》中："诸色包子、诸色饺儿。"③"饺儿"是否指饺子呢？很多学者认为就是饺子，但似乎理解有误。方以智《通雅·饮食》："《说文》：'𩜾，粉饼也。'即饵，后谓之粉角。北方人读角如矫，遂作'饺饵'。"④这种食物似乎是米粉之类，但没有饺子之名，不说明没有饺子之实。倒是中国典籍中记载的馄饨与饺子类似。唐人崔龟图注《北户录》时，引北朝人颜之推《颜氏家训》："今之馄饨，形如偃月，天下通食也。"⑤也有人认为宋代的"馉饳"就是馄饨或饺子。孟元老《东京梦华录·食店》："又有菜面……及卖随饭、荷包、白饭、旋切细料馉饳儿。"⑥宋吴自牧《梦粱录·诸色杂货》："水团、汤丸、馉饳儿。"⑦"馉饳"这一词语，可能不是源自汉语，也许是蒙古语 khuushuur 的音译，khuushuur 在蒙古语

---

① 王三聘.古今事物考·卷 7.上海：商务印书馆，丛书集成初编本.
② 厉荃.事物异名录·卷 15.上海：上海古籍出版社，续修四库全书.
③ 周密.武林旧事.山东友谊出版社，2001 年，第 117 页.
④ 方以智.通雅·卷 29·饮食.浮山此藏轩第阴函.
⑤ 段公路撰，崔龟图注.北户录·卷 2.沈氏抱经楼钞藏.
⑥ 孟元老.东京梦华录.北京：中华书局，1982 年，第 128 页.
⑦ 孟元老.东京梦华录.北京：中华书局，1982 年，第 128 页.

里指的是一种比较小的带肉馅、面皮包裹、经过油炸的食品,类似中国北方现在流行的菜角。宋人程大昌《演繁露·卷九》曰:"世言馄饨是塞外浑氏屯氏为之。"①馄饨,也可能是外来词。

其实,包子与饺子可能同源。束晳《饼赋》:"三春之初,阴阳交际,寒气既消,温不至热。于时享宴,则曼头宜设。吴回司方,纯阳布畅,服饰饮冰,随阴而凉,此时为饼,莫若薄壮。商风既厉,大火西移,鸟兽氄毛,树木疏枝,肴馔尚温,则起溲可施。玄冬猛寒,清晨之会,涕冻鼻中,霜成口外,充虚解战,汤饼为最。"②束晳在《饼赋》里记述了春夏秋冬四种饼,即春天的馒头、夏天的薄壮、秋天的起溲、冬天的汤饼。馒头为包子,薄壮不知为何物,起溲则为发酵的面食,而汤饼即今天的面条。清人厉荃《事物异名录·卷十五》:"《名义考》:凡以面为食具者谓之饼,以水瀹而食者为汤饼,亦曰汤饼,即今之切面。"③由此可知,西晋时期的馒头(包子)可能不是发面所做,与今天的饺子相类,二者同属古人视为饼之类的食物,故三国时期魏国张揖的《广雅》说:"馄饨,饼也。"

关于饺子在中国的起源,有人认为源于先秦,有人说产生于东汉,也有人以为起源于宋。很多说法都没有强有力的文献证据和考古证据,甚至有些是民间传说,如饺子是张仲景发明的,并不可信。其实根据考古发现,我们可知最可靠的结论是饺子起源于新疆地区。新疆博物馆中现存有1300多年前的完整饺子,它是1959年由我国考古工作者从新疆吐鲁番阿斯塔那的唐墓中发掘出来的,其形如弯月,不仅与《颜氏家训》的描述相同,盛放在木碗中,其形状与今天的饺子也是完全一样。1986年,在吐鲁番三堡乡的唐墓中再次出土了饺子,而这一地区正是突厥人占主导地位的地区,因此,这也反过来佐证馒头(即今天的包子)可能来自突厥人,"馒头"一词也可能是突厥语 manti 的音译。

无论包子、饺子起源于哪里,有一个基本的事实,即这种被西方人称之为 Dumpling 的食物随着文化的交流传到了世界各地。

包子或饺子,在13世纪后成为中东乃至欧洲的食品,目前包子在全世界范围流行,各地的包子或饺子在形制、制作方式、用料方面各不相同,现作简单介绍。

(一)蒙古 Buuz,用剁碎的牛羊肉加洋葱或大蒜和盐制成馅料,也可用小茴香苗和其他季节性蔬菜,有时还可以加入土豆泥、白菜或米饭。蒙古还有一种类似中国北方菜角的食品叫 khuushuur,不是蒸制的而是煎炸的。Buuz 和 khuus-

---

① 程大昌.演繁露.文渊阁四库全书本,第148页.
② 李昉.太平御览·卷860·饮食部.北京:中华书局,1960年,第3819~3820页.
③ 厉荃.事物异名录·卷15.上海:上海古籍出版社,续修四库全书.

huur 是蒙古人尤其是俄罗斯布里亚特蒙古人的日常食品,而到蒙古阴历新年时则是家家必备的食物。除了中国之外,蒙古(包括俄罗斯境内广大蒙古人居住地区)是包子和饺子最流行的地区。①

(二)哈萨克斯坦 мәнтi(mänti),一般用剁碎的羊肉、牛肉或马肉,配以黑胡椒或南瓜做馅料。食用时往往佐以黄油、酸奶油或洋葱酱,在哈萨克斯坦的大街上出售的 мәнтi 通常还配红辣椒粉食用。

(三)乌兹别克斯坦、吉尔吉斯斯坦 manti、mantuu,一般用牛肉、羊肉和土豆、南瓜做馅料,食用时配以黄油、西红柿酱或由醋和胡椒调成的蘸料。

(四)阿富汗 mantu,用牛羊肉和洋葱、香料做馅,做成后撒上一种特制的酸奶,以及西红柿酱、柠檬汁、薄荷、大蒜末等。

(五)沙特阿拉伯 mantu(منتو),现在已经逐渐成为沙特阿拉伯大部分地区流行的食品,是由生活在沙特的阿富汗人传入的,因此在制作方式和口味上与阿富汗 mantu 类似。

(六)土耳其和亚美尼亚 manti,用羊肉和鹰嘴豆做馅料,食用时配以胡椒粉和酸奶、蒜末等。

(七)波斯尼亚 mantije,用羊肉和洋葱做馅料,食用时配以酸奶和蒜汁蘸料。波斯尼亚 mantije 的独特之处在于,它是做成球状的,而且紧密排列起来烤制而成的。

除了以上这些国家或地区之外,俄罗斯境内的鞑靼人居住区、波兰等都有包子或饺子流行,其中波兰的饺子最为特别,馅料是用奶酪和土豆泥做成的。

那么包子或饺子为什么能在如此广大的地区流传呢?据考证,这是突厥或蒙古士兵在征战的过程中带到世界各地的。②

---

① Williams Sean. The Ethnomusicologists' Cookbook:Complete Meals from Around the World, CRC Press, 2000, p59.
② Chase Holly. A Taste of Thyme:Culinary Cultures of the Middle East (2nd ed.).London & New York:Tauris Parke Paperbacks, 2001, p79~81.

作为祭灶日与"好"的中原腊月二十四习俗流变考

周全明①

BBC(英国广播公司)拍的纪录片《中国春节》好评如潮,不少网友看到想哭。春节不仅是中国最大的传统节日,也成为全球最大的盛会。《中国春节》讲述的春节故事只是一个版本,就像民间故事的一个异文,普通百姓有所感触的原因一方面是传播文本的制作,另一方面是春节情感的积淀,换言之,春节凝聚的共同情感赋予了"春运"特殊的情感意义。春节共同情感的表现则是文本制作的基础,这种表现就是春节习俗。"十里不同风,百里不同俗",尽管春节是全球最大的盛会,但在中华大地却表现各异,这也是春节久盛不衰的传承动力所在。本文行将讨论的是中原春节习俗。

一、中原春节习俗概述

广义上的中原地区不仅包括河南,还包括现在的中原经济区所在的交界省份的部分地区,狭义上的中原就是河南,所以这里讨论的中原春节习俗就是河南春节习俗。河南地域较为广阔,风俗也各有差异,但从耕作方式来看,信阳地区与南阳地区的桐柏县较为特殊,其他地方基本以小麦生产为主,以面食为主。所以这里需要进一步申明的是河南春节习俗主要是指河南广大的小麦生产区的春节习俗,尤其是豫东平原一带。信阳地区的习俗与河南其他地方的习俗差别较大,暂不作为讨论对象。

中原春节习俗内容丰富,时间跨入腊月,便有了过年的气息。首先是腊八,腊八随着"腊八粥"的话语流行,在城市里普遍流行的是喝粥。但在中原地区,很多地方却流行着这样一个民谣:腊八吃米饭,麻脸一喜欢;腊八吃面条,麻脸一个

---

① 作者简介:周全明,男,1980年4月,信阳师范学院历史文化学院讲师,研究方向为民俗学、非物质文化遗产、文化创意产业等。

窑;腊八吃糊涂(稠稀饭),麻脸一苦皱。平日,中原地区的人们午饭都是面条,腊八这一天不能吃面条,要吃咸米饭,就是信阳地区平常吃的菜干饭,菜和米饭一起煮,条件好一些的还会放肉。这里可以看到,中原诸多地区,尤其豫东平原一带并不食各种杂粮凑的腊八粥,而是咸米饭。

腊八是过年的提醒,过了腊八,人们开始准备过年,而过年的节奏真正动起来则是在腊月二十三或二十四,也就是小年或祭灶日。中原地区的祭灶日也有不同,这在下文中将详细讨论。腊月二十五到腊月二十九都是准备过年,没有"二十三,糖瓜粘,二十四,扫房子,二十五,冻豆腐……"这样的顺序,反正到年三十都要备齐过年。三十过年除了贴春联、守夜,中原地区还有一个习俗就是在大门口放一根拦门棍,据说是上坟回来后拦住孤魂野鬼进门。年初一,中原地区的习俗主要是"闪门炮"与五更起。初一五更起,要先放三颗"闪门炮",俗称"大梨子",有镇宅护院的效用。一家都起来吃第一顿饭,初一这天要吃四顿饭,第一顿饭在五六点,第二顿是七八点,午饭与晚饭都如常。

因本文讨论的对象主要是腊月二十四,故不再赘述其他春节习俗。从以上所述可以看出中原地区春节习俗有着比较特别的一面,这其实也是"十里不同风,百里不同俗"的生动写照。

二、作为祭灶日的中原腊月二十四习俗及其流变

现代传播媒介对风俗的移转、塑造作用之大,堪比历史上任何时候。小年二十三也由于媒体的推波助澜而得以风行大江南北。现在学界公认的一种说法是北方腊月二十三过小年,南方腊月二十四过小年,其根据主要是清代《日下旧闻考》记载的流行于北方与南方的两首民谣。北方的民谣在上文已经提及,即"二十三,糖瓜粘",南方的民谣则是福建一带的"官三民四疍家五",事实上并非如此。

中原不少地区的广大农村,祭灶日是腊月二十四,民间将祭灶称为辞灶,就是辞别灶王爷,辞别旧岁。豫东平原流传着这样一首民谣:官辞三、民辞四、王八辞五、鳖辞六。所以农村多有相互开玩笑的,说"恁是二十五辞灶,还是二十六辞灶啊",骂人开玩笑。风俗习惯在民间的流传恰恰是古俗保留的显示,中原地区民间腊月二十四辞灶是对古代辞灶日,准确地说是对汉族辞灶日的延续。现在所看到的最早明确记载祭灶日期的是晋朝周处的《风土记》。《风土记》云:"腊月

二十四日夜,祀灶,谓灶神翌日上天,白一岁事,故先一日祀之也。"①唐宋时期祭灶日都是腊月二十四,宋代更为普遍。范成大《祭灶词》②曰:

古传腊月二十四,灶君朝天欲言事。云车风马少留连,家有杯盘丰典祀。猪首烂熟双鱼鲜,豆沙甘松粉饵团。男儿酌献女儿避,酹酒烧钱灶君喜。婢子斗争君莫闻,猫犬触秽君莫嗔。送君醉饱登天门,杓长杓短勿复云,乞取利市归来分。

可以看出,汉族自古以来就有祭灶这个习俗,时间就是腊月二十四。《东京梦华录》曰:十二月……二十四日交年,都人至夜请僧道看经,备酒果送神,烧合家替代纸钱,帖灶马于灶上,以酒糟涂抹灶门,谓之"醉司命"。③ 豫东平原一带乃至中原地区至今民间腊月二十四祭灶,可谓是宋代腊月二十四祭灶的延续。南宋周密《武林旧事·岁除》:"禁中以腊月二十四日为小节夜,三十日为大节夜。"④这可以算是关于腊月二十四为小年的最早记录。明代的文献也大都记录腊月二十四祭灶,明沈榜《宛署杂记》、明刘侗等《帝京景物略》、明田汝成《熙朝乐事》等有相关记录。明朝刘侗、于奕正《帝京景物略》中讲:"亦二十四日以糖剂、饼、黍糕、枣栗、胡桃、炒豆祀灶君,以槽草秣灶君马。谓灶君翌日朝天去,白家间一岁事。"⑤

腊月二十三祭灶是从什么时候开始的?为什么会有腊月二十三祭灶一说呢?据目前所看文献推测,这与蒙古族祭火神传入中原地区有极大关系。蒙古族有在腊月二十三祭火神的仪式,且俗称"小年"。⑥ 蒙古族进入中原地区以后,中原地区有腊月二十四祭灶的习俗,与蒙古族祭火神非常接近,可以推测的是蒙古族将汉族祭灶与其祭火神附会在一起,都在二十三祭灶。元朝处于蒙古族统治之下,广大汉族地区民间依然是腊月二十四,于是就产生了元朝官方腊月二十三与民间腊月二十四的差异。明朝应该是有一定恢复,所以明朝文献多记载为腊月二十四,但到清朝又转过来了,因为女真族受蒙古族的影响,所以祭灶、过小

---

① (晋)周处.风土记三卷.章宗源,隋书经籍志考证,二十五史补编.北京:中华书局,1995年,第4980页.
② (宋)范成大.祭灶词,腊月村田乐府十首,全宋诗,第2271卷.北京:北京大学出版社,1998年,第2630页.
③ (宋)孟元老撰,邓之诚注.东京梦华录注.北京:中华书局,1982年,第250页.
④ (南宋)周密著,四水潜夫辑.武林旧事.杭州:西湖书社,1981年,第46页.
⑤ (明)刘侗,于奕正.帝京景物略.北京:北京古籍出版社,1982年,第69页.
⑥ 陈烨.蒙古族的祭祀习俗及其变迁.内蒙古社会科学,1994(5).

年也是在腊月二十三,民谣"二十三灶王爷上天,二十四写大字,二十五做豆腐,二十六冻猪肉,二十七赶年集,二十八宰鸡鸭,二十九贴挂签,三十吃饺子"即是写照。清朝的文献如上文所提《日下旧闻考》记载均是二十三祭灶,而清朝满族也属于官方贵族,所以清朝以降乃至民国,北方都市层面二十三祭灶已成为普遍,民间还有腊月二十四祭灶遗存,所以会有"官辞三民辞四"的说法。所以从历史的维度来看,腊月二十四才是汉族祭灶日,而腊月二十三则是北方少数民族祭火神日子的演变。

时下,随着大众传播媒体的无孔不入,人们已经逐渐遗忘了腊月二十四,只记得腊月二十三,更不知道腊月二十四才是汉族的传统祭灶日。得中原者得天下,可贵的是中原地区尤其是豫东平原一带的广大农村地区还保留着腊月二十四祭灶的传统,与范成大的诗句"古传腊月二十四,灶君朝天欲言事"遥相呼应。

三、作为"好"的中原腊月二十四习俗及其流变

在中原地区,腊月二十四除了祭灶,还是一个缔结婚姻的吉日,俗称"好"。据笔者的经历,豫东平原一带腊月二十四结婚的特别多,现在不比以前,但也有不少人在这一天办喜事。腊月二十四,一个带"四"的日子怎么就成为缔结婚姻的"好"了呢?这其实也与腊月二十四祭灶有关。关于腊月二十四日适宜嫁娶,自古以来的一种说法是腊月二十四诸神上天,特别是管事的灶君,这样就没有神监督民间了,百无禁忌,所以集中在这一天结婚的特别多。如"二十四日……细民家或乘便嫁娶"①;"自是(扫尘)日至除夕,阴阳家谓新旧交承,百无禁忌,故贫家多于此数日内婚娶"②;"武俗娶亲,正、七、二、八至六腊,皆论利月,惟自十二月二十四日及除夕,阴阳家以为百神登天,时无禁忌,名曰赶乱岁,故一切嫁娶,凡早有防碍者,至此则不论利月,亦不另择吉日云"③;"术家有载男女干支克犯禁婚之说,解之者曰二十四日后神煞朝天,百无禁忌,于是数日婚娶较多,鼓吹及转移执事者,日不暇给矣"④。从文献记述来看,不仅中原地区,河北、山西、山东等北方大部分地区都有腊月二十四赶乱岁结婚的习俗。这种习俗是根据阴阳家的择婚吉日来推算并确定的,可以看出与祭灶有一定关系。

---

① (河北)乾隆《肃宁县志·卷二·方典志·风俗》。
② (山西)民国《安泽县志·卷四·风俗》。
③ (山西)民国《武乡县志·卷二·风俗》。
④ 丁世良,赵放主编.中国地方.态民俗资料汇编·中南卷.北京:国家图书出版社,1991年,第10页.

除了因为祭灶诸神上天而下界无神监管之外，笔者认为腊月二十四结婚集中的原因还有三个方面：第一，还是与祭灶有关，祭灶的一项重要习俗内容是让灶君吃灶糖，目的是让灶君"上天言好事，下界保平安"。腊月二十四结婚正好是喜事，这样既可以让灶君看到家里欢天喜地的现状，又可以给灶君吃喜糖，这样灶君就高高兴兴上天去了。第二，腊月二十四是古代记载的"交年"，也就是新旧交替之日，过新年其实就是从腊月二十四开始的。交年之际结婚有新年迎接新人的象征，新娘从旧家到新家在时间上也与从旧年到新年相对应，这样比较吉利。所以虽然腊月二十四到除夕日都是乱岁，结婚无禁忌，但大部分都选择在腊月二十四新旧交替之际结婚。第三，与人们过年的时间有关系。腊月二十四即进入新年，家家户户都得准备年货过年，所以结婚不能太靠后，即使如阴阳家说二十四到除夕这几日百无禁忌都可以嫁娶，但越往后越忙，谁还顾得上帮忙呢？所以腊月二十六以后结婚的极少，普遍是在腊月二十四，最迟腊月二十六，二十五几乎没有。因为二十五是单数，二十六太靠后，二十四是双数又是新年开始，所以腊月二十四就成为民间缔结良缘的"好"日子。

腊月二十四缔结婚姻与历史的节令时序也有一定联系。腊月一般是农闲时节，且马上步入新年，新年之前迎娶新人不仅可以有更多的亲朋好友来帮忙张罗，而且比较吉利，赶到秋天大地丰收时节，孩子也就出生了，象征着夫妇婚姻结了硕果。古代春天祭拜高媒神，即主管婚姻之神，也就是春天相亲，冬天结婚。春天万物复苏，情愫萌动，与大自然物候相适应，农村相亲活动较为频繁。这种春天相亲、冬天结婚的习俗一直持续到20世纪八九十年代。春天农村集镇顺应时节的集会较多，如二月二、三月三、小满等，不少地方都有庙会。庙会成为人们交往的场合，更是相亲的好时节，这个时段媒婆最忙，收入最多。河南淮阳太昊陵庙会期间不少人说媒，也拜祭女娲神，同时在陵内都要摸一摸子孙窑。春上相亲之后，腊月成亲，之间还留有相互了解的时间，八月十五即中秋节一般是个坎儿，相亲之后的男方要到女方家走亲戚，如果八月十五不发生什么意外，一般腊月就可以成亲办喜事了。

时下，中原地区腊月二十四结婚的还有，古代流传下来的春天相亲、冬天成亲的习俗已经衰落。春天年轻人已经在外打工，不会因为相亲而专门回来了，女孩子现在也出去打工，所以春天相亲的习俗已经逐渐消失，相反，相亲逐渐转移到腊月和春节期间，春节都在家里过年，走亲串友提供了相亲的时间和机会。缔结婚姻之日也转移到假期进行，如"五一"和"十一"两个假期成为成亲百无禁忌的日子，作为"好"的腊月二十四也逐渐淡出人们的视野。

四、从节日到常日：中原腊月二十四的日子之痛

从以上的梳理与分析可以看出，中原地区腊月二十四在以前还是一个重要的"节日"。虽然它没有被冠以"节"，如腊八节、冬至节、元宵节等，但由于其作为祭灶日与"好"的双重身份，实质上它是一个非常重要的节日。它是一种关系和身份的联结时间点，是天上与民间、旧年与新年、大闺女与新媳妇的因缘际会之日。这样一个日子对民众的日常生活意义重大：第一，作为一个祭灶日，必须让灶君满意，得好好祭灶君，这样灶君上了天，作为一家管事之神，就可以说好话，来年家里人都平平安安。第二，作为一个交年之日，腊月二十四是过年第一天，应该欢欢喜喜，香蜡纸炮应该备齐，这样会给即将到来的一年增加财运，诸事都顺顺利利。第三，作为一个"好"，这一天迎娶了新人，也就意味着过了年会添丁入口。特别是子嗣观念深厚的古代，这一天新媳妇到家，就会人丁兴旺，好日子就会长长远远。所以腊月二十四不是节日胜似节日，对于普通百姓的日常生活来说意义非凡，在人们的日常生活中它已经成为一个节日。

然而，作为一个节日的腊月二十四，时下却遭遇了衰落，逐渐向一个平常日子转变。作为祭灶的日子，时下的人们正在忘记历史，尤其是城市的人们，正在忘记农村的历史和过去的历史，人们被现代传播体系所左右，"二十三，糖瓜粘"的民谣成为媒体和一般专家的宠儿，伴随着这样一种话语权的垄断，腊月二十四祭灶和小年的身份逐渐被人们遗忘，加上人们对"官"身份的向往与憧憬，也希望从"民辞四"向"官辞三"转变，所以腊月二十四作为祭灶日与小年日正在走向衰落。作为一个"好"日子，伴随着打工潮的涌起与持续，人们回家的时间越来越晚，因为春节放假从大年三十才开始，所以腊月二十四年轻人一般还没有回家，腊月二十四结婚的也逐渐减少。而现代假日体系中的"五一"和"十一"为年轻人提供了百无禁忌的结婚日子，甚至出现集体结婚的喜庆现象。"十一"长假结婚的尤其多，因为假期时间长，同时与祖国同庆，也有吉祥的寓意。所以作为"好"的腊月二十四也逐渐走向衰落。

余论

作为祭灶日与"好"的腊月二十四的流变生动地呈现了春节习俗变化的过程及其影响因素。民俗作为一个地方和时代的风土人情，它就像风一样会发生变化，随着时代的发展、社会的变化，民俗也会渐变渐长。现代社会特别是网络社会的到来,对传统民俗的冲击尤其明显。时至今日,春节习俗变化之大令人咋舌,"春节联欢晚会"成为全球华人的共同习俗,看"春晚"已经成为一种守岁的传统。"发红包"也可以在手机上进行了,拜年也可以以远程视频的方式进行了,而"拦门棍"随着人们搬入楼房也已经被遗忘了,腊八吃米饭则被腊八粥所掩盖。这里我们可以看到现代科技对传统节日的巨大影响。但变的是形式,不变的是情感。不管怎么样"发红包",不管如何拜年,情感并没有随着科技的发达而疏远,相反,随着科技的发达情感却越来越被人们重视。近年来,乡愁的不断升温,其实就是科技时代情感升华的表现,节日对于情感的传递与表达尤其具有重大的现实意义。顺应人们日常生活的方便和情感表达的需要,以及科技的发达,节日之间的嬗变与整合在所难免。对于这样一种整合与嬗变,笔者认为应该持积极的态度看待,不应该强拉硬扯地回归到它"应该"或"本然"的地方去。哪里是"应该"？哪里是"本然"？作为一种民俗,还是创造、享用并传承它的普通百姓说了算。正如每年的圣诞节,没有必要大惊小怪,唏嘘呃叹,圣诞节在老百姓的生活里并没有到达中西之分的高度,它只是一个可以给孩子带来欢乐、给年轻人带来浪漫、给中年人带来社交的日子,所以不管专家意见如何,老百姓的信念是"我生活得快乐舒坦就行"。所以民俗学乃至民间文艺学对于民俗与民间文学的研究与其他学科极为不同的一点应该是对于作为人的"民"的关注和体贴,因此,民俗学乃至民间文艺学研究应该顺应民意,合乎人情。民俗学(含民间文艺学)应该是关于人的具体生活的学问,而非人类学关于整个人类的共同命运的学问。

神圣与普世:犹太新年之解析
——兼谈与春节的异同

郜翠平[①]

一、犹太新年的概况

犹太新年是犹太历提示黎月第一天,相当于阳历的9月底或10月初。犹太历是生活在巴比伦的犹太人把巴比伦历法与原有的历法结合起来形成的新历法。新历法完全接受了巴比伦的月份名称,原犹太历法中亚笔月为一年之首。据《圣经》记载,为纪念上帝在亚笔月令摩西率以色列众百姓出埃及,返回迦南地(今巴勒斯坦),犹太人把亚笔月定为一年之首,以表明犹太人新生活的开始。亚笔月为一年之首具有宗教意义,不符合民间生活和生产的节奏。旧历法中的7月,迦南地田野庄稼成熟,果园瓜果飘香,人们劳作了一年,在这个月的15日有一个盛大的收获节——住棚节。这样新历法就把原来的7月提升为一年的第一个月,命名为"提示黎月"。提示黎月为一年之首具有多重身份:世俗的犹太新年、《圣经》规定的"吹角节"、后来形成的"审判日"。犹太新年以为期10天的"悔改日"拉开序幕,到"赎罪日"达到高潮。犹太会堂里前两天的新年节期和其余8天所进行的祷告仪式,都是围绕省察过去一年的为人处世,为自己犯下的错误和罪行悔改,并寻求人们与上帝的饶恕,因此犹太人与其他文化用舞会、喧嚣和吵闹的音乐迎接新年不同,他们是通过一年一度的个人与集体的"灵魂清算"来严肃地内省、自我评估和祷告,以便汲取过去的成功与失败经验来塑造来年美好的未来,所以,犹太新年又是犹太人一年一度为期10天的敬畏的日子。由于犹太新年又是自我省察、悔改和寻求赦免的时刻,所以又被称为"审判日"与"求主垂

[①] 作者简介:郜翠平,女,(1981年9月—),中山大学社会学与人类学学院民俗学在读博士生。

怜日",因为犹太人在这期间祈求上帝审判自己行为的同时,还纪念并垂怜他们。

二、犹太新年的神圣性体现

犹太人的节日都有宗教意义的内涵,犹太新年也不例外,它有世俗的一面又有严肃的宗教意义的内涵。犹太新年的神圣性体现以下几个方面。

(一)犹太新年来历的神圣性

在《圣经》和《妥拉》中没有"新年"这个概念,犹太人也没有新年这个节日,在巴比伦生活期间,他们看到其他民族在一年之初辞旧迎新、家人团聚、宴请亲朋好友,喜乐欢畅,而他们自己应该怎样过这个节日?基调又是什么?后来他们在《圣经·尼希米记》第八章中得到启示。《尼希米记》第八章记载:"七月初一(即民历1月1日),祭司以斯拉在耶路撒冷广场向犹太人宣读律法书,犹太民众受律法书感召,因自己没有遵循上帝的教诲而悔恨,因自己的罪孽而哭泣。尼希米开导民众,不要悲伤哭泣。你们去吃肥美的,喝甘甜的,因靠耶和华而得的喜乐是你们的力量。"于是民众去吃喝喜乐,并"大大快乐"。律法书中又规定这一天有圣会,什么工都不能做,犹太人当守为"吹角的日子",并规定了向上帝献祭的仪式。这样,犹太人就有了过犹太新年的大体轮廓。

(二)庆祝犹太新年的特殊仪式"吹号角"的神圣性

在《妥拉》中,犹太新年又被称为"吹角节""吹号节",因为庆祝新年的特殊仪式是"吹羊角"。犹太人为什么在新年吹号角,不同的拉比有不同的解释,但是无不体现了它的神圣性。按照犹太传统,犹太新年是世界的创造日,也是亚当的创造日(或诞生日),更是第一个罪孽发生的时间。在这一天神问人很简单的问题:"你在哪里?"(《圣经·创世纪3:9》)即"你自己在哪里?你的内心呢?你怎么可以丢失它?你怎么丢了你内心神的声音?"每年人们都会被问这个问题。这天人们所关注的是"上帝是王",上帝是犹太人的王,也是宇宙之王,从创世纪到现在直到永远,他永永远远都是人们的王。人们的肉体是尘土,永远比不上上帝的力量和永恒。新年"吹号角"仪式的神圣性体现在:(一)号角是用公羊角做的,来自献祭以撒的故事。人们恳求神记住这件事,亚伯拉罕听到天使告诉他"你不可在这童子身上下手"(《创世纪122:12》),他突然看到有一只公羊,两角扣在稠密的小树中,代替他的儿子(《创世纪22:13》),所以人们用公羊角,假如以撒真的被献祭,犹太民族就真的不存在了,所以人们在新年吹号角,用号角"提醒"神,同时也是提醒自己在西奈山接受《妥拉》的神圣性。(二)号角的制作、仪式和吹号角蕴含的寓意都体现了它的神圣性。号角是公羊角做的,是非常自然的,它不是小号或者吉他,不是人造的,而是从自然来的,必须是弯曲的,不能用别的角代替。关于制作号角的所有律法,都要求保留它的纯天然性,而它的声音既没有旋律,也没有词,仅是简单的声音。吹角仪式的吹角者必须是身着白色长袍的"纯正者",吹角前要念诵一定的祷文,角声有严格规定的节拍,一般将号角吹出三种声音——一长音、三短音以及九个短断音,最后还有一种绵延的长音。一长音是一种持续的呐喊;三短音是在哭得很厉害之后,声音已经破碎了;九个短断音是一种嚎叫。我们吹号角是为了记住神创造世界、西奈山的神谕和死人的复活,这样我们就连接了过去、中间以及未来所有时段;吹号角是"为了提醒我们悔改,也就是说,人要醒来,停止精神'睡觉'的模式,记住你们来到这个世界是为了什么"。迈蒙尼德说:吹号角就像无言的呐喊,总有语言用尽的时候,我们从内心最深处呐喊,也就化作号角的嚎叫。这种古老乐器发出的原始哀鸣,让犹太信徒想起远古时犹太信仰在遥远旷野的起源,也触动了每个人内心探索与发掘存在之源头和奥秘的心灵。每个犹太新年,犹太信徒真诚内省自我的罪愆并谦卑地寻求赦免时,公羊角号那既响亮又震撼人的巨响仿若圆满之音,引导人们检视自己的心灵,并朝着上帝迈进。

总之,在新年的崇拜仪式中聆听公羊角声有多重目的:一、它宣告上帝是王;二、它提醒百姓上帝在西奈山赐下《妥拉》,《希伯来圣经》记载,当上帝颁布诫命时,有角声出现(参《出埃及记》十九章19节);三、它警告百姓"从昏沉中儆醒",好好反省并端正自己的言行与举止;四、它预告上帝将来的审判;五、它用来提醒百姓,上帝的国度(亦即弥赛亚的日子)将有一天会降临全世界。

(三)审判日的神圣性

由于犹太新年是自我省察、悔改与寻求赦免的时刻,因此也被称为"审判日"与"求主垂怜日"。"犹太人在巴比伦接受了当地民族的一种神学观念:新年伊始,天上诸神聚会,审判世人一年的言行,安排一年新的生活。中国的习俗中也有岁末送灶王爷'上天言好事'的习俗,灶王爷也是参加这种聚会,把世间人们一年的言行举止都告诉上天诸神,来决定世人来年的运气。犹太人接受并发展了新年上帝审判世人的思想,形成了一整套节日习俗和礼仪。"[①]《妥拉》中说,上帝有一本大的册子,这本册子记载了所有人的罪孽和善事,即使一个小小的动作,

---

① 徐向群.敬畏的日子——犹太新年和赎罪日.世界知识,1998,(19):36~37.

神都不会忘记。按照犹太人的传统,每个犹太人来年的命运都在审判日被刻写下来。但在审判日,上帝只会审判两种人:一类是"完全的义人",他们善良、公义、正直,这类人会被自动刻写,未来得以存活,会被判以生;另一类是"十恶不赦的恶人",这类人也会被自动刻写,立刻被判以死。而绝大部分是生活在中间状态的人,这些人既不是善人也不是恶人,既可能做善事也有可能犯错误。或许他们有罪,但还不到罪不容诛的地步;或许他们做善事、心存公义,但不到完美无缺且立刻被判以生的地步,因此他们的命运不会被自动锁定。所以上帝会给绝大多数人在审判日到赎罪日10天的敬畏日子里改过自新的机会,并根据人们悔改、认罪的程度决定人们来年的命运。这段时间上帝会省察人们的言行,只要人们在这段时间里诚心诚意地承认罪孽和错误,尽量不再去犯,并向任何深深伤害的人认真道歉,认真总结反思自己一年来所有的错误,仔细想想自己和谁有过矛盾、冲突,有哪些不对的地方,然后就向谁主动道歉,并向神去忏悔,这样做的话,罪孽将来在神面前就如同不存在,从未发生过一样,因此来年就会有好运,并能得到神的祝福。相反,如果这段时间没有真心悔改,命运就会被锁定,一旦命运被锁定,人就失去了这次悔改的机会,之后不管多么诚心诚意都无法改变命运了。此外,审判日的下午,犹太人还会到海边或者流活水的河边忏悔祈祷,诵读《弥迦书》,摇动三次衣边,摆脱罪孽,并把自己一年的罪孽写在纸上,扔在水里,并祈祷"愿我一年的罪孽随流水投于深海"。所以,10天敬畏日的主题是承认有罪并决心悔改。人非圣贤,孰能无过,过而能改,善莫大焉,人有罪和过失并不可怕,关键是要与之斗争,并能改过自新,因此在这10天敬畏的日子里,犹太人闭门思过,反思自己过去一年中违背上帝戒律的言行及做过的伤害他人的行为举止,诚心承认自己有罪。然而只认罪是不够的,那些只说"我有罪,求主赦免"的人是得不到上帝宽恕的,只有那些承认有罪并在行为上表现出强烈悔改决心的人,才能回到上帝的身边,并得到上帝的赦免,成为"纯正的人"。敬畏的日子实际上是人世间的犹太人在调节人与神的关系(人决心遵行神的旨意)的日子,也是调整人与人的关系(检讨自己对他人的伤害,并求得他人的原谅)的日子。

(四)赎罪日的神圣性体现

赎罪日是为期10天的悔罪期的最后一天,这天是敬畏日子的高潮,持续25个小时。赎罪是件可畏的事情,所以全国上下一片庄严肃穆,赎罪日的程序、仪式及象征寓意都体现出其神圣性:(一)赎罪日这天每个犹太人都要做最后的努力,真心认罪,决心悔改,以减轻罪孽,求得宽恕。所以,这天需停止一切例行性的、正常的活动。这天是安息日中的安息日,一切展现舒适奢华的东西都被禁止,男子不能穿戴皮鞋皮带,因为皮革古时象征着奢华,凡是遵守犹太律法的犹太人都穿着帆布鞋或胶鞋进会堂,女子这天也要避免化妆或美容装饰,甚至夫妻之间的鱼水之欢也在禁止之列,以示其专心祷告与悔改的决心。(二)这天要连续禁食25个小时,通过禁止吃喝,让犹太信徒知道,祷告比吃喝更有意义,也表明了祷告与悔改的重要性足以取代饮食的生理需求。(三)许多犹太信徒这天会穿上白色的衣服,象征着纯净与清洁,有些人则穿上像袍子的纯白外衣,帮助人在赎罪的时候专心悔过,寻求灵魂的净化。赎罪日的犹太教仪式在日落时分举行,首先诵读"柯尔·尼德拉"祷文。① 这种用悠长音调所朗诵的祷词宣告说,所有许过但尚未履行的誓愿在此一笔勾销。祷文中的回应词表明了人的过犯何其大,但上帝仍旧垂听忏悔的祷告,并赐下饶恕。"柯尔·尼德拉"祷文帮助人预备心,在赎罪日的时候亲近上帝,承认自己的过犯,并寻求他的赦免。"柯尔·尼德拉"礼中某则祷文的主题反映了赎罪日的连贯不息,它提到犹太人祷告在这天晚上向上升腾,隔天早晨抵达上帝面前,然后在隔天的傍晚得到他的应允。"柯尔·尼德拉"的多则祷词,以及"柯尔·尼德拉"礼结束后所剩余的赎罪日时光,都会营造出上帝端坐审判宝座、静观世间众人祈祷忏悔并鱼贯通过他面前的诗意寓象。整个"柯尔·尼德拉"礼中散布了多则特殊的"皮犹町(诗意性的祷告)",使这个宗教仪式程序更加美丽与深刻。赎罪日早上诵读的《妥拉》会追忆"经文时期"的赎罪日仪式,即大祭司在当时向上帝献上一只山羊作为特别祭,然后将另一只代罪之羊送到旷野死地,借此象征性地将百姓的过错带走(《希伯来圣经》利未记十六章)。由先知以赛亚的话写成的《哈费他拉》(来自《希伯来圣经》以赛亚书五十七章14节至五十八章14节)提醒人,若没有伴随着心灵的真诚悔改,则赎罪日的宗教仪式都是枉然的。赎罪日下午,犹太信徒诵读一些纪念祷文。他们诵读祷文时带着崇敬和敬爱之心,追忆那些曾给予并塑造他们生命的过往亲人。此外,在后半段仪式中,犹太人还会追忆犹太殉道者,包括从罗马帝国占领时期到公元70年圣殿被毁为止的死难者,以及犹太史上其他的殉道者。在赎罪日下午的仪式中还会诵读《希伯来圣经》里的《约拿书》,书中记载,当年先知约拿到尼微微城去,告诉那里的居民,该城即将因为他们不断陷在罪恶之中而遭毁灭。百姓听到先知的预言,马上为自己的行为悔改。因此,上帝赦免了他们的过犯,全城的人因而得救。赎罪日最后的仪式是在日落与夜幕降临时诵读"结束祷

---

① "柯尔·尼德拉"是犹太人在赎罪日宗教仪式一开始所诵读的祷文。它是一种起誓的祷文,不包括任何对上帝的赞美之词。犹太人借由这样的祷文,祈求在今后一年内,凡自己在违心或仓促的情况下所做的许愿或发誓,都被视为无效或不算数,并因而得到赦免。参见《犹太百科全书》,第512页。

文（希伯来字的字义是关闭或锁上）"。"结束祷文"以沉缓悠长的音调诵读，在每年仅一次的时刻营造出美妙与甘苦交融的氛围。日落时分（即整个赎罪日进行快满 25 小时的时候），犹太信徒诵读"信仰告白"，以"以色列啊，你要听！YHWH 我们的上帝是独一的主"起头，以复诵七遍"YHWH 是上帝"结束，之后响起一长音的公羊角号声，信徒们互道"明年耶路撒冷见"这句传送千年的祝福，代表犹太人渴望结束漂流异乡、回到以色列的愿望与祈求，也代表他们为最终被救赎、和平及完美世界所做的祷告。犹太新年的祝贺词是"愿你在上帝的生命册上被命定了一个好年"，赎罪日的祝贺词是"愿你被保守到底（保守到底的字面意思是好的封存）"，因而在赎罪日这个节期突显上帝在生命册中记录众人的命运，祝贺词就会变成"愿你在上帝的生命册中被保守到底"。

三、犹太新年圣日的普世性内涵

犹太历新年伊始就是各种圣日，其中有四个具有奠基意义的节日——犹太新年、赎罪日、住棚节和拖拉节（严肃会），将四个节日视为两对节日，第一对包括一天的纪念和一天的赎罪，让人充满敬畏与庄重，后一对节日让人充满喜乐。前三个节日有个共同点：尽管是犹太圣日，却承载着普世的信息，其中包括人性的根本议题——反省和审判、怜悯与赎罪、生命的喜乐，这些信息对每一个人的生命都十分关键。我们庆祝新年一方面为了庆祝创造，另一方面是为了神的掌权。对创造和神掌权的庆祝是全人类共有的，并非犹太人特有的。如果没有赎罪，过去未曾解决的痛苦片段将使生命难以承受，赎罪日同样也和每个生命都有关系。随着赎罪日庄严肃穆氛围的结束，悔改的艰巨任务已经完成，人们有了心灵上的满足，也享受着上帝赦免的喜乐。赎罪日的尾声是家人和朋友共聚一处，以团圆和乐的简餐来结束 25 小时的禁食。因此，犹太新年圣日的普世性内涵有：（一）虽然赎罪日一年只有一次，但是赎罪日的精神和目的却活化在人们生活的每一天。传统的犹太人每天三次诵读的"阿米达（静思默想）"祷文中包含了一则悔改祷词及一则祈求上帝赦免过犯的祷词，这表示犹太人认识到，赎罪日虽然是每年一次公众悔改与寻求赦免的时刻，但是反省言行与致力于自我提升却是每日的义务。然而在每年的这个时候人们所关注的是根本的人性，即我们都是有很大问题的人。在此背景下，人的定义不再是某一群人类，人们说的是最根本的人性——人性特质，即人之所以为人的属性。这些节日的普世性本质并不在于同他人一起庆祝，而在于人们深刻地剖析自我，以寻找并显示出其本质属性，探索并承认所有人内心的同一性。（二）虽然新年祷告词的内容是庄严肃穆的，但同时也充满了欢乐和期盼,上帝随时乐意饶恕真诚忏悔之人的错误。所以,新年开启了人们一个新的时期,让每个人可以得到一颗"新心和心灵"(《以西结书》十八章 31 节),正如《希伯来圣经》所应许的那样。经过十天的悔罪节期及一天的赎罪日,目的都是去掉去年的苦难和过错,赢得来年的祝福和好运。(三)传统上,犹太新年在宴席开始时要吃蘸了蜂蜜的苹果,寓意明年生活甜甜蜜蜜,渴望新的一年甘甜满溢。此外,《塔木德》所记述时代的学者为我们准备了一份新年食谱,这些食物背后蕴含着深刻的内涵,它们不但丰富犹太人的新年晚宴,更重要的是它们的寓意丰富了我们的内心。这份食谱在《巴比伦塔木德》里可以找到,包括南瓜、豇豆、韭葱、莙荙菜(瑞士甜菜)和枣子。南瓜,在阿拉姆语里叫作 Karaa,这个词的读音像希伯来语的"撕掉"和"朗读"。因此,新年时摆上南瓜,象征撕掉对我们过往罪孽的裁决,同时我们的德行与荣耀将在上帝面前被高声朗读,以示我们的虔诚。豇豆或青豆,在阿拉姆语里被叫作 Rubia 或 Lubia,这些词包含相同的发音,等同于希伯来语里的"许多"和"激励"。因此,在新年时配备这些食物,意味着我们的德行与荣耀将会越来越多,上帝无时无刻不在激励着我们,与我们同在。韭葱,在阿拉姆语里叫作 Karti,等同于希伯来语里的"砍""切"。犹太人在新年预备这种食物,象征着切除砍净犹太人的敌人、对手,以及所有将邪恶与灾难降临到我们头上的势力!莙荙菜,在阿拉姆语里叫作 Silk,等同于希伯来语里的"远离"。在新年预备这样的食物,象征着犹太人的敌人、对手,以及所有将邪恶与灾难降临到我们头上的势力,都能远离我们。枣子,在希伯来语里叫作 Tamar,等同于希伯来语里的"终结"。在新年预备这些食物,象征着犹太人的敌人、对手,以及所有将邪恶与灾难降临到我们头上的势力,都被一一终结。在一些犹太社区,大蒜(阿拉伯语里叫作 Tum)被赋予同样的祝福。韭葱、瑞士甜菜和枣子的象征意义都提醒我们注意那些对手、敌人及邪恶势力,在新年提到这些,未免令人略感不快。但是中世纪普罗旺斯的拉比梅纳赫姆·哈梅里对此评论说,这些象征其实更多的是提醒我们注意自己脑子里的偏见和邪恶意图,而不是我们的实际敌人。几个世纪以来,一代一代的犹太人脑洞大开,使很多包含内涵的食物加入了犹太新年的食谱。《尼希米记》中,省长尼希米和祭司以斯拉教训百姓说:"今日是上帝的圣日,不要悲伤哭泣。你们去吃肥美的、喝甘甜的,有不能预备的就分给他,因为今日是我们主的圣日。你们不要忧愁,因靠上帝得的喜乐是你们的力量。"(《尼希米记》8:8~12)第二圣殿建好后,尼希米和以斯拉为民众讲解律法书,可是民众听见律法书上的话却哭了,随后尼希米和以斯拉就让民众去"吃肥美的,喝甘甜的",然后那些人就去吃喝,不再忧愁,而是"大大快乐"。中世纪法国,犹太人喜欢在新年食用红苹果,普罗旺地区的犹太人还食用白葡萄。另外,他们还食用公羊头和公羊肺,因羊在《妥拉》里面有"替罪"一说,同时在《申命记》28:13 里讲"上帝就必使你做首不做尾,但居上不居下",象征来年甜甜蜜蜜、红红火火。现在公羊头逐渐变成了鱼头,并最终变成吃任何一道鱼菜都拥有好兆头的意思。新年吃蘸了蜜的苹果毫无疑问是象征来年生活甜蜜。中世纪时,石榴也加入新年食谱,石榴多子,新年食用石榴,既有期盼甜美之意,又代表了犹太人心中装满诫命,如同石榴装满种子一样。阿什肯纳兹犹太人将红萝卜加入新年食谱。红萝卜,意第绪语里叫 Ma'rin,意为增加,新年吃红萝卜,意味着德行与荣耀永添于身。另外一种说法是,红萝卜切成片放在盘子里很像一沓沓的金币,象征着来年财运旺盛,这种象征多产多籽的寓意和阿什肯纳兹犹太人烹饪煮豆或也门犹太人食用芝麻的习俗一致。可见,犹太新年的食谱不断变化,呈现了不同地区犹太人新年饮食习俗的多样化,但是世界任何地区的食谱都蕴含了吉祥美好、希冀明年好运和幸福的寓意。

此外,犹太新年第一天下午举行的"扬弃仪式(Tashlich 意指抛弃或丢掷)"(这个奇特的仪式源自中世纪),也是通过一些仪式象征性地把自己的罪愆抛掷到水里,让水流将它们带走,以获得来年的好运。具体做法是犹太人在犹太新年第一天的下午,大多犹太社区选在日落时分,到海洋、湖泊、河流或者小溪旁(必须由流动的活水组成),将面包屑、小圆石或一袋灰尘等象征罪恶之物抛洒入水中,并且看着它们随着流动的水飘走,这样自己就可以去掉一年的错误而洁净地进行来年的生活。也有人在流动的水边把自己的兜翻过来,意思是让水冲走不好的事情,以示来年的好运。

四、中国春节的神圣性与普世性内涵

春节是中国最大的传统节日,届时各方神灵都来人间打扰人们的生活,所以,过年期间人们要祭拜各方神灵以求来年的平安健康,而这些神灵代表了节日的神圣与庄严。春节是中国最大的节日,中国各地以不同的方式和习俗来庆祝春节。"十里不同风,百里不同俗",这里仅以家乡菏泽的春节习俗为例来解析它的神圣性和普世性内涵。中国春节和西方新年庆祝的目的都是希望未来是美好幸福的,祛除去年的苦难,这是两者的共同点,所以春节期间的活动或饮食同样蕴含着来年的吉祥好运。春节俗称"年节",是中华民族最隆重的传统佳节①。自汉武帝太初元年(公元前 104 年)始,以夏历(农历)正月初一为"岁首"(即

---

① 钟敬文编.民俗学概论.上海:上海文艺出版社,1998 年,第 144 页.

"年"),年节的日期就由此固定下来,一直延续两千多年至今。① 虽然年节定在农历正月初一,但是年节的活动却不止于正月初一这一天,可以说从进入腊月开始,人们从主观意识上就进入年节的状态。民间有句俗话是"腊八、祭灶,年下(指新年,菏泽方言)来到",意即过完腊八,喝完腊八粥,新年很快就会到来,人们欣喜并忙碌地开始准备年货,并做各种过年的准备。而各种各样的准备活动及禁忌都表现了一个主题,即祛除今年的一切不好而赢得来年的好运和吉祥。下面仅以家乡的年节习俗为例,从春节期间的各种活动及禁忌中解析其中蕴含的吉祥、幸福和美好寓意。

腊月二十三(俗称小年),人们便开始"忙年"了,这也是一个重要的家人团聚的日子,离家在外的人一定要在这天赶回来和家人团圆并准备庆祝春节。俗语称"祭灶不能祭在外面",意思是说祭祀灶王爷的时候全家人都要在,一是让灶王爷保佑全家人的平安,二是灶王爷在向上天诸神汇报时每个人都能受到神灵的祝福。此外,这一天还有一个重要的仪式——送灶王爷上天。灶王爷是每年家家户户请来的监督世间人类行为的神,在人间待一年后,这天要上天参加上天诸神的聚会,向玉皇大帝及诸神汇报人间一年来的所有行为,来定人们来年的运气。因此,在民间送灶王爷上天的仪式是"吃祭灶糖"。"祭灶糖",俗称"芝麻糖",是一种民间加工制作的上面撒有芝麻的又甜又粘的食品。民间在这天吃这种糖据说有两种含义:一是让人们在这天要少说话,以免说出不吉利的话触怒神灵惹出麻烦;二是封住灶王爷的嘴,让他在玉皇大帝和诸神面前只说世人的好话,让诸神保佑人间的太平,让人们生活顺遂。因此,腊月二十三的祭灶仪式对每个家庭都非常重要,人们通过祭祀来表达对幸福美好的祈求和愿望。灶王爷在每年的腊月二十三被送走,大年三十除夕的时候再被请回来继续坚守自己的职责。祭灶过后,人们开始打扫房屋、粉刷墙壁、剪贴窗花、粘贴春联、添置新衣、置办年货、准备各种节日食品,这一切都蕴含了祛除一切不好的和陈旧的东西,以崭新的面貌和心态来迎接来年新的幸福生活,同时也象征着把一切不吉祥不吉利的东西去掉,以全新的面貌迎接新的一年。为了取得财运和幸福,年节期间有很多忌讳和讲究,因为年节期间也是诸神汇聚的时刻。人们会采取各种仪式和方法来驱除各种邪祟,比如在油炸年节食品的时候,忌讳家里的小孩在场,更忌讳小孩在旁边多说话,怕冒犯哪个神灵而遭受不幸,也忌讳别人到家里来,因为外人进来的时候可能会带来一些邪祟,招致锅里的热油喷出来对旁边忙碌的人造成伤害。因此,家人在烹炸节日食品的时候都会把孩子赶出去,关上门,长

---

① 钟敬文编.民俗学概论.上海:上海文艺出版社,1998年,第 144 页.

辈在厨房里小心翼翼地操作。另外,大年三十(也叫除夕)也是个关键的时刻,正午十二点之前要贴好春联,午饭家人要聚在一起吃团圆饭,而且还要给宗族中健在的长辈送菜,把做得最好的菜送给他们,他们回还一些糖果之类的东西。晚上要吃饺子(谐音交子,钱币),因为形制像元宝,象征着来年招财进宝。在太阳落山后,家里的每个门槛都要放根"挡门棍"(用来挡住各路鬼神和邪秽的进入),以求得家人来年的平安。院子里撒上芝麻秸秆,芝麻多子,象征着富足,以寓明年生活的富足。同时撒芝麻秸秆也有种驱邪的作用,据当地人说院子里撒芝麻秆是姜子牙让他们做的,这样诸神就不会干扰人们的生活,以保佑家人来年的平安。总之,人们在这个新旧交界的节点非常谨慎,以求平安。晚上吃饭后,洗刷完锅碗后,还要在锅沿周围撒上小麦、玉米等,锅里要放上准备好的馒头、花糕、看家馍(专门为节日看家蒸的馒头)等节日食品,民间称为"压锅"。在以农耕文明为主的中原地区,丰衣足食是人们的理想追求,这样做的目的是希望明年能风调雨顺,人们能够丰衣足食。另外,大年三十的晚上,在没有电视和"春节联欢晚会"的时代,睡觉前的洗脚也有同样的寓意,俗话称"三十晚上洗洗脚,打的粮食没地方装"。

　　大年初一更有一系列排除晦气的禁忌习俗。大年初一家里的主人一般起得很早,起床后就开始下饺子。饺子下到锅里的时候要放一挂鞭炮,一是提醒诸神,也是排除邪秽,相传"年"是一种恶兽,在年节期间扰乱人们的生活,但是害怕红色和响声,人们在春节放鞭炮和贴春联就是为了吓走怪兽,求得平安;另外,大年初一早晨放鞭炮还有一种功能,就是把家里的其他人聒醒或吵醒,因为这天不准喊叫任何人,要让她(他)自己醒来。而且,起床后非常忌讳进家门的第一个人,更忌讳这个人的行为表现,假如他在这个时辰进入你家而且哭泣的话,就会影响你家来年的吉祥和好运。起床后穿上新衣新鞋,然后就该吃饺子了,饺子馅和除夕的肉馅不同,要吃素馅的,白菜(象征清淡)或芹菜(寓意勤快)等,用来象征着来年平淡、平安、勤快等生活愿望。在吃饺子的时候,一定要多吃几碗(象征多余,希望年年有余),每碗的饺子不要盛得太多,这样就可以多吃几碗,而且第一碗不能吃完(同样寓意有余头)。另外,大年初一这天从起床开始什么都不能做,比如,早上起床洗漱后的水、刷锅洗碗的水等都要倒在备用的水桶里,在太阳出来之前是不能泼在外面的;不扫地,即使地上再脏也不能扫,更不能倒出去,和水不能泼出去一样,都是怕减少来年的财气;这天不买东西,买东西就是往外拿钱,寓意"破财";不借东西,以免财气让别人拿走;不动刀、不动剪子,不做平常的一切活动,无论老幼都要尽情欢乐,小朋友们可以尽情玩耍而不会受到长辈的任何批评和指责,因为这一天不准批评人,如果小孩不小心说了禁忌的话,长辈会立刻说出破解的话来弥补失误;人们相见互道祝福,平时任何的矛盾和过节都会在这个特殊的时刻烟消云散。过了这天,一切又回到原来的生活状态。不过经过年节之前的"忙年"活动及除夕和大年初一特定时刻的各种讲究和禁忌、仪式等,人们已经重新洗涤了自己的身心,祛除了一年的污垢,为来年的好运和吉祥做好了充分的准备。

小结

两种文化的节日虽然都名为新年,但是两种文化的节期和活动有很多差异和不同:首先,两种文化的节期不一样,中国的春节是按中国的历法阴历来计算的,在一年的最后一个月最后一天举行;犹太新年则在犹太历的9月底10月初来临,节期为10天,并且有不同的活动和仪式来庆祝。其次,两种文化的新年各有不同的活动和仪式,而且每个活动都有不同的寓意。再次,两种文化新年期间的活动都体现了文化的普世性内涵,具有神圣性的一面,但最终还是关系到人们的现实生活,即使具有神圣性,也是祈求上界诸神庇佑现实中生活的人们。总之,犹太新年和中国春节的神圣性和普世性及各项活动的文化象征寓意和内涵都是特定文化历史背景和环境下的产物,但文化背后的内涵和实质则关系到人的现实性。

不能被遗忘的赊店陈氏木版年画[①]
——赊店陈氏木版年画传承谱系调查研究

田 晓[②]

一、问题的提出

"党的十八大以来,以习近平同志为总书记的党中央高度重视中华文化传承发展。总书记多次强调,要努力从中华民族世世代代形成和积累的优秀传统文化中汲取营养和智慧,延续文化基因,萃取思想精华,展现精神魅力。"[③]目前,中国民间文艺家协会组织实施的"'一带一路'民间文化探源工程"是落实习总书记讲话的一个重要举措,该工程的目的就是要为"民俗"提纯,为"故事"正名,为中华民族优秀的传统文化正本清源,理清民间文化的来龙去脉。本研究就是要为赊店陈氏木版年画提纯和正名,理清其渊源和发展脉络,也可以说是对"'一带一路'民间文化探源工程"的践行。

河南省社旗县赊店民间木版年画是中国木版年画的重要组成部分,但是由于种种原因关于赊店民间木版年画的文献记载资料保存下来的极少,因此学界对此认识不足,关注不够。经笔者调查研究发现,河南省社旗县赊店陈氏木版年画和湖北省老河口陈氏木版年画同宗同源,湖北省老河口陈氏木版年画的根在河南省社旗县赊店。湖北省老河口陈氏木版年画,2007年6月被列入湖北省第一批非物质文化遗产代表作名录,2011年3月入编冯骥才先生主编的《中国木

[①] 本文系2017年河南省科技厅软科学项目(课题名称:工匠精神契合下河南省民间手工艺品自主创新研究,课题编号:172400410391);2016年度河南省高等学校重点科研项目(课题名称:河南省乡村手工艺"一村一品"开发研究,课题编号:16A790039)成果。
[②] 作者简介:田晓,南阳师范学院美术与艺术设计学院副教授,研究方向为民间美术。
[③] 刘奇葆.在中国民间文艺家协会第九次全国代表大会开幕式上的讲话.中国艺术报,2016年6月15日第001版.

版年画集成·拾零卷》,2011年5月被列入国家级非物质文化遗产代表作名录。2012年12月,陈义文被认定为国家级非物质文化遗产(老河口木版年画)代表性传承人。相对于湖北省老河口陈氏木版年画受到重视的程度和保护力度而言,应该说目前赊店民间木版年画的保护是非常滞后的,仅仅被列入了南阳市非物质文化遗产名录。赊店陈氏木版年画这一古老的传统手工艺代表作处于濒临失传的困境,亟待加强关注、保护、传承和发展。对于赊店陈氏木版年画的保护、传承和发展,首先要做的工作就是梳理清楚赊店陈氏木版年画的发展脉络和传承谱系,揭开它的"红盖头",让它从历史的幕后走向文化的前台,让更多的人认识它的厚重历史、审美价值和文化价值,从而使其得到理性传承和科学发展,使其在文化交流中占据主动权、话语权。

二、赊店木版年画存在的独特环境

社旗县位于河南省南阳地区,古称赊镇,所处地域在周朝时属申伯国,春秋归楚,战国属韩,汉代属宛县,隋时归属南阳县,明清为南阳府管辖,清乾隆年间易名为赊旗镇,1965年改称社旗镇,自古有"依伏牛而襟汉水,望金盆而掬琼浆;仰天时而居地利,富物产而畅人和"之说。县城所在地赊店古镇,古称赊旗店,因东汉光武帝刘秀曾在此"赊旗访将,起师反莽"而得名。古镇东依潘河,西临赵河,踞"二龙戏珠"宝地,素有"宛东明珠"的赞誉。明清时期,这里商贾云集,贸易繁盛,成为"地濒赭水,北走汴洛,南船北马,总集百货"的"豫南巨镇"和"水旱码头",号称"九省通衢"。它与周口镇、道口镇、朱仙镇齐名,享有"天下第一店"美誉,民间也有"金汉口,银赊店"、"天下店,数赊店"的传颂。凭借独特的地理位置和健全的服务体系,这里成为的"万里茶道"上的重要水陆中转站。

社旗古镇内的山陕会馆,是全国重点文物保护单位,始建于清乾隆二十一年(1756年),自会馆向南,有一条古香古色的街道,距今有二百多年的历史,当地人称其为"明清商业一条街"。当年,这里以经销瓷器为主,又叫瓷器街。赊店陈氏木版年画的传承人陈景知所开设的"赊店年画"的门店就坐落在瓷器街上,也是目前陈师傅开设的唯一一家店铺。

三、赊店陈氏木版年画传承谱系

(一)第一代陈福兴

赊店陈氏木版年画源远流长,最早可以追溯到清朝末年的陈福兴。据老河口陈氏木版年画传承人陈义文先生讲述,其祖父陈福兴[1]是社旗县桥头镇北十里的丁庄村农民,拜一个名叫王和娃的雕刻师为师学习雕刻木版年画。陈福兴心灵手巧,悟性又好,深得师父真传,学有所成,技艺精熟,开创了赊店陈氏木版年画。赊店陈氏木版年画是受到当时赊店木版年画影响而兴起的,是赊店木版年画中重要的一支力量,而赊店木版年画当时又受到河南朱仙镇木版年画的重要影响,也就是说赊店陈氏木版年画起源于朱仙镇木版年画。

(二)以陈国卿为代表的第二代

陈福兴有三个儿子,长子陈国卿、次子陈国忠、三子陈国华,兄弟三人都随父学习雕版手艺,其中陈国卿的技艺最为精湛。当时湖北沿长江城市木版雕刻生意繁盛,陈福兴便带上长子陈国卿,先到唐河县的商号"天德生",后又到老河口市"松昌福""法茂公""万源永""徐源兴",均州的"张祥盛""同兴公""郑兴和""德盛祥""宏茂生"做木版雕刻。父子俩经过多年的学习和实践,雕刻技艺在原来的基础上得到了很大提升。陈福兴去世后,其次子陈国忠继续跟着哥哥陈国卿学习年画制作工艺。

1949年以后,由于社会环境的影响和胶印年画的广泛普及,灶神、门神年画的市场越来越萎缩,耗工耗时且题材单一的木板年画逐渐退出历史舞台,陈氏一家依靠雕刻谋生难以为继。为了生计,陈国卿改做木匠,为生产队做牛车、打土楼、造土犁、盖牛屋,还为村里人绘制盖房的椽子和门窗。由于陈国卿勤劳好学,赊店陈氏木版年画走向了成熟,为以后的发展打下了良好的基础。

(三)第三代陈义文、陈天福、陈香武、陈景知

陈国卿有三个儿子,分别是长子陈义文(老河口陈氏木版年画传承人),次子陈天福,三子陈香武。陈景知是赊店陈氏木版年画陈国忠之子。

陈义文是老河口陈氏木版年画传承人,出生于1928年,他从小跟随父亲学习制作木版年画,后主要跟其叔父陈国忠到南阳桐柏地区,以及湖北随州、枣阳、襄阳、均州等地从事年画刻制工作。在学习的过程中,陈义文制作木版年画的工艺逐渐成熟,不仅能画图、雕刻,还能够印制。老河口陈氏木版年画是湖北唯一现存的木版年画,也是中部地区民间木版年画艺术的重要代表。近年来,由于受到了各级政府以及湖北省各高校、民间艺术专家、木版年画爱好者的大力关注和

---

[1] 民间艺术研究专家王树村先生曾在《中国门神画》一书中提到:"老河口的门神画,早年由河南传到随州。清末,始有开封老艺人陈国卿来往湖北、河南间为作坊雕版印门神画。"其中"开封老艺人陈国卿"与相关调查信息不符。

支持,老河口陈氏木版年画枯木逢春,迎来了发展的新契机。

陈天福是陈义文二弟,出生于1941年,现仍居住在社旗县桥头镇北边十里的丁庄村。

陈天福从小跟着父亲学习木工。在父亲的严格要求下,他从木工的基础技能学起,从普通家具做到雕花家具,很快掌握了木工的基本套路。后来,他随父亲去湖北做家具,又先后到钟祥农场、平顶山城建局、云阳钢铁厂做木工。改革开放后,陈天福加入建筑公司,研究学习雕刻仿古家具,建造和翻修古建筑。他曾到多个地方做古建筑的复建、翻新和修复工作。这些正是陈义文老先生所说的"和木版年画挨边"的雕工活。近年来,他因年事已高,不再外出,于是在家办了个木工厂。这样不仅方便了村人,他还能在为远远的客户精工细雕仿古家具。

陈香武是陈义文的三弟,1949年出生,自幼受父辈和两个哥哥熏陶,从事木工行业。他师从父亲刻手章,还雕刻过灶爷版。他做农用家具模仿性强,一见就会,一做就成,为生产队做牛车盘、土耧、土犁子得心应手,家用的纺花车、织布机、桌椅箱柜等样样精通。他做的物件质朴大气、工艺精细、好用耐用,深得乡人的喜爱。改革开放后,陈香武跟随二哥陈天福辗转丹江、登封、渑池、巩义、洛阳等地的著名道观寺庙从事古建筑的新建、复建和修复工作。陈香武曾经感慨:"木刻木雕技艺在我们陈家已有百年历史,到目前为止已传承了五代人,我们要让老祖宗的这项技艺代代相传,发扬光大!"陈香武不但自己喜爱木工木雕技术,而且培养他的两个儿子也走上了这条道路。现在,他的两个儿子在新疆乌鲁木齐经营一家木雕公司。

陈景知是赊店木版年画传承人,出生于1955年,他是"版匠"陈国卿弟弟陈国忠的儿子,是老河口木板年画传承人陈义文先生的叔伯弟弟。

陈景知在继承前人的基础上,对年画雕刻进行不断地创新,从而使设计更合理,人物更逼真,个性更鲜明,使陈氏雕版技艺达到了一个新的更加完美的境界。高中毕业后,陈景知下乡插队到尧良赵岗林场,回城后到建筑队干活,闲时在家刻月饼模、各种作业封皮和格子,后又进五金厂当工人,曾为翻砂车间制作木模具,在高档酒具上刻花卉图样,一直坚守着自己的雕刻爱好。

陈景知制作的木版年画,线条粗健有力,画面纯朴敦厚,套色彩印色彩浓重、工序复杂,题材和内容大多取材于历史戏剧、演义小说、神话故事和民间传说,乡土气息浓郁,民间情趣强烈,属典型的原生态民间艺术。陈景知非常刻苦用心,短短几年的时间便恢复刻制了多块传统雕版,可制作"一团和气""福禄寿三星图""钟馗斩妖驱魔""武财神赵公元帅""关羽夜读春秋""敬德秦琼""六子迎福福""百寿图""百福图""灶王爷""灶王奶"等多种年画产品,成为赊店商埠园区内知名的百年老字号之一。陈景知的儿子陈晓上学期间已基本掌握了木版年画的工艺流程,目前在苏州的建筑装饰公司工作,但未从事木版雕刻传承,所以目前这一支赊店陈氏木版年画后继无人。

(四)第四代陈学勤

陈学勤是陈义文老先生三子,出生于1964年7月,从事木版年画雕版和印制工作也是近三四年的事,作品有"五子登科""状元及第"等,但是创新不足。

(五)第五代陈洪斌

陈洪斌生于1978年,老河口陈氏木版年画陈义文的长孙。陈洪斌为了生计曾在深圳打工,老河口文体局官员专程赴深圳说服了陈洪斌回来跟爷爷学木版年画的制作。2011年的春节,老河口木版年画新一代传承人、陈义文的孙子陈洪斌携年画飞赴澳大利亚,参加"欢乐春节——荆楚文化走澳新"活动。2014年5月,陈洪斌又参加了在俄罗斯举行的"中俄文化交流活动——湖北非物质文化遗产展"。他现在在老河口市开设"逸仙斋",主要从事木版年画销售及书画装裱工作。

这样,赊店木版年画传承基本谱系就呈现在我们眼前。如下图所示:

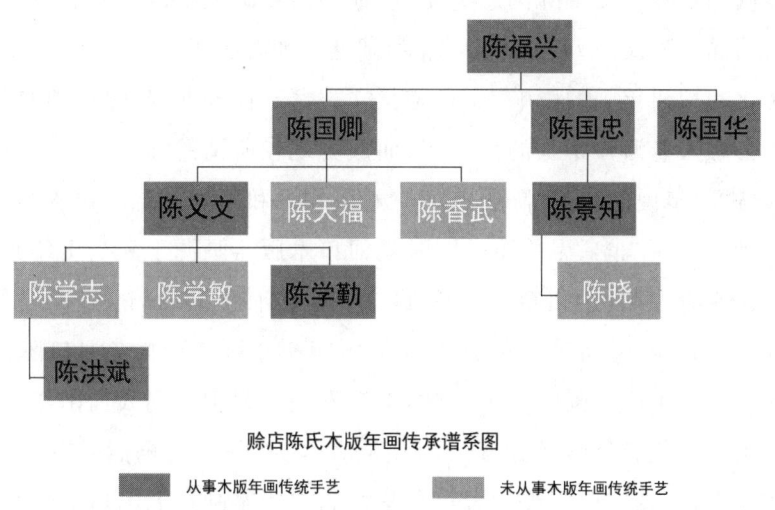

赊店陈氏木版年画传承谱系图

■ 从事木版年画传统手艺　　■ 未从事木版年画传统手艺

综上所述,赊店陈氏木版年画已经历经五代,传承至今,道路曲折,但是他们始终矢志不移,不忘初心。赊店陈氏木版年画作品题材丰富,特色鲜明,颜色亮丽,构图大气,线条粗健有力,画面纯朴敦厚,极具历史、文化和审美价值,是我们重要的文化遗产。不管是赊店陈氏木版年画,还是老河口陈氏木版年画都面临着同样的问题——后继无人,所以各级政府要投入更多的财力和人力来保护好和发展好陈氏木版年画。赊店陈氏木版年画的传承谱系我们已经梳理清楚,但是如何在中国木版年画为它定位,它到底如何独特,这是接下来要论述的问题。

四、关于赊店木版年画的定位问题

赊店陈氏木版年画虽然不在中国传统四大木版年画之列,但是其历史悠久,地域特色鲜明,非常具有研究价值。在冯骥才先生主编的《中国木版年画集成·拾零卷》"老河口年画总概"中有这样一段论述,"生于1927年的老河口年画代表性传承人陈义文,祖籍在河南省南阳地区社旗县……是湖北省及豫西南地区唯一健在的木版年画雕版印制人。老河口木版年画将河南木版年画与均州年画相糅合,形成了具有地域特色的老河口木版年画。"①这一说法是有待进一步考证的。正如在前文对赊店陈氏木版年画传承谱系的梳理,发现其实在湖北省及豫西南地区不仅有老河口木版年画,而且还有南阳社旗的赊店木版年画。现在的老河口陈氏木版年画实际上源自赊店陈氏木版年画,也就是说老河口陈氏木版年画仅仅是赊店陈氏木版年画的一个支脉。赊店陈氏木版年画第三代传承人陈景知依然在从事木版年画的刻制和创作活动。据陈景知介绍,陈义文和陈景知二人都师从陈景知的父亲陈国忠老先生,他们的年画艺术深受其影响,深得陈氏木版年画精髓。陈氏门人奔走于河南和湖北从事年画刻版活动,不可避免受到武当山文化和均州年画的影响,而且陈义文举家迁往湖北老河口,他自己的年画创作必然会融入老河口年画的元素,从而成为现在所谓的"老河口年画代表性传承人"。要进一步说明的是,陈氏老河口木版年画和旧时的老河口木版年画并非一个概念,但是也并非毫无关系。旧时老河口木版年画源于武当山年画,是其一个支脉,"在明清时期,均州草店一带的年画作坊有十多家,随后扩展到襄阳地区,如老河口、谷城、随州等县都有年画作坊印制年画。"②而老河口陈氏木板年画则是赊店陈氏木版年画的一个支脉,在其发展过程中受到武当山年画影响的,融入了武当山文化和年画的元素。因此笔者认为,陈义文仍然是赊店木版年画的重要代表人物,老河口陈氏木版年画是赊店木版年画在老河口的继承与发展,是具有老河口特色的赊店木版年画。

那么,为什么《中国木版年画集成·拾零卷》仅仅把老河口陈氏木版年画收录进去,而未收录社旗赊店木版年画呢?是不是参与调研考察的学者粗心而漏

---

① 冯骥才.中国木版年画集成·拾零卷.北京:中华书局,2011年,第258页.
② 张朗.湖北民间美术.湖北科技出版社,1992,第39页.

掉了？其实不是这样的。据陈景知介绍，1949年以后，在经历了"破四旧"等运动的冲击和胶印年画的广泛普及，灶神、门神年画的市场越来越萎缩，耗工耗时且题材单一的木板年画逐渐退出历史，因此陈国忠和陈景知一度停止了木版年画创作活动。到冯骥才先生领导的全国木版年画普查工作开始时，赊店陈氏木版年画仍未得以恢复，也就未能进入《中国木版年画集成·拾零卷》。赊店陈氏木版年画的创作活动直到2012年前后才慢慢得以恢复。

赊店木版年画是不是所谓的中国木版年画南派的代表呢？赊店木版年画到底在中国木版年画中到底处于一个什么位置，怎么给它一个定位？《中国木版年画集成·拾零卷》"老河口年画总概"认为，"老河口木版年画将河南木版年画与均州年画相糅合，形成了具有地域特色的老河口木版年画。"如果套用这个表述，笔者认为赊店木版年画是将河南木版年画，尤其是朱仙镇木版年画，和南派木版年画糅合，形成了具有豫西南地域特色的木版年画，是中国木版年画南北之间过渡类型的重要代表。从地理空间上来讲，社旗位于中国南北分界线秦岭－淮河一线，在气候上属于暖温带，四季分明，水陆交通便利，宜居宜商，是中国"万里茶道"的重要节点，南北商贾往来于此，南北文化于此交流，社旗古镇的山陕会馆即是明证。从文化的内涵上来讲，社旗文化是南北文化融合的一颗明珠。社旗独特的地理位置使其容易受到北来的中原黄河文化的熏陶，又能接受南来的长江楚文化的浸染，因此社旗文化呈现出文化发展的多样性、混杂性和融合性，具体到赊店木版年画，就是主要受到中原朱仙镇年画的影响，同时接受了古均州年画（武当山年画）的洗礼，因此呈现出文化的多样性、杂交性、融合性和过渡性。从年画的内容上来讲，赊店木版年画题材既有钟馗像、关公像、和合二仙等，又有苏州桃花坞题材的"一团和气"等，在题材内容上同时传承了南北木版年画，承载了南北文化的积淀。可以说，南北木版年画风云际会，共同烘托起了独特的赊店木版年画（其实老河口木版年画同样表现出了中国木版年画南北间的过渡特征，因此也是中国木版年画南北之间的过渡类型的重要代表）。

五、要进一步研究的问题

本研究仅仅梳理清楚了赊店陈氏木版年画的传承谱系，基本澄清了赊店陈氏木版年画和老河口陈氏木版年画的关系，初步论证和试图确立赊店陈氏木版年画在中国木版年画中的特殊位置——中国木版年画南北之间的过渡类型的重要代表。笔者需要进一步调查研究，从赊店陈氏木版年画的题材内容、制作工艺等来考察其过渡类型特征，并且与其他典型的木版年画进行比较和鉴别,来确定其在中国木版年画的独特位置。笔者还要通过进一步调查研究,并借鉴中国其他年画发展的经验和做法,探索赊店陈氏木版年画传承和发展的方法和路径。

春节祭拜家堂画习俗变迁与家族观念

于奇赫①

春节是中国一年之中最为重要的传统节日,也是人们团聚的日子。临近春节,家庭的成员不论外出离家多么远,也要尽最大努力在除夕夜之前赶回家与家人团聚。家是中国传统文化的重要组成部分,也是一个社会中最小的基层单位。《管子·小匡》说:"公修公族,家修家族。使相连以事,相及以禄。"②所以建立家族之后最为重要的事情就是维系整个家族。家族维系的纽带主要分为四类:第一类是以天然的血缘关系为基础的血缘纽带,这是家族形成的重要基础。第二类是以家族内部制度为依据的制度纽带。第三类是以家谱、牌位、祖宗像与家堂画为连接的物质纽带。第四类是传统节日、祭祖活动与红白喜事等重大活动的仪式纽带。这四类纽带在春节期间通过一种叫作"请家堂"的仪式同时发挥作用,促进家族成员间的交流、沟通并巩固家族的传统。春节年复一年,家族又添新丁。但是物质纽带历经家族迁徙、战争与思想政治运动,往往很难被完整保留下来,或者是人们不再遵循以往的传统去使用它们。随着时代变迁,将"请家堂"作为春节祭祀的传统虽然延续至今,但是地区范围不断被分割与缩小,随之而来的则是家族观念的淡漠。

一、春节祭拜家堂画:家族制度的视觉巩固

春节祭拜家堂画的习俗在山东地区也叫"请家堂",是一种全体家族成员除夕夜在家族祖先画像前遵照一定的仪礼所进行的祭祀活动。家堂画又称"家影""影""族影""轴子""嘱子"和"悬挂式家谱",是过去乃至现在中国许多地方和世

---

① 作者简介:于奇赫,男,1993年1月出生,现就读于上海大学上海美术学院,研究领域为美术考古、民俗文化、视觉文化与博物馆学。
② 冯国超编.管子.长春:吉林人民出版社,2005年,第175页.

界各地华人文化圈中春节祭祖必备的器物。① 龙圣在《明清杨家埠家堂画及其祭祀内涵的演变》一文中,将家堂祭祀的对象分为土地、祖先和家堂神三类。② 明清时期,土地、祖先和家堂神都得到人们的祭祀,但是现在人们主要祭祀的是自己的祖先,所以本文主要探讨以祭祀祖先为主的家堂画。

  家堂画不同于一般的祖宗像(图 1),在尺寸形制、悬挂时间、悬挂地点等方面与一般的年画有着很大的差异,大幅的家堂画宽约 2 米、长约 3 米,小幅的家堂画长约 1 米、宽约 1.5 米。家堂画在春节前夕被悬挂于正屋中堂,旁边挂有一对祭品立轴或楹联,前方供桌上摆满祭品,建立起一个祭拜祖先的神圣空间。家堂画综合了祖宗像与家谱的特点,具体起源时间已经不可考证。笔者认为湖南长沙马王堆 3 号西汉墓中出土的汉代宗族等级关系图像与后世的家堂画有一定的联系。这幅和"丧服"制度中亲属关系有关的图像与带有祖宗像的家堂画都具有宗族观念:祖宗即为"宗",其他人为"族";"宗"有着明确独立的图像与文字,居于院内正中上方,而"族"只有文字,形制上一样,只有等级上的区分,围绕着"宗"进行排列;"宗"享有着供奉,而"族"需要供养"宗"。③ 可见,家堂画中所蕴含的历史底蕴十分深厚。现存家堂画实物多为清代及民国时期的画作,可以推测其诞生的时间不晚于明代。家堂画大多为纸质,由木板印制,在山东潍坊的高密、河南的滑县、山西运城的绛州与江浙地区都发现了这一题材的木版年画。

  中国有着悠久的祭祀祖先神灵的传统。《左传》记载:"敬在养神,笃在守业。

图 1　清代彩绘家堂画　　图 2　滑县木板家堂画　　图 3　"三代宗亲"木版年画　　图 4　民国时期的家堂画

---

① 刘振光.论高密年画"家堂"所蕴含的文化信息.齐鲁师范学院学报,2012(4),第 19 页.
② 龙圣.明清杨家埠家堂画及其祭祀内涵的演变.中国艺术人类学国际学术研讨会论文集,2013 年,第 882~885 页.
③ 于奇赫.山东地区家堂画的艺术特色及文化内涵研究.美与时代(上),2016(3),第 42 页.

国之大事,在祀与戎。祀有执膰,戎有受脤,神之大节也。"①说明祭祀天地与祖先是一个国家的头等大事,还专门为祭祀定制特殊的器物、准备繁缛的礼仪及建造恢宏的建筑。《礼记·曲礼下》记载:"天子祭天地、祭四方、祭山川、祭五祀,岁徧。诸侯方祀,祭山川、祭五祀,岁徧。大夫祭五祀,岁徧。士祭其先。"②所以对于士人阶层来说祭祀的对象主要是自己的祖先。宋代《梦林玄解》说:"家主中溜,而国主社。中溜者,即家堂之谓也,家堂之神为五祀之主。"③可见,宋代就已经在家中正堂祭祀祖先了。明代祭文称:"所请尊魂,一魂请归天堂,逍遥快乐;二魂请归家堂,时享春秋祭祀;三魂请归墓内,荫子荫孙,出富出贵,昌隆后代,万代兴隆。"④"祖先崇拜是鬼魂崇拜中特别发达的一种,凡人对于子孙都极重视,所以死后其鬼魂还是想在冥冥中视察子孙的行为,或加以保佑,或予以惩罚。其人在生虽不是什么伟大的或凶恶的人物,他的子孙也不敢不崇奉他。祖先崇拜遂由此而发生。"⑤明清时期,一个人犯了大罪,往往都要"株连九族",这种连坐制度就使得族内要重视律法,相互告诫、监视。所以在民间,祭祖观念也深深融入人们的血液中。

家堂画的图像有一定的程式,但也有很多的变化。早期的家堂画应该是没有人物形象的,只是简单的表现庭院建筑与家谱性质的记录(图2),到了后来融入年画的形式(图3),画面里才出现了人物形象,才渐渐形成了我们目前所看到的家堂画。家堂画的布局都是由大门把画面分为院内和院外两个部分,有的家堂画又将院内分成正房和空地两部分。在正房处会绘制一对老年夫妇,象征着本族的祖先,有时候也只是画上牌位来代替。在祖宗画像前面有一供桌,上面摆放着贡品及祭祀器具。连接正房至大门的甬道两旁的院内空地部分是用来记录家族姓氏的方格,相当于简单的家谱格子,非常整齐,族人名字也是按照"男左女右,从上到下"排列的。大门的外面相对热闹、活泼,两侧有中国传统的大石狮子,后期家堂画出现了角门,人分为左右两组,左边一组画有身穿明朝官服的人,另一组画有穿着清朝服饰的人,画面里还会出现儿童手持玩具嬉戏、书生作揖等形象。民国时期家堂画里的人物形象也随着时代发生了改变(图4),画面中的人们穿着长衫马褂、戴着黑色礼帽,富有时代气息。

春节祭拜家堂画并举行仪式,目的是召集家族成员聚集,其核心观念是中国

---

① 孔子,左丘明.春秋左传.哈尔滨:北方文艺出版社,2013年,第302页.
② 鲁同群注评.礼记.南京:凤凰出版社,2011年,第29页.
③ 邵雍.梦林玄解·卷十五·梦占.明崇祯刻本.
④ 陈继儒.捷用云笺·卷六·秋祭墓文.明刻本.
⑤ 林惠祥.文化人类学.北京:商务印书馆,2005年,第245页.

传统文化中的"礼"。司马迁在《史记》中指出："故礼，上事天，下事地，尊先祖而隆君师，是礼之三本也。"①相比抽象的"天与地"的概念，祖先是后人在祭祀的时候最为明确、最具有感情的对象，所以家堂画也是为了强化"礼"的概念而精心制作的。"礼"把"宗"与"族"、过去与现在、死者与生者联系到了一起，"宗人将有事，族人皆侍。"②家堂画上的古人形象与真实存在过的人名使得人们的头脑中产生出了一个超越时间与空间的家族团聚幻象。在中国历史上外族政权统治时期，祭祀祖先对于强化汉族的民族观念起了很大的作用。家堂画相比只有文字叙述的家谱和立在供桌上的牌位来说，用具象的图像给后人呈现一个明确的祖先形象。《礼记·祭义》中说，在祭祀祖先时，需要后人在祭祀的过程中自己努力唤出祖先。所以，祖宗像的出现是把这种人们脑海中的心理影像，用明确的祖先的形象表示出来。家堂画作为一个二维的平面图像，却能与供桌贡品组合，在家中营造出一个三维的、带有神圣意味的空间。这其中蕴含的是一种亲疏有礼、孝悌为行、长幼有序、雍雍穆穆的儒学思想与伦理观念，画中的姓氏排列也透出强烈的儒家等级观念。家堂画把祖先们居住的地方同后代居住的地方连接起来，成为沟通数代人思想的大门，也成为宣扬儒家礼教的一个范本。当子孙后代集合在一起进行祭祖仪式，瞻仰先祖画像并寻找自己在整个家族中的位置的时候，"人们的家族感最强烈，因为活着的人觉得祖先实际是和他们在一起的"。③ 柳宗元在《监祭使壁记》中写道："圣人之于祭祀，非必神之也，盖亦附之教也。"④家堂画的功能也不是在于祭祀，而是一种教化。相比七月十五的请家堂活动，春节期间的请家堂仪式具有凝聚向心力、增进成员感情和心灵慰藉的功能。⑤

家堂画之所以在春节期间能够在视觉上对中国家族制度进行强化，其原因有三点：第一，家堂画的尺幅较大。相对于册页装帧、需要连续翻阅的家谱，家堂画将所有族人的名字置于同一平面，能够一次性浏览所有族人的名字，这样就将族人的繁衍轨迹、辈分联系全部展现出来，条理清晰，简洁扼要。第二，家堂画采用图文结合的方式。家堂画上图像表现的都是古代的建筑、服饰与院落规制，能将观者带回家族祖先生活的时代，图像在视觉上要比文字表现更为直观，并且便于家族各年龄段的人理解。第三，家堂画具有传承性，修改的难度要比家谱大一些。家堂画最多可以记录十几代人的姓名，所以保存较好的话可以使用数十年。

---

① 司马迁.史记.北京：中华书局，2007年，第1376页.
② 陈立.白虎通疏证.北京：中华书局，1994年，第393页.
③ 杨懋春.一个中国村庄——山东台头.南京：江苏人民出版社，2012年，第47页.
④ 柳宗元.柳宗元集校注.尹占华，韩文奇校注.北京：中华书局，2013年，第1709页.
⑤ 郝英霞.村落"家堂制"祭祀及其社会功能.兰台世界.2012(27)，第21～22页.

家族把家堂画托付给年龄长、威望高的族人保管,除非是家道中落或者出现意外,否则不会像手卷画那样可以随意交易,轻易示人。家谱经过历代的翻修、添加之后,里面的信息的真伪需要考证,但是家堂画保存数代的名字,不便于涂抹,所以家堂画上的信息较家谱来说更为可靠一些。第四,家堂画具有神圣性。"神圣事物总是某种超凡脱俗的东西,凡俗事物不应该也不能与之接触,否则自己就不可能安然无恙。"①家堂画是祖先精神存在的物质载体,平时不用时都要仔细存放起来,不能像手卷画那样随意打开观赏,在春节期间使用也要举行复杂的仪式,是家族中供奉的圣物。

二、20 世纪初与 20 世纪末的春节祭拜家堂画仪式

1924 至 1932 年间,日本摄影师岛崎役治在中国拍摄了大量的建筑景观与人文风俗的照片,在将照片整理并拟定主题后以《亚细亚大观》的形式按月发行,每回(期)含 10 张照片及相关的背景文章。② 在《亚细亚大观》第 3 辑第 9 回中,我们就看到了岛崎役治镜头下中国人在春节祭拜家堂画的场景。《亚细亚大观》第 3 辑第 9 回是日本昭和二年也就是 1927 年的 2 月发行的,那一年的中国春节恰好是 2 月 2 日,所以可见这一主题是应景而拟的。虽然这组新年的照片没有记录拍摄地点,但很有可能是岛崎役治在北京拍摄的。该回的主笔是卧龙庵,照片题目虽然写的是"佛坛的供物·其一"(图5),但是他也提及了这实际上是"挂祖先图坛"的场景。家堂画左右两侧贴着宗祠通用的对联"水源木本承先泽,春露秋霜启后昆",上面的横批是"慎终追远"。墙上的家堂画被桌子上的五供器具、福禄寿塑像和花卉供品遮住,但是我们还是能看到最上方的牌匾"木本源流"与下方右扇门上贴的"孝子贤孙",并且从空白的格子中可以看出这件家堂画还没有被过多使用,很有可能是新购置的。按照龙圣的家堂画祭祀对象辨识方法,照片中家堂画中出现的老夫妇形象没有戴神帽神冠,也没有光圈笼罩在头部,所以应该是指代祖先的形象。③

图 6 的名称是"祭奠祖先",我们能看到家堂画的供桌左右各有一个套着盘金绣的狮子滚绣球椅套,供桌上的蜡烛已经点燃,说明仪式刚刚开始。卧龙庵认

---

① 爱弥儿·涂尔干.宗教生活的基本形式.北京:商务出版社,2012 年,第 50 页.
② 杨红林.九一八事变前后日本间谍在华摄影活动——以岛崎役治为个案的考察.中国国家博物馆馆刊,2014(8),第 127 页.
③ 龙圣.明清杨家埠家堂画及其祭祀内涵的演变.中国艺术人类学国际学术研讨会论文集,2013 年,第 885~887 页.

为这个场景是"接神的礼节完毕后,去拜佛坛,迎接龙神的下凡,再去拜祖先坛","普通人家就用裌图祭祀,白色部分是书堆积起来的,代替祖先牌位,写入他们的名字。"他还特别强调"家族人必须聚齐拜,不全员参加就不能成功"。① 照片中一个穿着清朝官服的人跪在家堂画前,旁边十分恭敬地站着一个男子、两个女子与两个孩童。对比拜佛堂的照片可以推断,靠近家堂画的身着锦缎的年轻女子可能是这位官员的妻子。岛崎役治在中国拍摄时已经是民国时期,所以图中的男子很可能是清朝的遗老。图7的名称是"祭拜财神",我们看到左右的对联是"汉寿亭侯英名千古,商朝宰相福禄万年",上悬挂木匾"督财府"。对比这两幅图片我们可以看出祭祀家堂画的空间布置与祭祀财神的空间布置几乎一致,所以可以看出当时人们已经将祖先与神同等对待。

图5 佛坛的供物·其一　　图6 祭奠祖先　　图7 祭拜财神

从这两张照片中,我们能看到民国时期祭祀家堂画时的空间布置,而具体的仪式细节也被保留到了现在。王庆安在《请家堂纵横谈》一文中写到在除夕的下午就要将祭祀家堂轴子的空间布置好,"桌两边分别放一些椅子——讲究的要放太师椅,没有条件的放条凳或小板凳亦可;这些座位系为'家堂'而设,'家堂'未被'送'走以前,任何人不得在此落座,否则便是大不尊,严重的甚至会由此反目成仇。"② 这与岛崎役治镜头下的民国时期请家堂布置完全一致。王庆安所叙述的请家堂的供品是由女人们布置的,品类也与照片中的基本相似(图8),但是没有提及鲜花与福禄寿塑像。在供奉家堂画的时候,人们认为祖先也在享用供奉的祭品。所以家堂画在人们的眼中已经不是简单的图像,而是祖先存在的物质载体。

"请家堂时,只带香、烛、纸、饯行酒、鞭炮,到村头,在通向祖坟(俗谓林)的路

---

① 亚细亚写真大观社编辑.亚细亚大观,1926年第3辑,第144页.
② 王安庆.请家堂纵横谈.民俗研究,1992(1),第81页.

口举行仪式:先将放有折子的传盘(或簸箕)置于路中心,由主持仪式者在传盘前焚香烧纸,将饯行酒缓缓浇于纸燃处,然后率众男子(多为同辈和晚辈)跪倒,叩头,并念'请列位祖宗回家过年'之类言语,然后端起传盘回家(一般不回头),其他人则在端起传盘的同时点燃鞭炮。俟家堂(即传盘上的折子)一进家门,就算'请'回来了。此时要在门外地上横放一木棍,谓拦门棍,一防野鬼进家与家堂争食供品,二防新丧之鬼回自家作祟。债主也不再到上了拦门棍的家里去要债。"①《亚细亚大观》第3辑第9回中还有一张照片,是穿着清朝官服的男子在家门口烧香(图9),应该也是请家堂仪式中的一个环节。李亦园认为祭品代表了人们对于超自然的感情的程度。祖先对别人家来说是鬼,但是在自己家却被视为神明,反之亦然。②"拦门棍"在请家堂中的作用就是要辨识自己的祖先。

图8 佛坛的供物·其二

图9 接神

鲁中南山区农村在吃完团圆饭后还有"串香"的习俗,也就是村中举行和参与请家堂仪式的人互相串门拜访进香。"串香之后,长辈们即回到自家陪家堂。因有青年人在场,且无外人,所以往往成为施行家教的理想场所。家教讲演的内容多以礼仪为主,例如如何做客,如何陪客,如何敬茶、敬烟、点烟、敬酒,如何参加婚丧大礼,等等;也有相当一部分怀念已故祖宗中佼佼者的历史、宣传自己家族荣辱史的内容。因在年关,又在祖宗面前,气氛庄严而亲切,讲述者和听讲者都深受感染,感情诚挚,发自肺腑,所以往往有惊人的教育效果。家教之后,人数减少,许多人开始觉得无聊,于是有赌博之举。"③就像莫尼·卡威尔逊认为的:"仪式能够在最深的层次揭示价值所在,人们在仪式中所表达出来的,是他们最为之感动的东西,而正因为囿于传统和形式,所以仪式所揭示的实际是一个群体

---

① 王安庆.请家堂纵横谈.民俗研究,1992(1),第81页.
② 李亦园.我的人类学观:说文化.周星,王铭铭主编.社会文化人类学讲演集.天津:天津人民出版社,1997年,第61~70页.
③ 王安庆.请家堂纵横谈.民俗研究,1992(1),第81页.

的价值。我们发现了理解人类社会基本构成的关键所在——对仪式的研究。"①初一白天女子们会到各家叩头拜家堂,下午是送家堂的时间。送家堂时的礼仪与祭奠亡者的仪式相似,这里不再赘述。

三、祭拜家堂画仪式的衰落与家族观念的淡漠

春节期间,在中国的南方与部分少数民族地区大大小小的宗祠内,我们还能看到保存完好的祭祖仪式,而北方地区则将春节简化为除夕年夜饭包饺子、十五放烟花的娱乐休闲活动。在家中设置供桌、悬挂家堂画的传统只有在辽宁西部、河北省东南部与山东省中部地区的村落可以见到,更多的家庭缅怀先人的方式是将已故父母的照片取出并供奉一些食物与酒水。亲人照片与家堂画的功能并不能等同:第一,反映亲人容貌的照片会直接刺激人的大脑产生悲伤的情绪,而家堂画则是以一种更为温和的祖先的形象面对后人,所以人们在春节期间祭拜家堂画的时候不会因过于怀念亲人而导致情绪不稳,图像将影像给人带来的刺激降到最低。第二,亲人照片只能展示一代人的肖像,不能够将连续几代人所构成的家族进行展现。家堂画能够展现家族不断壮大的过程,是一种亲族观念的延续;亲人照片只能维系家庭观念,而不能形成完整的家族观念。

（一）城市居住户型与家居软装观念的变化

祭拜家堂画仪式衰落的原因首先是居住户型的变化与软装观念的革新,使得家堂画与现代居住环境难以融合,相应的仪式也就一并舍弃了。纵观中国早期的建筑,大多数平民都居住在进门不远处就是正堂、两侧为厢房的简易四合院式的平房内,而大户人家则有更为完整的一进院与二进院之分。皇帝的宫殿更为复杂,但也是按照平房的基本布局结合亭台楼阁进行扩大建设的。周代的凤雏宫奠定了四合院的居住模型,这种居住模型一直延续至今。这种平面的房屋布局有利于家堂画的悬挂,从而达到敬祖佑后的目的。但是随着大中城市的地产开发商纷纷推倒平房,建设联排楼房,城市化进程势不可挡。而新的户型设计也由过去单一的布局发展为平层、跃层、错层与复式等,并且户型的变化增多。由于中国人口的增加,一个四合院也被分为几户,这些因素彻底改变了家堂画原有的场域。伴随着居室户型的变化,人们的软装观念也发生了巨大的改变。欧洲、日本、韩国的室内设计通过互联网、杂志与电视剧传入中国,欧式、简约、日式

---

① Wilson Monica. Nyakyusa Ritual and Symbolism. American Anthropologist,1954,p2.

的设计吸引了人们的眼球。现在长三角地区的农村以罗马柱子、水晶大吊灯和金色大门作为成功人士的象征,而在室内悬挂家堂画与设供桌则被人们认为是老旧、过时的习俗,纷纷抛弃。最终家堂画失去了其原有的物质空间基础,无法适应现代人们的审美变化。

（二）祖先崇拜与封建迷信思想的混淆

中国祭祀的历史悠久,从牛河梁、殷墟、三星堆等遗址的发掘,到明清时期的稷王庙、太庙、天坛、地坛、日坛与月坛建筑群,再到史书中记录的各朝帝王节日活动,中国的祭祀活动到清代一直未曾断绝。但是随着中国的历史步入近代,西方的坚船利炮不仅打开了中国现实中的国门,西方的民主科学思想也一直在挤压中国传统文化思想的生存空间。新文化运动和"五四"运动对中国的传统文化不由分说地进行批判,将传统文化与"落后、愚昧、封闭"画上等号。李大钊激进地认为"取由来的历史,一举而摧焚之,取从前的文明,一举而沦葬之",只有这样,才能"孕育青春中国之再生"。① 陈独秀也认为：“无论政治学术道德文章,西洋的法子和中国的法子,绝对是两样,断断不可调和牵就……若是决计守旧,一切都应该采用中国的老法子,不必白费金钱派什么留学生,办什么学校,来研究西洋的学问,若是决计革新,一切都应该采用西洋的新法子,不必拿什么国粹,什么国情的鬼话来捣乱。"② 新文化运动将封建家长制视为文化糟粕予以批判,将祖先崇拜视为愚昧信仰置于科学的对立面,导致了家族伦理道德的颠覆。家长制虽然是封建宗族制的延伸,强调家长的绝对权威与至高地位,确实有其弊端,但是初涉世事的年轻人如果极力挣脱家庭观念的束缚,从长远来看无益其身心的健全与发展。1966年6月1日,《人民日报》发表了题为《横扫一切牛鬼蛇神》的社论,提出"破除几千年来一切剥削阶级所造成的毒害人民的旧思想、旧文化、旧风俗、旧习惯"的口号。③ 1966年召开的中共八届十一中全会通过了《中国共产党中央委员会关于无产阶级文化大革命的决定》,进一步肯定了破"四旧"的提法。由于文件中并没有说明什么是"四旧",所以祭祀祖先的思想也被"红卫兵"列为"封建残余"与"牛鬼蛇神"。家堂画在这一时期也被列为"四旧"进行集中焚烧④,并且随之消失的是几代人的集体记忆与家族成员精神寄托。虽然近年来国家对传统文化的保护力度不断加大,恢复了祭祀孔子、黄帝、稷王、妈祖与

---

① 李大钊.《晨钟》之使命——青春中华之创造.晨钟报,1916年8月15日.
② 陈独秀.今日中国之政治问题.新青年,1918(1),第3页.
③ 何立波.破"四旧"风潮的前前后后.党史文苑,2006(3),第14页.
④ 沈泓.寻找逝去的年画——高密年画之旅.长春:吉林人民出版社,2007年,第53页.

宗祠的活动,但是被烧毁的家堂画已经无法凭借记忆复原,很多家族的历史联系已经被永久地切断了。

(三)城乡人口流动曾多与住房限制

随着改革开放与城市化进程的加快,城市与农村中的家族都发生了深刻的变化。一方面,随着新农村建设与精神文明建设的开展,农村居民以城市居民的生活方式为榜样,并且希望自己的后代能到城市居住,那么也必然要适应城市中的诸多习惯,此时的城市已经看不到家堂画的影子了。进入城市的人口受到城市文化多元价值观的影响后,对自己家乡的传统文化的信心和情感也会越来越淡。年轻的一辈很少有愿意主动承担"请家堂"仪式的,城市中的人们都在通过网络看世界、看新鲜事物与追逐潮流时尚,年轻人的思想行为终究要受到城市价值观的影响。现在很少有年轻人过春节时,在自己的微信朋友圈发家人叩拜家堂画的场景,因为他们的潜意识会认为微信中的朋友们看了后,觉得自己来自愚昧、落后的农村,所以春节祭拜家堂画的仪式反而在自媒体发达的今天难以传播。年轻人只有看到别人家举行"请家堂"仪式时才会发朋友圈,他们只是以一种"看热闹"的心态将自己努力地逃脱当地的文化束缚而成为一个旁观者。另一方面,人口的流动导致大城市的居住空间缩小,伴随着房价的不断升高,很多年轻人在城市中的居住面积小,并且会因为房价而迁移,不可能再去考虑悬挂祖宗像之类的物品来祭祖,只能依靠手机来维持家族联系。在这样的环境中成长的一代若干年后在城市中定居,在邻里关系容易变得生疏或是紧张的时代,原有的家族观念也会被逐渐淡忘,随着后代的繁衍、成长与城市的发展,家族中形成的一些传统也会最终丧失,那么家堂画存在的精神基础也就彻底崩溃。

春节期间祭拜家堂画的衰落导致家堂画视觉强化的功能减弱,在一定程度上导致家族观念的淡漠。我们不能断定祭拜家堂画的家族在情感上就一定会不分彼此、团结和谐,反之就会貌合神离、相互猜忌,但是这种习俗的衰弱在一定程度上会影响人们对家族情感的认识。当今的虐待儿童、殴打老人、亲人对簿公堂等一系列社会问题,在某种程度上可以看作是家族观念淡漠的结果。没有了家堂画祖先视觉的呈现与复杂、庄严的"请家堂"仪式,人们不相信祖先会在天上看着自己,自己做什么事情也不会被人知道,进而肆意妄为。

家堂画在使用中会出现破损的情况,所以民间对家堂画会有持续的需求。正是基于家堂画实用性、纪念性和对家族制度的维系与强化作用,才使得祭拜家堂画的民俗习惯生生不息。由于手工制作的家堂画价格较高,所以目前商场上机器印刷的家堂画较为多见。虽然家堂画的材质和制作技术发生了变化,但是其

基本图式丝毫未变,电子图像原稿基本如实地反映了传统的家堂画图像(图13),

图10　河北衡水景县春节供奉的家堂画

图11　辽西小山村春节期间祭拜家堂画

图12　山东临沂柳子沟村佟氏家族家堂内景

图13　电脑设计的家堂画

其语境并没有随着社会的发展而发生根本的改变,仍旧发挥着强化家族制度的作用,实为难得。在"淘宝网"有数十家经营家堂画的网店,大多数是山东泰安、潍坊和烟台地区的人在经营,其中以泰安居多。在一家名为"和庆堂——吕村年画"的网店中,笔者注意到一件售价128～298元的"精品装裱家堂画"商品累计销售39件。① 在一家名为"衍如家菩"的网店中,笔者在一件家堂族谱世袭图的商品下发现两个有意思的评论:买家"多×××财"在2017年9月1日评论"特别满意,作为年轻人我不太懂这个家谱卷轴,是帮爷爷买的,爷爷看了非常满意,幅面够大,色泽够亮,质量够好,老爷子够满意,快递小哥服务也很好,太大了不好卷就不给大家展示了,值得购买"。买家"六×××生"在2017年8月24日评论"建议加说明书和填写方式,画看了不知道如何填写,所以建议你加印一些如

---

① 详见淘宝网店"和庆堂——吕村年画",2017年11月12日,https://item.taobao.com/item.htm？spm=a230r.1.14.1.5d6b3d8d2A6BT2&id=541793493226&ns=1&abbucket=11#detail

何填写的说明书"。① 这说明购买家堂画的人也并不知道其使用方法,大多是给家里年长的人购买的,人们购买家堂画的主要渠道还是市集。

伴随着现代都市文明的发展和网络电子技术的升级,越来越多的年轻人热衷于过西方的圣诞节、感恩节和情人节,在节日前后商场里随处可见精心布置的装饰品与打折促销的标语。在消费社会的语境中,阿里巴巴集团全力打造"双十一购物节",更是引得全球的商家跟风炒作赚个盆丰钵满。而"请家堂"这种春节期间的祭祖形式就显得过时与无聊。目前祭拜家堂的范围逐渐缩小,祭祀者的年龄也越来越大,只有河北东南部(图 10)、辽宁西部区(图 11)和山东中部地区(图 12)、南方某些地区依然坚持这一传统习俗。但是我们从图片中也可以看出祭祀器物的随意化、祭祀空间的杂乱,家堂画所在的空间神圣性被极大削弱。秦淮在《渐行渐远的家堂——对山东五莲县牛家官庄及周边村庄的考察》一文中结合自己细致的观察,从文化结构的改变、社会结构的变革与传统的"错位"三个方面把牛家官庄及周边村庄"请家堂"仪式和活动所发生的变化同社会历史变迁联系在一起②,逻辑清晰,富有深度。文中多次转引村民的话,"'请家堂'就是迷信,我现在的思想都转变了,何况年轻人!""人死了,就剩下一把灰,怎么能保佑子孙后代?""现在人们都想开了,孝敬老的应该在他们活着时对他们好,给他们吃好、喝好,比死后搞这些(请家堂)更实际,更有意义。"③"现在的年轻人根本就没有祖先的观念,家族意识很淡薄。一切向钱看。"④所以可以想象再过几十年,春节期间"请家堂"的仪式会成为非物质文化遗产被列入名录,坚守这一习俗的年轻人却只会越来越少。

---

① 两处评论均来自淘宝网店"衍如家菩",2017 年 11 月 12 日,https://item.taobao.com/item.htm? spm=a230r.1.14.6.5d6b3d8d2A6BT2&id=551054893540&ns=1&abbucket=11#detail
② 秦淮.渐行渐远的家堂——对山东五莲县牛家官庄及周边村庄的考察.城乡社会观察,2016 年,第 159—169 页.
③ 秦淮.渐行渐远的家堂——对山东五莲县牛家官庄及周边村庄的考察.城乡社会观察,2016 年,第 164 页.
④ 秦淮.渐行渐远的家堂——对山东五莲县牛家官庄及周边村庄的考察.城乡社会观察,2016 年,第 165 页.

城镇化背景下中原地区新型农村春节习俗与文化变迁

王砂砂①

春节俗称"过年",又称为"阴历(农历)年"。"年"的概念,最初的含义来自于农业,与农业生产有密切关系。《说文·禾部》曰:"年,谷熟也。"夏历产生于夏商时代,以月亮圆缺的周期为月且将一年划分为12个月,每月以不见月亮的那天为朔,正月朔日的子时称为岁首,即一年的开始,也叫年。年的名称是从周开始的,到了西汉才正式固定下来,一直延续到今天。但古时的正月初一被称为"元旦",直到中国近代辛亥革命胜利后,南京临时政府为了顺应农时和便于统计,规定在民间使用夏历,在政府机关、厂矿、学校和团体中实行公历,以公历的元月一日为"元旦",农历的正月初一称"春节"。② 中原文化博大精深,民俗更是丰富多彩。从河南春节民俗如祭灶、除夕、春联、饺子、爆竹、拜年等方面做研究,可以看出中原地区春节民俗活动内容和节日文化的变迁。

一、节日及习俗介绍

传统意义上的春节是从腊月初八的腊祭或腊月二十三的祭灶开始,一直到正月十五,其中以除夕和正月初一的活动最为隆重和热闹。在过年期间,中国的汉族和很多少数民族都要举行各种活动以示庆祝。这些活动均以祭祀神佛、祭奠祖先、除旧布新、迎禧接福、祈求丰年为主要内容。过年是百姓一年生活中最重要的节日,此时家家户户操办年事,富家杀猪宰羊、张灯结彩,贫者物质上不敢奢侈,但规矩是要面面俱到的。在河南,有着这样一首过年歌谣:

---

① 作者简介:王砂砂,女,1987年12月生,贵州民族大学人文科技学院助教,研究方向为民族文化产业。
② 巫肇胜.文化社会学视野下中国春节习俗与文化变迁.石家庄经济学报,2008(4).

二十三，祭灶官；

二十四，扫房子；

二十五，磨豆腐；

二十六，去割肉；

二十七，杀只鸡；

二十八，蒸枣花；

二十九，去打酒；

三十儿，捏鼻儿（饺子）；

大年初一儿，撅着屁股乱作揖儿。

……

这首过年谣既是河南地区民间过年的大事记，也是人们置办年事约定俗成的习惯流程，主要有祭祖接年、饺子测福、拜年贺岁、走亲访友回娘家、追远拜节、小年破五等民俗活动。

（一）祭灶

河南地区过年从农历腊月二十三开始，俗称"小年"，小年又称祭灶节、灶神节。祭灶，是一项在中国民间影响极大、流传极广的习俗。传说腊月二十三这天是灶王爷升天的日子，升天后需向玉皇大帝汇报这家人所做的善事或恶事。根据灶王爷的汇报，玉皇大帝将新一年这家人应收获的吉福和凶祸交到灶王爷之手。因此，灶王爷向玉皇大帝汇报后所带来的结果，对一家人具有重大利害关系，各家不得不重视。这天，家家户户于晚饭前为灶神设香案，供上灶糖和面做成的糖瓜等祭品，放鞭炮，称"送灶"或"辞灶"，祈求老灶爷"上天言好事，下界保平安"。在河南，典型的祭灶食品是灶糖和火烧。灶糖是一种又粘嘴又粘牙的麦芽糖，目的是为了粘住灶爷的嘴巴，希望他吃过甜食，在玉帝面前多进好言。火烧也是很有特色的节令食品，每到这天各家自己动手，发面、炕制火烧。人们把祭灶节看作仅次于中秋的团圆节，能吃到家里做的祭灶火烧，便会得到灶神的保护，来年家人就能平安无事。祭灶仪式多在晚上进行。祭灶仪式结束后，人们开始食用灶糖和火烧等祭灶食品。

（二）扫房子

"腊月二十四，掸尘扫房子"，即扫尘。关于扫尘在民间有两种说法：一种是传说灶王为玉帝督使，负责察看一家人功过，凡是有过者，要在墙上画记号，到年终腊月二十三上天汇报,初一五更接天旨后带天兵回民间按墙上记号进行惩罚。人们为了消除隐患,待打发灶王爷上天后的第二天,立即动手打扫房子,这就形成了"二十四扫房子"的习俗。另一种民间的说法是因"尘"与"陈"谐音,新春扫尘有"除陈布新"的含义,其目的是要把一切晦气、穷运等不好的东西统统扫出门。每逢这天,家家户户都要打扫房子,拆洗家中各种生活用品,打扫各房间院子,掸拂尘垢蛛网,疏浚明渠暗沟。这一习俗寄托着人们破旧立新的愿望和辞旧迎新的祈求。

(三) 磨豆腐

民谚称:"腊月二十五,推磨做豆腐。"中原地区有在除夕以前吃豆腐渣的习俗。据当地传说,灶王上天汇报后,玉帝会下界查访,看各家各户是否如灶王所奏的那样,于是各家各户就吃豆腐渣以表示清苦,避免玉帝的惩罚。这一天,家家户户将已经浸泡好的黄豆磨碎,揉沫过箩去渣,煮沸点浆成块,捞入筛子积压完成,事后将豆腐切小块放入加盐的清水里保存,供春节期间食用。虽然这仅仅是一个传说,但是可以看出当时乡村社会生产力低下,人们生活水平较低,同时,也彰显出先民勤俭节约的传统美德。

(四) 割肉

"二十六,去割肉",这天,村上家家户户开始准备柴火、支大锅、宰杀猪羊,同时集市上提供足够各家需求的新鲜猪羊肉。割肉者根据自己家财力量力而行,富有的人家备至正月十五,较为贫困的人家备至正月初五左右。在以前,人们生活水平有限,只有过年才有机会吃上新鲜的肉。

(五) 杀鸡

"二十七,杀只鸡",宰年鸡、赶大集,春节所需物品都在置办之中。之所以选择在二十七这天杀鸡,目的在于图个吉利。"鸡"即"吉",取的是字的谐音,有吉利、吉祥如意的意思。这一天杀鸡是有讲究的,不同地区有不同的习俗。一些地区杀好鸡,不在当天使用,而是放到除夕吃,且除夕不能吃完,要留一些慢慢吃,最好每顿饭桌上都有吃剩的鸡,为的是图吉祥,让吉利留在每一天且留得更长些,这样才算圆满。而在中原地区河南,这天宰杀好并炖熟的公鸡要在除夕年夜饭上吃,放在桌子中央且必须是整只鸡,不能切块。

(六) 蒸枣花

"二十八,蒸枣花",这天主要是打糕、蒸馍、贴花。"二十八,把面发",说的就是春节前的蒸年馍习俗。家家户户都在腊月二十八这一天发面、蒸馒头,若面发得好,也就预示着来年日子蒸蒸日上。这天,家里的长辈通常会蒸出造型各异的枣花馍来。枣花馍是人们用来祭祀的供品,象征着一年的幸福与团圆。每年蒸枣花前,小孩子总会被告知不能乱讲话,比如"完了""坏了"之类,都被视为不吉利。

(七)去打酒

"二十九,去打酒",前面几天食物准备就绪,那么接下来就是备酒。对于过春节的每家人来说,新的一年里,酒是不可缺少且极其重要的一部分。这里之所以是"打酒",是因为当时社会生产力低下,大多数人家只能过节时打些酒回家使用,平时则很少有机会享受。

(八)捏鼻儿(饺子)

捏鼻儿即捏扁食,大年三十一大早,家中女子和面的和面,盘馅儿的盘馅儿,然后围在炕边开始捏扁食。所包的扁食要足够三十晚上和初一早晨食用。扁食包好后,要先煮一锅,将煮好的扁食捞到小盘内(每个盘子两个),由主妇在家烧香点纸祷告列祖列宗"有话您先知,有饭您先吃,保佑一家平安,人旺财发"。另由家中男人用条盘端着到坟上祭祖,每个坟头放一小盘,燃炮叩头。这些事办完后,开始油炸酥肉、丸子、刀头等,凡是该过油的食物都要炸完。头一锅油炸食品要先拿出一些填入灶膛,让灶王初一五更回来吃。在河南,民间盛行包硬币扁食,在三十包扁食时,会将数枚硬币分别包在扁食里,待初一早饭时,谁要是能吃到硬币,就意味着新一年有福有运。

(九)贴春联、守岁

大年三十这天,家家户户开始贴春联、门神,门神像多为秦琼、大刀关公、敬德、五子登科等,同时还在门、墙、树、石磨、车、牲口槽目、桌子、衣柜等物上贴上代表平安、吉利、幸福等的春联。而民间最重要的活动还有除夕之夜守岁,民间传说三十晚上,只要熬夜等到老天爷的闺女打开南天门向人间赐福,新的一年就有福了。这晚,家里的主妇会摆好香案,供上祭品,通夜秉烛,上香5遍。当夜禁大声喧哗,以免惊动神灵;禁开箱柜,以免跑财;禁照镜子、拿梳子,以免见"鬼";禁见刀、剪,以免破家;禁扫地,以免金银外流;禁倒尿盆,以免污秽神灵。三十晚上要丢剩饭,叫隔年饭。初一早起也要丢剩饭,以兆吉庆有余。①

大年三十过后就是初一,也就是真正意义上的春节。新的一年到来之际,家家户户开门的第一件事就是燃放爆竹,以"哔哔啪啪"的爆竹声除旧迎新。天刚亮,人们都早早起来,穿上最漂亮的衣服,打扮得整整齐齐,出门去走亲访友、相互拜年,恭祝来年大吉大利。在中原地区还有这样一种风俗,如果家中老人去世,其子女三年不能随大家一块儿去拜年,应在年三十晚上单独去给长辈或关系不错的人拜年,要么就等初一拜年高峰期过后再单独去给别人拜年。② 中原地区是中华民族的发源地,过年的风俗不仅具有很强的代表性,深厚的文化底蕴和地域特性使其又有明显的独特之处。

二、快速城镇化背景下春节习俗文化变迁原因分析

城镇化(urbanization),又称为城市化、都市化,一般是指人口向城镇(市)集中,城镇数量不断增加、规模不断扩大,产业经济逐渐由以农业为主转向以工业和服务业为主,农村生活方式向城市生活方式转变的过程。20 世纪 80 年代以来迅速推进的城镇化进程,对我国各地区的经济与社会发展产生了深刻的影响,城镇化问题也开始受到社会各界的广泛关注。③

近年来,中国城镇化进程稳步前进,城市化水平也在持续上升,已经进入快速发展的阶段。快速城镇化加速了人口和地域向城市型的转化,这种变化在以农业为主的中原大地表现得尤为明显。随着城镇化的发展,中国农业也在不断地发生变化,从农业劳动者向商品生产者转换,从职业结构单一化向多元化转换,从传统观念向现代观念转换,农村居住形式的变化改变了传统农村民间习俗,甚至连春节这样一个重要的盛大节日也慢慢发生着变化。在快速城镇化背景下,河南地区春节节日习俗从根本上发生了质的变化,节日虽然依旧过,习俗礼仪也还存在甚至更盛大,但是却缺少曾经那份"热闹"。究其原因,可以从以下几个方面进行分析。

第一,青壮年大量外流,村落文化集聚力减弱。河南农村本是农业生产集聚地,但由于城镇化发展,一些农民失去土地,而迫于生活的压力,农民尤其是青壮

---

① 宋月丽.林州民间的春节风俗习惯.2013 年 1 月 12 日,http://www.henan100.com/lvyou/2013/231025.shtml,2016 年 12 月 20 日.
② 马卓昊.中原地区春节民俗研究.商丘职业技术学院学报,2008 年第 3 期.
③ 董素云.城镇化对三峡民族地区传统文化的影响.三峡大学学报(人文社会科学版),2012(4).

年农民离村外出是非常普遍的。河南新型农村家庭经济以及家庭的现实生活逐步商品化,地区传统文化赖以生存的地区农业经济的进一步衰落和现代工业经济入侵,许多本地传统文化(春节)的发展和传承面临巨大的挑战。例如,由于青壮年劳动力的大量流失和长期脱离农村,很多农村不再养猪,从而使得过年不再有杀猪习俗,在生活水平提升后大家更多的是选择过年到集市上买。更为突出的是关于过年的习俗和禁忌没有更多的年轻人学习和传承,使得过年的习俗仪式形在神不在。

第二,新型农村居住地域的改变,使得传统文化逐渐失去原有生存土壤。随着城镇化推进,加上河南经济的快速发展,居民多搬迁至新型农村居住房,使得生活地域发生了巨大变化。在城镇化发展进程中,周边村落合并到城中心,或者周边村落以中心村落集聚形成发展新城,使得更多的传统乡村人口流向城市,这样普遍的人口流动和迁移,带来传统文化原有的生存土壤和社会环境逐渐消失,传统文化难以完全传承。在现代化市场的影响下,人们有了更多接收外来的、新的文化消费品和节庆习俗的机会,从而不再满足于传统的过年方式,不再成群结队地开展民俗活动,更多的是追求时髦的文化节日,比如现在盛行的情人节、圣诞节等。同时,在过春节的形式上也变得多样而花哨,传统过年更注重家人的团聚,讲究过节习俗禁忌,比如大年初一,河南人闻鸡鸣而起,穿着新衣,有"开门爆竹",行"接年"或"迎财神"之礼,而后煮饺子,敬天、地、祖先后,全家共食。大年初一忌扫地、倒垃圾、动剪刀、大声喧哗等,这些春节习俗禁忌,在城镇化、现代化背景下越来越模糊,以至于在历史发展进程中慢慢消失。

第三,城镇化带来经济结构的变化,导致文化生存的经济基础被破坏。随着城镇化的发展以及消费市场向河南农村地区渗透和扩展,新型农村的消费结构发生了明显的变化。电脑、手机等个人或是家用电子产品的兴起,说明现代工业产品大面积流行,虽然极大地提高了农村经济商品化、现代化,但是也导致了原有地区农村经济结构的分崩离析。原有农村经济结构的消亡,必将导致传统文化赖以生存的经济基础被破坏。失去可持续发展的经济基础,新型农村不再依靠自给自足的生产方式生活,更多的是依赖于市场化需求发展。由于生产与生活的剥离,传统文化的生存和传承必然受到极大的挑战。例如,现代信息产品(如电脑、电视、手机等)的广泛流行,使得人们观看"春晚"的方式变得多样,过年文化活动不再局限于团体集聚而乐,更多的是选择和自己的手机"交流",选择通过手机、电脑、邮件等方式拜年、发压岁钱,使得传统春节文化活动被进一步边缘化,甚至在很多场合显得不合时宜。

三、对春节传统节日走向的思考

几千年来,传统乡村和城镇地区由于不同的生活方式和不同的文化背景有着不同的节日习俗。仅河南地区,春节习俗文化就存在着城乡差异。但是,在中国城镇化进程不断加速的情况下,中国乡村出现了就地城市化趋势,新型农村不断涌现,使得城乡家庭生产生活方式的差别逐渐减小,城乡二元结构在本质上将不再明显。在此基础上,作为依赖于农业生产生活而存在的春节习俗的影响力势必会被最大限度地削弱。

城镇化快速发展是河南春节文化变迁的重要因素之一,究其根本,在于新型农村快速崛起,更多的乡村被整合成新城或是就地城镇化发展加速,使得新型农村生产和生活剥离,从而带来生产方式的改变,进而从本质上影响了新型农村生活方式、生活理念的改变,也就是文化持有者对待文化态度的改变。春节节日文化之所以弱化,与人们对节日的文化内涵、节日活动程序和教育意义的认识不足有一定关系。因此,深入了解春节文化的传统、程序和各种禁忌等民风民俗,进行认真系统的整理调查研究,恢复民族历史记忆,复原春节文化的文化内涵和民俗文化活动,让更多人深入了解春节文化内涵变得重要而急迫。同时,还可以通过不同的方式来丰富春节节日文化活动,根据节日文化习俗和节日文化内涵来发展相关文化产业,进一步促进春节民俗活动"活态"传承。

城镇化视阈下少数民族地区春节文化的建设

——以侗乡新晃为例

杨雨点

城镇化是社会现代化的必由之路,它是指以农业生产为主的传统乡村社会向以工业和服务业为主的现代城市社会的转型,是人口和经济活动从乡村向城市聚集的历史过程。① 改革开放以来,我国城镇化进程不断加速,城市规模不断扩大,城镇化水平持续提高。据国家统计局公布的2016年多项宏观经济数据显示,我国城镇人口占总人口比重(城镇化率)为57.35%。2016年年底,我国城市数量达到657个。② 按照这样的增长速度,估计到2020年我国的城镇化率将超过60%。③ 城镇化的加速,不仅导致了大量传统村落的迅速消亡,还使得春节失去了节俗传承的特定空间,年味逐渐转淡。2011年,中共十七届六中全会审议通过了《中共中央关于深化文化体制改革、推动社会主义文化大发展大繁荣若干重大问题的决定》,相关规定使得春节年味的提升有着非凡的价值与意义。国务院参事室、中央文史研究馆等机构组织的高层次、高规格的研讨会在近年召开说明中央已将过好春节、年味浓淡提升到"国家文化安全"的战略高度。④

地处于黔头楚尾的新晃侗族自治县,侗族人口占80.13%。旧时,该地年俗活动丰富多彩,充满了侗族地区独有的民族文化特色。但近年来,该少数民族地区春节文化氛围的城乡差异正逐渐缩小,少数民族地域文化特色正逐渐淡化。如何更好地提升和营造侗乡新晃的年味,使少数民族地区的春节文化更加繁荣多彩,值得我们深入思考。

---

① 转引自张红利.我国传统城镇化的反思和新型城镇化的内涵要求.生态经济,2013(11).
② 国家统计局.城镇化水平持续提高,城市综合实力显著增强——党的十八大以来经济社会发展成就系列之九,http://www.stats.gov.cn/tjsj/sjjd/201707/t20170711_1511794.html,2017年7月11日.
③ 陈云松,张翼.城镇化的不平等效应与社会融合.中国社会科学,2015(6).
④ 转引自岳永逸.忧郁的民俗学.杭州:浙江大学出版社,2014年,第211~212页.

一、城镇化进程中侗乡新晃春节文化的变化

过去,在新晃农村,春节节期持续时间长,活动内容丰富,涉及祭祀、歌舞、游艺诸多方面。人们在农历腊月二十三就开始进入春节,新年的正月十五过后才算把年过完。如今,大量农村青壮年人口外出打工或者去城镇买房安家,当地的春节序曲开始得越来越晚,春节祭祀空间有所转移,节日节俗活动也在不断简化,春节节俗活动的民众参与度有所降低。下文将从春节祭祀仪式空间、春节节俗活动程序及节俗活动的民众参与方式三个方面探析侗乡新晃的春节文化在城镇化进程中的变化。

(一)春节祭祀仪式空间的变化

祭祀仪式一般要求于一定的空间内举行。过去,新晃侗族自治县的传统村落为春节期间的祭祀活动提供了得天独厚的仪式空间,这与侗族地区的传统民居构造与室内设计密不可分。如腊月二十三这一天,新晃的侗家人会在厨房的火铺(厨房里用来做饭或取暖的火堆)中备香纸和酒菜送"灶神上天"。民间相传,灶神为五祀之一,和门神、井神、厕神和中溜神共同负责一家人的平安。灶神特别受到侗家人的敬重,他除了掌管着人们的饮食、赐予人们生活上的便利外,还是一名被玉皇大帝派遣到人间考察一家善恶的神仙。他的左右随侍两神,一捧"善罐",一捧"恶罐",随时将一家人的行为记录保存于罐中,年终统计后再向玉皇大帝报告。腊月二十四这一天,灶神将离开人间,上天向玉皇大帝禀报一家人这一年来的所作所为,民间称"辞灶"。所以,侗乡新晃的家家户户都会在这一天"送灶神",祈求灶神上天在玉帝面前隐恶扬善,多说好话,保佑全家平安。在新晃侗家人心目中,火铺里那一堆永不熄灭的火是他们的灶,火神与灶神是一致的,是掌管人们烟火口福之神。① 其次,在新晃传统村落的春节祭祀仪式中,人们还会在"堂屋"(侗家人的客厅)等专门的空间内放置供桌、贡品,焚香跪拜并祈祷,祭祀者的心愿在这一神圣的空间里随着焚燃的香烛达及诸神。而现在,随着当地传统村落中的青壮年人口大量流向城镇,人们在城镇的商品楼房中居住,没有为举办祭祀、庆典等仪式留有专门的空间,他们最多在家中陈列摆放一张供桌,以家庭为主的祭祀方式变得单一。为了顺利举行相关的春节祭祀仪式,近年

---

① 杨先尧,蒲师术.新晃侗族自治县民族文化图录.北京:中国电影出版社,2016年,第288~289页.

来新晃城镇的很多居民也会前往庙会或当地的寺庙进香祭祀,将春节的祭祀仪式转移到传统村落之外的公共空间。① 但这与旧时的年味相比仍然冷清许多。

(二)春节节俗活动的简化

1. 忙年

过去,新晃农村地区在祭祀灶神的这一天(腊月二十三),会将家里彻底进行一次大扫除,俗称"扫扬尘",为迎接新年清理家里沉积一年的灰尘,特别是厨房火铺间屋顶的烟尘需要彻底清扫干净。接着,家家户户开始杀年猪"吃泡汤",忙于买年货、打糍粑、舂粉粑、做小米粉蒸肉和扣肉等,还会将早已经炕好的腊肉拿出来备用。说到杀年猪"吃泡汤"这项年俗活动,新晃农村地区素来就有杀年猪当日邀请寨中四邻及亲朋好友"吃泡汤"的民间风俗。"吃泡汤",一是讲究新鲜,二是吃刀口上的肉,三是吃猪内脏和猪血。寨子大的话要请三十大桌,按照辈分围坐在四方木桌旁,大家其乐融融,谈笑风生。侗家人说"二十八杀鸡鸭,二十九样样有",所以在年三十前会把所有过年的东西准备齐全,年味就是从这些准备活动的忙碌和讲究中浓浓体现出来的。现在,城镇化进程加快,新晃越来越多的农民进城打工或到城里做生意,所以无论是城里人还是农村人,过年的程序都在不断缩减。城镇中的居民由于购物方式的便捷以及快节奏的生活,更多会选择到市场上置办各种年货,而非如农村人那样亲手准备春节所需的各项物品,享受迎接春节的浓烈氛围。当然,许多新晃城镇地区的人们近年来也很流行去乡下过年,有的是走亲访友,有的是因为自己的老家在农村。

2. 守岁

腊月三十除夕夜(月小为二十九),新晃农村的各家各户会将房前屋后、楼上楼下再进行一次清扫,多在门框、窗前贴上大红对联(当年家有丧事者贴蓝色对联),使之呈现节日景象。年三十的上午准备丰盛的晚餐及祭祀物品,待至午后(一般在下午四时左右),设案陈列贡品敬奉祖先,然后阖家吃"团年饭",晚上就会"守岁"至天明。在这"一夜连双岁,五更分二年"的晚上,一家人围坐在厨房火铺上,边吃边乐,听老人家唠唠家常,讲讲故事,将茶点瓜果放一旁。②

近年来,随着新媒体的普及和智能手机的广泛使用,不管是在新晃城镇还是农村,大多数家庭都会选择在大年三十的晚上观看"春节联欢晚会",或者中老年

---

① 李国江.春节民俗的城乡差异探析——从城乡二元模式下的家庭切入.贵州民族学院学报(哲学社会科学版),2012(1).

② 杨先尧,蒲师术.新晃侗族自治县民族文化图录.北京:中国电影出版社,2016年,第288~289页.

人打麻将、年轻人抢红包,"守岁"不再是过去的"守岁"。很多经济条件较好的家庭甚至在年三十这天不在家里度过,而是去外地旅游。

（三）节俗活动民众参与方式的变化

学者岳永逸提到,传统的年味之所以还被人们常常惦记和想念,主要是因为在物质相对匮乏的年代,它促成人与人面对面的交流,那时的春节是每个人置身其中并被他人关注的参与性春节。① 新晃侗族自治县作为少数民族人口聚集区,经济并不算发达,地域也相对封闭。在新晃农村地区,"闹年锣"与"舞龙灯"是春节期间重要的文化活动,由老百姓自发来完成。"闹年锣""舞龙灯"几乎在每一个村寨都要进行,大年初四开始走村进寨。灯至,主人需放炮迎接,进家门后要以糖果和红米粑接待。有的人家还要办接灯酒,封红包。侗家的龙和灯连成一体,锣鼓为其开道。② 为了使春节文化活动更为丰富多彩,新晃侗族村寨的老百姓还会与周边少数民族地区的村民相互走访,邀约比赛。如新晃茶坪乡、凳寨乡就与毗邻的贵州三穗县雪洞镇、长吉镇一起联合表演过舞狮子、鏊锣鼓、赛龙灯。多个村庄的观众,伴随着乐曲翩翩起舞,尽情欢乐,偏僻的农村在百姓的自发组织下营造出了浓厚的年味。而在新晃城镇地区,许多文艺活动更多在政府的精心组织下进行。由中共新晃县委宣传部牵头,县文化局、文化馆、图书馆、民族歌舞剧团共同承办的"吉祥侗乡"闹年锣、舞龙灯比赛每年都会在新晃县城的夜郎文体广场举行,舞狮、踩花灯、傩戏、侗戏等数十种民间民俗文艺活动在城镇铺开。当地相关部门还会在春节期间征集春联,并为城市居民以赠春联形式送去新春祝福。这种政府主导的民众参与方式与农村自发组织的参与形式存在不同,民众的参与感不如人们自发组织来得强烈和主动。

二、关于少数民族地区春节文化建设的思考

2013年12月,中央城镇化工作会议采用文学色彩浓郁的"让城市融入大自然,让居民望得见山、看得见水、记得住乡愁"来强调新型城镇化建设的发展方向。③ 春节萌生于农耕文明,农村是传统春节习俗的承载场所。少数民族地区的农村"空心化"不仅仅导致了农村节日氛围的淡化,也间接影响了城镇节日文

---

① 转引自岳永逸.忧郁的民俗学.杭州:浙江大学出版社,2014年,第212页.
② 杨先尧,蒲师术.新晃侗族自治县民族文化图录.北京:中国电影出版社,2016年,第288~289页.
③ 转引自刘爱华.城镇化语境下的"乡愁"安放与民俗文化活动.民俗研究,2016(6).

化的发展。大量农村人口由于种种原因涌入城市,很多人并没有迅速融入城市,春节习俗的变迁,导致城乡年味普遍都在转淡。所以,笔者从以下几个方面思考侗乡新晃春节文化的建设:

(一)让年味始终根植民间

要保护好能够让新晃侗族自治县全民喜欢、接受、参与并释放情感的载体。只有民众真正喜欢,愿意参与,愿意投身其中,才能真正繁荣少数民族地区的春节文化,才能增加城镇化进程中城乡之间的年味。春节起源于农耕文明,产生于民间,就要让年味始终根植在民间。新晃侗族自治县过年的内容和形式在不断发生新变化,有的年俗保存下来了,有的却在慢慢消失。政府应该大力挖掘、推广新晃侗族自治县的春节文化活动,并与民间的真实需求相呼应,使春节文化根植肥沃的民间土壤,让团圆、亲情、参与、渗透等潜移默化的元素和设计给当地春节带来更多仪式感,让普通老百姓既能体会到传统春节的深意,在愉快的游玩中体验传统文化的魅力,又能够凝聚亲情、增进和睦。保持新晃县春节文化的强大生命力,才能使当地城乡地区年味更浓、更鲜活生动、更旺盛繁荣。①

2.发挥城镇主导作用

当前,我国城镇化步伐还在加快。信息化社会的繁荣,大交通网络的形成,已经使城市处在文化传播的中心位置。虽然新晃农村地区年味比城镇要浓厚,但是随着当地经济的发展,传统春节农耕元素的逐渐消失,城市与乡村文明在日趋同化,城镇和乡村的春节氛围差异会渐渐缩小。城镇生活的节奏把传统春节从腊月备年到正月过年浓缩在祭祀灶神到正月初三至初五之间,初七春节法定假期结束后,年味渐渐消失,年味持续总计不过十几天的时间。一些在外务工的农民也许在初三之后就要启程从农村老家回到城市。因此,我们应当立足城市对社会文化传播的主导作用,深入挖掘与升华春节的文化内涵,大胆创新并自觉为侗乡新晃的春节注入新质。改变现代人对春节虎头蛇尾的倾向,比如,每逢年底,从政府工作到各项应酬,从各项经济事务到商业营销,从社会活动到家庭琐事都要忙完。从政府或社会团体做起,简化春节前的应酬活动,继承新春全民同乐的优良传统,推进各项文化惠民工程。另外,应当利用起城乡各级政府掌握的文化资源,做好各文化场馆的建设和开放工作等。②

---

① 国务院参事室,中央文史研究馆.百家录话:怎样过好春节.北京:人民出版社,2011年,第309~312页.
② 转引自国务院参事室,中央文史研究馆.百家录话:怎样过好春节.北京:人民出版社,2011年,第139~142页.

（三）以地域特色为建设春节文化的基础

地方性春节文化传统的持续,关键在于地域文化的认同和地方民众的参与。新晃城镇居民已经简化了年俗的烦琐过程,形成了春联、寺庙祈福、红灯、文化惠民活动等具有春节共识性的符号,这些符号年复一年地重复。如何把春节共性的习俗与地域文化和新晃乡村文化融为一体,成为让年俗活动更加有声有色的需求。新晃侗族自治县作为少数民族气息较为浓厚的美丽侗乡,其侗族传统农耕文化、历史文化遗址、非物质文化遗产类民间艺术、特色饮食、乡帮文献等方面都具有侗族地区的地域特色。应当以少数民族地域文化为基础,充分挖掘整理少数民族乡土文化,用地方文化特色改变新晃城镇地区年味转淡的趋势,同时也让新晃乡村地区的人们更加认同自己的地域文化,热爱家乡,积极参与到年味的营造和建构中来。①

（四）实现城乡春节文化的同步发展与和谐

现代参与型的大春节观更希求城乡的同步发展与和谐,政府对活动的组织与设计,应当尽可能兼顾到每个群体甚至每个人,这显然是新晃侗族自治县提升城乡年味的瓶颈。新晃大多数村寨交通闭塞,公共设施不全,留守者多为"老弱病残幼",村组文艺骨干流失,财政收入有限,农村群众文化活动资金有限,意味着增强年味、过好春节任重道远,决不能仅仅片面谈如何过好春节。当地政府应当意识到,要保证从大年初一到正月十五每个城镇街道、乡村村落都能有具象的活动规划,城乡的男女老少能有活动的去处,有展示才艺和释放情绪的舞台。此外,过好春节不能只靠政府引导,社会各界也当有充分的文化自觉和主动参与的意识。首先,传统媒介和新媒体应自觉承担起营造能够体现社会主义核心价值观的春节舆论氛围的职责。其次,企业家等社会成功人士有责任和义务调动自己的资源为新晃春节文化贡献力量。再次,当地的一些民间组织和民间艺人,如新晃侗族傩戏"咚咚推"传人以及侗戏剧团等,要大胆自觉地走向春节活动的前台。更为重要的是,在新晃城乡的幼儿园及中小学,应该将这种春节文化教育从小抓起。春节正值假期,课本上不可能有太多关于春节的内容,所以教师们应该主动在节日前后的课内外活动中向学生们宣讲春节,这样就相当于为当地年味的打造提供了有源之水、有本之木。②

---

① 国务院参事室,中央文史研究馆.百家录话:怎样过好春节.北京:人民出版社,2011年,第142~144页.
② 岳永逸.忧郁的民俗学.杭州:浙江大学出版社,2014年,第221~224页.

三、结语

总而言之,提升新晃侗族自治县的年味,首先,要保护好新晃乡村地区的春节文化活动空间,发挥好城镇地区便民利民的引导作用,以少数民族地域特色为春节文化氛围营造的基础,有利于侗乡新晃实现春节期间的城乡文化互动。其次,还应在政府的引导下,发挥民间组织和个人对春节活动的主动参与性,使民众积极融入侗家新年的节庆氛围中,这既是提升新晃侗族自治县年味的不懈呼吁,也是少数民族地区春节文化建设的重要步骤。

神圣文化空间与城市生活的关系重构
——以琅琊山庙会为例

刘 敏

时间意识与空间意识规范着民族的生活节律,隐含着集体的世界观与生活哲学。春节是中华民族的时空坐标,民众通过民俗活动和空间改变对时间元点神圣化,表达了自己的文化诉求,体现了独特的世界观与审美观。而在春节的各种习俗中,以信仰活动最为神圣、盛大,[1]庙会是春节信仰活动的典型代表之一。琅琊山庙会是皖东地区历史悠久、规模最大、影响最广的庙会,也是滁州当地春节信仰活动的特色和亮点,于每年农历正月初九举办。随着社会经济的快速发展,传统的春节庙会逐渐衍生出具有鲜明时代气息的内容,成为以旅游休闲、商贾贸易和信息交流为一体的城市综合文化空间。可以说,这项春节信仰习俗在城市生活中已成为一道流动的风景线。因此,对琅琊山庙会在城市生活中的功能的分析和生存现状的思考,是需要引起社会各个阶层的高度关注的。

一、琅琊山的自然与人文历史环境

琅琊山自然环境优美,历史较为悠久,人文底蕴深厚。对琅琊山自然环境和人文历史进行描述和梳理,可以勾勒出琅琊山的整体面貌。

(一)琅琊山的自然环境

琅琊山位于安徽省滁州市的西郊,主要山体在琅琊区辖区内。平均海拔250米左右,主峰是小丰山,海拔300米,总面积近250平方千米。滁州市地理坐标为北纬31°51′~33°13′、东经117°09′~119°13′,东与江苏南京、扬州、淮安接壤,西与淮南、合肥毗邻,南与巢湖相连,北与蚌埠交界。滁州市临江近海,承东接西,区位优越,交通便捷,京沪铁路、合宁高速公路、蚌宁高速公路穿越市境,京

---

[1] 陈建宪.春节:中华民族的时间元点与空间元点.民俗研究,2010(2),第141页.

沪高速铁路、宁西铁路也在境内通过,滁河航运直达长江。

琅琊山地处江淮地区的丘陵地带,气候为亚热带季风气候,四季交替分明。琅琊山林壑优美,享有"蓬莱之后无别山""皖东明珠"之美誉。山上有琅琊榆、醉翁榆等珍贵树种,也有滁菊等特有植物,因盛产多种中药材而被称为"天然药圃"。琅琊酥、南谯西涧春雪等是该地主要特产。①

(二)琅琊山的历史文化

琅琊山拥有深厚的历史文化底蕴。琅琊山古称"摩陀岭",唐大历六年(771年),滁州刺史李幼卿搜奇探胜,听闻琅琊王司马睿曾率兵驻此,故称之为琅琊山,后因欧阳修的《醉翁亭记》而名扬天下。② 相传,欧阳修被贬任滁州知州后,山僧智仙新建一亭,欧阳修应邀题名并撰记。这篇《醉翁亭记》之所以千古传颂,就因为它抒写出了作者身处政治逆境而旷达高迈的三乐情怀——乐山水之美,乐百姓之乐,乐笔墨之得。③《醉翁亭记》也使得醉翁亭声名鹊起,成为中国四大名亭之首,获得了"天下第一亭"的美誉。

琅琊寺,始建于唐代大历六年(771年),鼎盛时僧人多达八百,这是一座集佛事与游览为一体的庭院式庙宇。全寺以大雄宝殿为中心,北边还有无梁殿(又名玉皇殿),属于明代的建筑形制。④ 无梁殿属于道教信仰,但是因为在佛教的势力范围内,故归佛教管理。自唐代佛教传入,统治阶级对佛教的推崇使得琅琊寺在唐、宋时期得到鼎盛发展。明朝在滁州设立"僧正司",琅琊寺的佛事活动再度兴盛。1949年后,随着国家宗教政策的实施,琅琊寺的佛事活动得到了弘扬。⑤

无梁殿位于琅琊寺东南侧,始建于东晋,重修于明代,亦称玉皇殿,据《琅琊山志》载"东晋琅琊王驻跸于此所建",《滁州志》载"梁柱以砖石为之,为诸殿之冠",明代重修时仿西洋式建筑而建造。该殿为灰砖垒成,门额有砖刻浮雕的龙、凤、狮图案,殿内供奉玉皇大帝、太白金星、托塔天王。无梁殿背靠巍巍大山,面对高耸入云的南天门,旁临潺潺流水的琅琊溪。每逢早晚,琅琊溪涌起云雾,无

---

① 滁州市琅琊山国家森林公园管理委员会.国家级非物质文化遗产名录项目申报书,2009年,第2~3页.
② 章沧授.千古吟赏地 琅琊堪称奇——琅琊山旅游文化的审美价值.滁州师专学报,2002(4),第82页.
③ 章尚正.醉翁亭与琅琊山——旅游名胜开发研究之一.安徽大学学报,1996(1),第73页.
④ 同上.
⑤ 滁州市琅琊山国家森林公园管理委员会.国家级非物质文化遗产名录项目申报书,2009年,第10页.

梁殿犹如一座大山仙宫,蔚为壮观。

1949年后,安徽省人民政府把琅琊山景区内的琅琊寺、醉翁亭和丰乐亭列为省级重点文物保护单位。1959年,省政府派出专家组在醉翁亭成立了"欧阳修之馆",主要是负责醉翁亭景区的维修和管理工作。20世纪80年代初,经安徽省人民政府批准,琅琊山管理处正式成立,管理处的职能是保护文化遗产、规划景区、修复古建筑等。80年代末,琅琊山风景区被列为首批国家森林公园,当地政府将其列为滁州地区正月新春文化娱乐活动的重要场所,对琅琊山初九庙会进行保护性发展。21世纪初,琅琊山获得全国首批"AAAA级旅游风景区"称号,景区内诸多小景点都得到了开发和发展,如境内的醉翁亭、野芳园、同乐园、深秀湖、琅琊寺、南天门、丰乐亭、清流关等景点。①

二、有关琅琊山庙会仪式的考察

春节作为最大节日,必然要全面展示人们的信仰,借此重申人与超自然力量之间的关系。民众一般信仰多神论,所以春节要祭拜的神灵很多。来自道教的玉皇大帝、土地神、城隍、龙王、财神、灶神、门神,来自佛教的佛祖、观世音,还有祖先的灵魂,都在祭拜之列。人们或者在家设立香案祭拜,或者到寺庙烧香祷告,祈求保护,祈求赐福。② 琅琊山庙会中最先供奉的主神是玉皇大帝,但道教信仰只是琅琊山庙会信仰兴起时的力量,后来在儒、释、道的力量角逐下,三教合一趋势在该地区愈发明显。如今依然是"三教并存"的现状,只是佛教力量占据了主导性地位。

(一) 琅琊山庙会的历史渊源

琅琊山初九庙会作为皖东地区历史悠久的、依托城市而发展的民间信仰和民俗文化活动,迄今已有1700年历史。庙会会期为每年的农历正月初八至初十,尤以初九这天最为盛大。琅琊山庙会最先是借助传说的力量得以兴起,据说,正月初九是玉皇大帝诞辰,"每逢此日,众多香客信士来寺院烧香拜佛,无论阴晴雨雪,不计路遥,奔赴寺院进香结缘,祈祷平安。"所以,依托传说的力量使得琅琊山庙会获得了合法的身份和地位,也借助传说的广泛传播而声名远扬。

道教在琅琊山的活动历史悠久,先于佛教的转播。早在东晋时就有道士隐

---

① 滁州市琅琊山国家森林公园管理委员会.国家级非物质文化遗产名录项目申报书,2009年,第11页.
② 陈连山.我的春节观.文史知识,2012(1),第13页.

居山中,琅琊寺外东北山坡上有玉皇殿,俗称无梁殿,"规制巍然,为江北诸殿之冠",与南天门碧霞元君殿、醉翁亭景区内玄帝行宫皆为道教的重要祭坛。宋、元、明时期道教发展较为繁盛,特别是明朝年间,滁州设立了道家管理机构"道正司"。明代开国皇帝朱元璋建都南京,每年都要派太子、大臣回凤阳老家祭拜皇陵,滁州是必经的重要驿站,琅琊山也是祭拜队伍的必去之所。为彰显国泰民安的盛世景象,明朝政府有意支持并认可琅琊山庙会这一活动,让民众聚会欢娱。琅琊山庙会由民间自发活动转为官方组织兴办,自此年年沿袭。此后每逢这日,众多的善男信女便来到山中,烧香拜神,祈祷平安,久而久之,便形成了琅琊山初九庙会。①

1949年后,传统的琅琊山初九庙会呈现出民间自觉性、活动多样性格局,被赋予民间信仰特性的琅琊山庙会得到延续、传承,每年吸引方圆数百里的民众不辞辛苦来赶庙会。"文革"期间,琅琊山宗教活动被迫中止,各种民间祭祀信仰活动均处于零星自觉状态。

改革开放后,各种支持民间文艺发展的新政策的出台,使得琅琊山庙会迎来了自身发展的新机遇。参加庙会活动的民众遍及江淮两岸,"前者呼,后者应,伛偻提携,往来而不绝",有上海、南京、扬州、蚌埠、合肥等诸多城市的市民,蚌埠到南京还曾特开琅琊山庙会铁路专列。庙会群众最多时可达十万,人如潮涌,场面宏大,可谓"太平盛世,民间盛会"。

进入21世纪,琅琊山庙会每年都如期举行,庙会已经形成了一个完整的组织系统。占主导地位的琅琊山管委会代表着政府力量,道教和佛教人员提供各种服务,民众广泛参与,三股力量汇合在一起就成了庙会顺利开展的保障。多种力量的集体参与,也使得每一年的庙会都会有新的主题内容和活动形式,以适应城市生活的主旋律,继而愈发显现其内在的生命力。

(二)琅琊山庙会的仪式展演

在春节这一聚集民俗文化的时空中,每一个人都正式扮演着在社会戏剧大舞台上的角色,共同演绎着生生不息的民族历史,一言一行都渗透着进入这一历史过程的激情与豪迈。② 琅琊山初九庙会也在特定的时空内展现着传统的仪式表演,其活动区域主要分布在琅琊寺景区、南天门碧霞元君殿景点、醉翁亭景区三个主体部分以及琅琊古道沿途两侧。香客信士及赶庙会的民众主要来自琅琊

---

① 滁州市琅琊山国家森林公园管理委员会.国家级非物质文化遗产名录项目申报书,2009年,第9~10页.
② 刘铁梁.感受春节.节日研究,2011(1),第42页.

区、南谯区和周边县市,辐射地区包括南京一小时都市圈。①

根据功能来划分,琅琊山庙会空间可划分为"一线四片区"。"一线"指铜矿转盘至景区内道路两侧划定的商业经营网点及公益宣传线。"四片区",即售票点—预检—北大门;野芳园(大草坪)—醉翁潭—醉翁亭—同乐园—峰回路转区域;东大门—深秀湖—深秀湖沿路——棵松—琅琊寺;南天门蹬道—南天门区域。②

庙会期间的祈福仪式主要集中在琅琊寺和南天门两个景区。琅琊寺是佛教法会的仪式场地,举行仪式的时间一般是正月初十。而在琅琊寺、玉皇殿、碧霞元君殿,更多的是来祈福纳吉的信众,即仪式的主体成员,他们渴望通过在春节庙会的神圣空间中开展祈福仪式来表达祈神求福、祛灾、求子嗣、祈风调雨顺、求吉祥平安、祭拜先贤、祈五子登科等心愿,希望在新的一年借助神灵的庇佑能够将心愿实现。信众不分男女,先是去请香处花钱请香,然后点燃香火,跪拜在神灵前,心中默念内心诉求,随着僧人木鱼的三声敲击,持香叩拜。内心的虔诚使得他们不辞辛苦,刚结束琅琊寺的祈福仪式,又开始爬近一个小时的山路到南天门去参加下一个祈福求愿仪式。

但是,近些年琅琊山庙会的香火逐渐转向琅琊寺,佛教信仰的生存空间在不断扩大。原本的玉皇殿现今已划分到琅琊寺的管辖范围内,被佛教部分管理。现今仅存的道教信仰在南天门景区,那里供奉的是碧霞元君。同样,南天门景区也不全是纯粹的道教信仰,那里也有观音殿。可见,在琅琊山庙会中,作为正统宗教的佛教、道教也开始呈现弥散化的倾向,信仰力量随之在庙会中所占的成分也越来越小,庙会的休闲娱乐、商贸交易和社会交流功能逐渐成为民众的关注点,作为日常生活叙事的庙会身份正在形成。也就是说,春节的仪式感和庄重感减弱,现世性和多元化逐渐增强。③

三、庙会之于城市生活的功能探析

作为春节期间城市生活"调剂品"的琅琊山庙会,对当地社会的发展发挥着

---

① 滁州市琅琊山国家森林公园管理委员会.国家级非物质文化遗产名录项目申报书,2009年,第9页.
② 滁州市琅琊山国家森林公园管理委员会.2015年琅琊山庙会筹备情况汇报,2015年,第1页.
③ 郭占锋.农村春节仪式淡化的文化社会学反思.西南民族大学学报(人文社会科学版),2014(11),第32页.

重要的功能,概括来说,主要包括物质、精神两个方面。在物质层面上,庙会在商品贸易和经济旅游方面发挥着重要功能;在精神层面上,庙会在民众精神寄托方面的功能也至关重要。当然,春节庙会在民众交流、社会管理等方面发挥的巨大功能也是不容置疑的。

（一）作为经济、旅游资源的庙会

以节日为载体的春节是中国一宗巨大的文化遗产。① 而借助春节这个时间点兴起的庙会更是一种重要的文化遗产,其价值主要表现在商贸交易和旅游资源的利用上。在市场经济的大潮中,作为资源整合的庙会扮演着商品集市的角色,承担着各类商品交易的职能。

春节逛庙会是最让城里人兴奋的年俗活动之一,人们在庙会上可以品尝地道的风味小吃,买到质量不错、价格便宜的商品,欣赏到各种令人目眩心跳的杂耍把戏。② 在琅琊山庙会期间,古道两旁会开设很多小摊点来售卖各种民间工艺品,有虎头鞋、虎头枕、同心结、拨浪鼓、九连环、编花篮、草编昆虫、捏面人、陀螺、竹节鳄鱼、竹节蛇、宝葫芦、假面具、花纸伞等。当然,还会有一些滁州地方特色小吃,如兰花干、马厂酥笏牌、琅琊酥糖等。这些商品贸易满足了庙会期间人们的物质需求,也成为当地新的经济增长点。

另外,琅琊山庙会作为旅游资源的身份更应该引起注意和重视。春节期间,醉翁亭景区作为琅琊山庙会的儒家信仰场所,凭借文人墨客的名人效应,吸引了很多游客前来游玩、欣赏。同时,琅琊寺、南天门等景区都有类似的盛况。

而在琅琊山古道以及景区的小广场上,会有民间艺人的各种表演,主要有花鼓、摇花轿、划旱船、摇毛驴、扭秧歌、龙灯、舞狮、杂技、魔术等,反映民间生活、故事情景,非常有趣。这种旅游热潮相较于平时安静的景区实属罕见,而这种珍贵的旅游资源如果能够通过一定的物质或非物质形式得以保留下来,即节日的狂欢可以实现延续,并加以合理利用,对该地区的社会发展意义重大。

对于琅琊山庙会而言,商贸和旅游功能的发挥对当地社会发展起到重要作用。但这里需要注意庙会被过度商品化的问题以及旅游资源被滥用的问题,以琅琊山庙会中的饮食为例,庙会期间在数量上占比重较大的小吃,主要是臭豆腐、豆腐脑、凉粉、凉皮、麻辣烫、烤羊肉串等已被商品化的缺乏地域特色的小吃。

---

① 萧放.文化遗产与文化资源——现代语境下春节习俗意义.江西社会科学,2006(2),第14页.
② 萧放.文化遗产与文化资源——现代语境下春节习俗意义.江西社会科学,2006(2),第14页.

庙会应该是地方特色和民众日常生活的集中展览场所,而不应该成为全球化、同质化商品资源的展销市场。从某种程度上说,商业化运作的庙会经济活动日渐消弭了传统的规范,庙会的意义、功能和形式也发生了改变。追求物质利益成为庙会的动机,经济利益和经营活动成为庙会运行的物质基础和生产关系的基础,教员、官员、农民、神职人员亦纷纷将目光转向庙会的经济利益。①

(二) 作为精神信仰的寄托

在传统乡土社会中,世俗生活需要信仰的引导,而神灵世界也离不开乡民的维持,春节期间由神圣与世俗交织而成的种种信仰活动概由此产生。② 在琅琊山庙会的求福仪式中,民众求子、求财和求平安的愿望是他们内心深处精神信仰外化了的行为表现。

春节庙会的集体参与,出于文化自觉,更是一种情结的显现方式和精神信仰的寄托行为,其作用具体表现为社会记忆的沉淀,民众情感的表达,也是人们对欢乐与幸福永恒主题的向往和美好希冀。也就是说,这些信仰仪式其实就是在家族社区中定期上演的一种"社会戏剧",旨在定期清理人们生活中的不和谐因素,强化其文化认同意识与内部秩序感。③

但在科技理性作为主导价值的当代社会,传统文化的功能逐渐被削弱。世界祛魅(disenchantment)、传统价值失落是工业化社会的一个普遍现象。④ 在这个大的背景下,"失魂"似乎成为庙会发展的最终归宿。笔者小时候还经历过传统的春节程序,但是现如今社会的巨变使得人们没有机会到达那种传统现场,内心的落差使得他们变得困惑、痛苦,随之也就产生了浓浓的乡愁。所以,如果再不去唤醒保护春节信仰民俗的文化自觉,等到"00 后"一代(市场经济浪潮下出生的人)成长起来,他们对庙会等信仰活动可能会更无知、无感。

这里的乡愁包含着丰富的人文内涵和文化底蕴。乡愁首先是一种对于故土(空间维度)的情感,其次是对家乡的一种记忆与期望(时间维度)。⑤ 乡愁的概念应该被理解为:在社会变迁的进程中,有着相同的文化的共同体借助相同的历史文化记忆,通过实现对历史本原生活状貌的追溯,来回归到当下日常生活的一种生活叙事方式。在春节庙会期间,人们怀揣乡愁这份情结来参与各种仪式活

---

① 尹虎斌.传承论的民间信仰研究.西北民族研究,2014(2),第 59 页.
② 张士闪.春节:中华民族神圣传统的生活叙事.河南社会科学,2010(1),第 43 页.
③ 张士闪.春节:中华民族神圣传统的生活叙事.河南社会科学,2010(1),第 43 页.
④ 吴效群.高扬春节的文化价值.江西社会科学,2006(2),第 20 页.
⑤ 陆邵明.乡愁的时空意象及其对城镇人文复兴的启示.现代城市研究,2016(8),第 3 页.

动,实践着他们对美好生活的期许。而对远在外乡不能参与其中的人们来说,这份乡愁更是让他们为之魂牵梦绕。

结语

从历史上看,春节的神圣传统是在数千年中华文明史中形成的,并在近现代社会中经历了一个失落与重塑的过程。① 现如今春节已经成为一种文化符号,在节日期间发挥着对民众聚集的作用,然后去实践对"家"概念的再次凝练和阐释,对传统的回归和再思考,对民族情感的认同和再次强调。

当下需要注意的是,春节的很多习俗正在被淡化和逐渐消逝,比如出于环保和安全的考虑,限制燃放爆竹;拜年也因为社区的松散化和异质性以及年假时间短、空间距离远等客观因素被一再限制;逛庙、观灯等传统春节民俗活动也被赌博、上网等替代。在一定意义上可以说,城市春节年俗的衰微也表现在信仰的缺失方面。② 现代社会在时间机器的操纵之下,人们的日常生活匆忙而功利,人们的精神焦虑而孤独,我们不妨在民族节日中对礼仪性的、象征性的、微细而温情的民俗多加强调、提倡,让社会多一些文化关怀,让生活多一点色彩。③

---

① 张士闪.春节:中华民族神圣传统的生活叙事.河南社会科学,2010(1),第 40 页.
② 陈连山.我的春节观.文史知识,2012(1),第 13 页.
③ 萧放.文化遗产与文化资源——现代语境下春节习俗意义.江西社会科学,2006(2),第 14 页.

民谣中的鄂东春节习俗及其文化蕴涵解读

李嫣红①

鄂东是一个地域文化概念，从地理区位来说，指湖北省东部地区，包括黄冈市所辖的团风县、英山县、罗田县、浠水县、红安县、蕲春县、黄梅县、麻城市、武穴市、黄州区、龙感湖管理区，以及武汉市新洲区。② 其北面是大别山，南面是长江，是一块相对独立的地区。历史上，鄂东与外界的联系，东西向依靠长江航道；北向依靠从麻城市境内穿过大别山的一条驿道（官道），连接中原地区；西南则通向江汉平原。鄂东也是个相对独立的文化圈，处于吴头楚尾的位置，同时又临近中原文化圈，就三大文化圈来说，它都不是其中的中心地带，但又兼具多元文化的元素，语言上属江淮官话黄孝片。

鄂东地区流传着大量的民间歌谣，鄂东民谣是农耕文化的产物，这些民谣内容丰富多彩，反映了漫长农耕时期鄂东人民生产、生活等方方面面的情况，发挥着教育、娱乐、游戏、认识等多方面的功能。过去很长一个历史时期，可以说鄂东人是伴随民谣成长的。今天随着社会发展变革，生产、生活方式发生了巨大改变，民谣逐渐脱离了人们的生活，它像其他许多文化遗产一样，更多的是作为一种文化记忆留存。节庆民谣是民谣中一个大的门类，本文选取几则最有代表性的鄂东春节民谣，分析民谣中反映的鄂东春节习俗及其文化蕴涵。

一、鄂东春节民谣

春节，就是民间所说的"阴历年"，也称为"过年"或"过大年"。在我国民间，春节有广义和狭义两种理解。广义上的春节，是指从腊月二十三开始，一直延续到第二年的正月十五的这段时间，其中以除夕、正月初一和元宵节为节日高潮。

---

① 作者简介：李嫣红（1993—），女，湖北黄冈人，南京农业大学人文学院 2016 级民俗学硕士研究生。
② 刘礼堂，方正.鄂东文化的人类学考察.武汉大学学报，2012(1).

狭义上的春节,是指农历正月初一。"春节"这一说法,是我国在采用公历纪年之后才有的。在我国古代,农历正月初一被称作上日、元日、朔日、元正、正日、正旦、正朝、三元、三朔、三朝和元旦等,如《荆楚岁时记》中就有这样的记载:"正月一日,是三元(岁之元,时之元,月之元)之日也,谓之端月。"[①]"春节"一词在古代指的是二十四节气中的"立春"。1911年10月武昌起义胜利后,临时政府于12月31日发布《内务部关于中华民国改用阳历的通谕》,明确规定将农历的正月初一称为"春节"。1949年9月27日,中国人民政治协商会议第一届全体会议把公历的元月一日定为"元旦",俗称"阳历年"。因农历正月初一通常在立春前后,所以把农历正月初一定为"春节"。这样,进一步明确了将农历正月初一称为"春节"的事实,"春节"之名便正式列入中华人民共和国节日法典,被使用至今。

"百节年为首",在我国丰富多彩的传统节日中,春节既是一个举国欢庆、阖家团圆、幸福美满的日子,也是辞旧迎新、开天辟地的美好开端。在我国所有的传统节日中,它是起源最早、历史最悠久、节期最长、民俗活动最丰富、节日气氛最浓烈、影响范围最广、被重视程度最高的一个节日。据记载,我国的春节已有4000多年的历史。在4000多年的发展过程中,各地围绕着"辞旧"与"迎新"的主题,产生了丰富多彩的民俗活动,如祭祖、祭灶、包饺子、打年糕、吃团圆饭、放鞭炮、贴春联、舞龙灯、耍狮子等,并形成了丰富多彩、博大精深的节日文化。

春节也是鄂东最大最重要的节日,鄂东人过春节除了要举行祭祖、祭灶、包饺子、打年糕、吃团圆饭、放鞭炮、贴春联、舞龙耍狮等全国性的民俗活动之外,还要开展丰富多彩的富有地域特色的民俗活动。在所有的传统节日中,春节是鄂东民谣中描写最多的一个节日,几乎鄂东各地都流传有关于春节的民谣。下面这两首分别是流传于鄂东罗田和浠水两地的《过年谣》:

(腊月)二十三,灶王爷上天。
二十四,洗污渍。
二十五,打豆腐。
二十六,称年肉。
二十七,杀鸭鸡。
二十八,还年发(福)。
二十九,喝甜酒。
三十夜,烧年火。

[①] (梁)宗懔.荆楚岁时记.宋金龙校注,太原:山西人民出版社,1987年,第1页.

初一早,吃粑饱。
拜年拜年,糍粑向前,
腊肉一碗,糖馃一盘。

(腊月)二十三,接祖先。
二十四,喿鱼刺。
二十五,磨豆腐。
二十六,称年肉。
二十七,扫污迹。
二十八,还年发(福)。
二十九,样样有。
三十夜,喜默默。
初一早,吃元宝。
初二三,翘着屁股朝人家颠。
先喝茶,后吃烟,
一碗糍粑堆起尖,
吃完了,笑翻天。

这两首《过年谣》简直就是鄂东人春节民俗活动的大事记:送灶王爷、接祖先、洗污渍、捞年鱼、蒸肉糕、杀年猪、杀年鸭、磨豆腐、扫扬尘、还年福(吃年饭)、喝甜酒、烧栎炭火、守岁、吃元宝、拜年、吃腊肉、吃糍粑……反映了迎年的紧张繁忙,表现了鄂东人对春节的重视程度。同时,从民谣的描述中,我们也看到罗田、浠水两地春节民俗活动的相同性和差异性。下面这首《年来了》则是从另一侧面反映了鄂东过年的某些习俗:

年来了,
是冤家。
儿要帽,
女要花,
媳妇要簪子走人家,
爹爹要栎炭烧大火,
婆婆要糯米揣糍粑。

这首《年来了》在鄂东各地都有流传,描写了鄂东人过年要穿红戴绿、打扮一新,要用栎炭烧年火,用糯米打糍粑等风俗,虽然字里行间流露出物质生活的艰难,但也反映了鄂东人迎接新年时喜悦而虔诚的心境。

二、鄂东春节民谣中的民俗文化

(一) 祭灶:火崇拜与对生命的重视

"二十三,灶王爷上天",这是鄂东《过年谣》中所描述的春节祭祀灶神的习俗。腊月二十三,俗称"小年",传说是"灶王爷上天"之日,因此要祭祀灶王爷,送他回天庭。祭祀灶王爷的活动,民间称"祭灶"。

灶王爷,人们又把他称为"灶神"或"司命菩萨",传说他是玉皇大帝封赐的"九天东厨司命灶王府君",下派到人间负责掌管百姓的灶火,体察民情善恶,因此被人间当作一家的保护神而祭拜。旧时鄂东农家在厨房的北面或东面灶壁上设有灶王神龛,中间供上灶王爷的神像。没有设灶王神龛的人家,则将灶王神像直接贴在灶壁正面。灶王爷神像上书写着"东厨司命主""人间监察神"等文字,以表明灶神的地位。神像两旁再贴上"上天言好事,下界保平安"或"上天言好事,下界降吉祥",以保佑全家老小的平安。

灶王爷自上一年的正月十五来到百姓家中之后,就一直留在此户百姓家中,以保护和监察这一家人。到了腊月二十三,灶王爷便要升天,回天宫去向玉皇大帝汇报此户人家的善行或恶行。因此,此户人家在腊月二十三灶王爷即将升天时要举行送行仪式,民间称为"送灶"。玉皇大帝根据灶王爷的汇报,便将此户人家在新的一年中应该得到的吉凶祸福交给灶王爷。因此,对此户人家来说,灶王爷的汇报是具有重大利害关系的。于是,送灶、祭祀灶王爷便显得极为重要。送灶多在黄昏入夜之时举行,一家人来到灶房,先摆上桌子,向设在灶壁神龛中的灶王爷神像敬香,并供上用饴糖和面粉做成的糖果、鱼肉等供品,祭祀完毕,揭去灶神旧纸像,烧掉,灶王爷便同这烟一起升天了,然后再贴上灶王爷的新像。"从此夜起,灶头上点盏麻油灯至正月十五以后,人们观看灶灯的亮度占卜新年丰歉。"[①]用糖果等供奉灶王爷,目的是甜甜他的嘴,好让他在玉帝面前多替此户人家说好话,不要说坏话,以便玉帝多降福祉。

---

① 汪季石.民俗文化与社会——兼论鄂东民俗文化.武汉:华中师范大学出版社,2001年,第187页.

由祭灶的整个过程来看,灶王爷的职责有两个:一是上天言人间之好事,二是下界保人间之平安。从表面上看,灶与饮食有关,所以灶王爷的职责应该是掌管人间饮食,可怎么会是"上天言好事,下界保平安"?祭灶这一民俗事象中又隐含着怎样的象征意义?这还得从灶神的起源和衍变说起。

在自然环境极为恶劣、生产生活条件极差的原始社会时期,饮食没有保障是威胁人类生存的重要难题。从茹毛饮血到吃熟食的过渡,火起了关键性作用。火在人类发展史上具有划时代的意义,它不但使人类的饮食更加科学、有保障,而且还能防御动物的侵袭以及自然灾害,使人的生命更加顽强,因此原始社会的人对火极为崇拜。灶神的起源就与原始社会的火崇拜有关系。灶与火有关,二者又都和饮食相关,都能使食物变熟,所以灶神与火神有着千丝万缕的关系。在汉代以前,就有灶王爷起源于火神的说法。"将灶神与火神合二为一,以古代神话中与火有关的大神炎帝、祝融等为灶神……不管怎么说,这一时期的灶神崇拜还是一种自然崇拜,是人们出于对自然现象——火的崇敬而产生的。"①原始社会的火崇拜证明火之于人类的重要性。灶与火有关,灶神就是执掌火的神,所以灶神崇拜起源于火崇拜。汉代以前,人们就将炎帝、祝融和黄帝视为灶神。有关他们的传说都与火有关,他们都是因火而成为灶神的。关于炎帝为火神的文献记载很多。如《左传·哀公元年》中有:"炎帝为火师。"《管子·轻重戊》中有:"炎帝作,钻燧生火,以熟荤腥,民食之,无兹胃之病,而天下化之。"正因为炎帝"钻隧取火",并掌管火,所以便被后世奉为灶神。《淮南子·氾论训》中也说:"炎帝于火,死而为灶。"关于黄帝是因为做灶而被后人奉为灶神的记载也很多,如《淮南子·微旨》中云:"黄帝作灶,死为灶神。"关于祝融的传说也与管火、用火做饭有关。可见最初的灶神是掌火、用火做饭之人,其职责就是"主饮食之事"。正因为灶神"主饮食之事",事关人类能否吃饱肚子维持生命,所以人们对灶神十分尊敬。到了汉代,灶王爷的职权扩大到负责人的长寿、发财和做官;晋代,灶王爷的职权扩大到负责人的减寿、记录人的罪过、定期向天帝汇报等,灶王爷具有了向上天汇报人间功罪的职责;宋代,灶神又具有了"保一家之平安"的职责;清代,灶王爷则无所不通,无事不管。从"主炊饮之事"到负责人的长寿、发财、做官,再到减寿、记录罪功,直到无所不能,虽然灶王爷的职责变化不定,但始终围绕着人的生命、生存、长寿和平安而变化以生命为中心,以人为核心,灶王爷成为人们的生命之司,掌握人们的生存命运。

---

① 郝铁川.灶王爷、土地爷、城隍爷——中国民间神研究.上海:上海古籍出版社,2003年,第3页.

在周代，祭灶就已成为国家祀典的"七祭"（司令、中溜、国门、国行、泰厉、户、灶）之一。到了汉代，祭灶又被列为大夫"五祀"（门、户、井、灶、宅）之一，而且祭灶神被列为"五祀"中之大祭，由此足见"灶"之于人的重要性。到了现代，祭灶虽然已失去了其最初的意义，但灶之于人的生命、生存仍然很重要，家家户户祭灶，成为我国民间影响很大、流传最广的年节习俗，这是古代人们重视饮食、重视祭灶的遗留和传承，今人对祭灶习俗的继承也体现出一种对生命的体验和重视。①

（二）祭祖：祖先崇拜与灵魂不死观念②

"二十三，接祖先"，这句童谣说的是鄂东小年祭祖的习俗。祭祖是春节民俗活动中最重要的内容之一，春节必祭祖，全国各地均如此，鄂东春节祭祖之风也非常盛行。春节祭祖主要有家中祭祖、祖坟祭祖两种方式。"二十三，接祖先"指的是家中祭祖这一方式。所谓家中祭祖，就是不设专门的祠堂，把祖先"请"到家中供奉祭祀。家中祭祖是鄂东春节民俗中的普遍形式，其流程是：腊月二十三傍晚，家中的男主人或长子手持香烛和往生钱（即纸钱）到祖坟上，边燃香烧纸钱，口中边叫道："某祖，某祖，我来接您回家过年了！"然后弓背做背祖人状，把祖宗"背"回家，而其他的家人则在堂屋烧香燃烛，并立于大门两侧，恭请道："您老回来了，请进！"祖人"请"回家后，就供奉在堂屋正中，并摆上猪肉、鱼、豆腐等贡品祭祀。每餐吃饭之前都要先盛两碗由长辈端着到祖人面前，请祖人先吃，然后家中其他人才动筷子吃饭。祖先在家中俨然活人一般，有"吃"有"住"，并且"高人一等"。正月初一早晨要举行正祭仪式，正祭仪式颇为讲究。正月初一早晨天不亮（有的地方在凌晨），主人就要起床，用三个盘子分别盛上切成方块的煮熟的猪肉、全鱼、年糕果点等供品，供奉在祖人面前，然后依次分别点燃三支红色的蜡烛和香，家中每人起床后都要对着祖人行跪拜礼。大年初一的早餐，家人在吃饭之前也要先盛上三碗，摆上筷子，放在祖人面前，请祖人先"吃"。总之，祭祖的整个过程都是把已逝祖先视为活着的人进行供奉。

"祭祖"实际上是祖先崇拜观念的体现，它由灵魂崇拜发展演变而来，祖先崇拜除了被附加上更多的善的因素和主观愿望之外，其本质仍然是一种灵魂崇拜。灵魂不死是灵魂崇拜和祖先崇拜共同的本质，也是原始思维的基本特征。恩格斯指出："在远古时代，人们还完全不知道自己身体的构造，并且受梦中景象的影响，于是这就产生一种观念：他们的思维和感觉不是他们身体的活动，而是一种

---

① 高春霞.中国春节文化与生命意识.兰州大学硕士学位论文,2007年,第5页.
② 同上

独特的寓于这个身体之中、而在人死亡时久离开身体的灵魂活动。从这个时候起,人们不得不思考这种灵魂对外部世界的关系。既然灵魂在人死时离开肉体而继续活着,那么就没有任何理由去设想它本身还会死亡,这样就产生了灵魂不死的观念。"这一观念具有共通性,普遍存在于各地区各时代研究者的头脑中,"几乎没有一个人类学家是在抛开灵魂观念去论证原始思维的,不管他从哪一方面去强调原始思维的特征,灵魂观念总是构成其最基本的特征。"①

总之,祭祀祖先实质是对已逝祖先亡灵的祭奠,与原始社会时期灵魂崇拜、祖先崇拜密不可分,是原始社会灵魂崇拜和祖先崇拜的遗留和发展。对祖先的崇拜和祭祀实质是对祖先死后魂灵的一种崇拜和祭祀,其潜意识是相信祖先的灵魂是永生不死的,通过祭祀就可以得到祖先庇护。人们相信祖先能够保佑自己生活幸福顺利,是生活和生命的福星。同时,人们通过祭祖,一方面表达了对祖先亡灵的崇拜,对祖先的敬畏、感恩与缅怀,另一方面以此教诲后人、激励后人,因此春节祭祖具有非同寻常的意义和作用。

(三)糍粑与甜酒:祈望生活美好,步步高升

民以食为天,食物既是人们生存的基本保障,也是一个地域的文化表征。春节作为我国最重要的传统节日,几乎荟萃了鄂东各地的食品精华。即便是在物资匮乏的年代,人们也总是要力尽所能地为春节准备在当时看来最好的食品。鄂东春节食品种类较多,除常规的鸡鸭鱼肉之外,各地还有糍粑(年糕)、豆糕、肉糕、捶鱼、油面、豆腐、汤圆、糯米甜酒等特色食品。尽管各地应节食品品种不尽相同,但都表达了一个共同的主题,那就是对美好生活的不断追求。

糍粑作为鄂东春节的重要应节食品,蕴含着深刻的象征意义,寄托着人们美好的愿望。糍粑,又叫"年糕"。鄂东过年打糍粑(制作糍粑)、吃糍粑的风俗已有上千年的历史,形成了丰富的"糍粑文化"。虽然我国不少地方也有过春节制作年糕的习俗,但鄂东糍粑的使用原料和制作工序颇具地域特色。首先是备料,选取优质的糯米,糯米黏性好,制作出来的糍粑才白而细腻。第二步是将糯米洗净,浸泡。在精心选择好糯米之后,接下来就是洗米、淘米、浸米了。淘米和浸米都很关键,过去脱粒和粮食加工不像今天,米粒中掺杂有沙子是常有的事情,所以将糯米中的沙子淘洗干净很重要。米淘洗好后,接下来就是浸米了。浸米有很多讲究,如何时浸、浸多长时间等。过去浸米还要择黄道吉日,一般会在腊月初十前后,即二十四节气中的大寒前后选一个黄道吉日。因为大寒前后是一年

---

① 爱德华·泰勒.原始文化.上海:上海文艺出版社,1992年,第30页.

当中天寒地冻的日子,这样的天气浸米,糯米才不至于发酵变酸。选好日子之后,把洗好的糯米放在缸里浸泡7~10天。为了防止糯米发酵变酸,期间要视情况换1~2次水。糯米浸好后,就要用笡箕沥起来,放入特制木甑中蒸熟成糯米饭,再将滚烫的糯米饭放入特制的石臼里,二至三个劳力手持粑杠(光滑的木棍)用力将其打揉成泥状,再将泥状的糍粑放入簸箕中按压成厚约三四厘米的圆饼形状,最后等其稍干爽后再切成长约12厘米,宽约5厘米的条块状以待食用。如果是馈赠亲友,就在圆饼形状的糍粑上贴上一片红纸,用布包裹着奉送。

鄂东人过年之所以非常重视打糍粑,不仅因为糍粑营养丰富,口感柔滑,是难得的佳肴,还因为糍粑蕴涵有丰富的象征意义:糍粑有良好的黏性,寓意家人团结和睦;糍粑按压而成的圆饼形状,寓意家人团圆、生活美满;打揉糍粑时数人通力合作,寓意众人精诚团结,共创幸福美好生活;粑又叫"年糕",因"糕"与"高"谐音,在新的一年开启之际,吃年糕,预示着生活步步高升,一年更比一年高。因此,无论是选择原料,还是制作工序,整个过程都体现了鄂东人的虔诚之心。

"二十九,喝甜酒",这句童谣描述的是鄂东北部山区罗田、英山、麻城、红安等地用"甜酒"迎年的传统习俗。甜酒,是鄂东农家用糯米酿制的一种米酒。

鄂东甜酒有两种。一种是产于罗田的甜米酒,其酿制方法是:将洗净的糯米置于木桶内用冷水浸泡,第二天早上捞起滤干,盛入饭甑用蒸气蒸熟(这样蒸的糯米饭,不烂不焦,气味香浓,粒粒白似珍珠,柔软而有弹性),糯米饭冷却后再拌上土制的酒曲,盛入容器,密封好,放在温度较高的地方酿几天即成。饮用时,在发酵的糯米饭中兑入少量清水,煮沸,放入适量的红糖。这种糯米甜酒,不仅口感醇甜,风味独特,老少皆宜,而且营养丰富,富含多糖、矿物质、有机酸、氨基酸和B族维生素等营养成分。另一种是盛产于鄂东麻城木子店的老米酒,这种老米酒历史悠久,名气更大。据史料记载,在对木子店郊外的太子墓进行考古挖掘时发现,木子店先民在周朝时就有饮老米酒的记载,这证明木子店老米酒距今已有3000多年的历史。它的酿造工序与罗田的甜米酒大致相同,只是工序要复杂一些,酿造时间要长一些。据《麻城县志》记载:"九月重阳民家酿酒。"菊花开花季节,是酿造老米酒的最佳时机。其制作工序为:将蒸熟的糯米摊凉后,拌上酒曲,装入酒缸,加入适量的水,然后再把酒缸密封好。这样糯米在酒缸中慢慢发酵,一个月后,酒便酿成,将酒沥出,装入罐中密封储存。这种老米酒可以封存保管较长时间,而罗田糯米酒只是随酿随喝,放置不了太长时日。木子店老米酒得天独厚的天然品质和独特的风味,是源自木子店独特的自然生态环境。木子店位于大别山腹地,鄂豫皖三省交界之处,自古就有"鸡鸣三省,鄂东要塞"之称,这里山高林密,植被茂盛,良好的自然环境和大气环境使得山泉清冽甘醇,营养丰富。据国家权威机构检测,这种山泉水含有鳞、钠、钾等多种人体必需的元素和微量硒元素,以及15种人体所需的氨基酸。这里昼夜温差大,日照时间长,加上山泉灌溉,使得这里的糯稻颗粒饱满,绿色天然。木子店老米酒的酿造原料就是采用产自大别山山川谷地的天然精纯糯米和山泉。木子店老米酒在历史上产生过较大影响,留下过不少动人传说:苏东坡被贬黄州时,品尝木子店的老米酒后,写下了"定慧海棠香千里,东山米酒进万家"的诗句;元末农民起义军领袖徐寿辉做皇帝后,将木子店老米酒封为御酒赏赐给有功的文武大臣;清代御史梅之焕对木子店老米酒情有独钟,夸赞木子店老米酒"酒香飘千里,东山户户春"。如今,"木子店老米酒"被列为国家地理产品保护商标,传统的酿造工艺也被列为湖北省非物质文化遗产,木子店也成为享誉荆楚的"老米酒之乡"。

不论是罗田的甜米酒,还是麻城的老米酒,都是用"米中精品"的糯米酿制而成,气味香浓,口感醇甜(饮用时可视情况加入适量糖),因此鄂东人常将二者统称为"甜酒"。鄂东人用它作为迎接新年的上品,一方面既是承中华酒文化之影响,另一方面又以其甘甜之特色表达对新的一年美好生活的祝愿,祝福在新的一年里生活甜甜蜜蜜。

(四)扫污迹:除旧布新,祈福降祥

"二十四,洗污渍"和"二十七,扫污迹",这是鄂东《过年谣》中描述的鄂东春节扫尘习俗。

扫尘,鄂东人又叫"打扬尘",就是年终大扫除。春节前扫尘,是鄂东的传统习俗。每逢春节来临,鄂东家家户户都要打扫庭院,清洗各种器具,拆洗被褥、窗帘,擦净门窗,把屋里屋外、房前房后、庭院四周打扫得干干净净。

腊月扫尘迎接新年,不仅是鄂东的传统习俗,也是整个中华民族的传统习俗。这一习俗,由来已久。据《吕氏春秋》记载,我国在尧舜时代就有春节扫尘的习俗了。汉族民间认为"尘"与"陈"谐音,而"陈"就是陈旧之意。"扫尘"即是把一切陈旧的事物,包括"晦气",统统扫出门去。《梦粱录》记载:"十二月尽……不论大小家,俱洒扫门间,去尘秽,净庭院……以祈新岁之安。"①因此,春节扫尘有"除旧迎新"的意思,寄托着人们破旧立新、祈求幸福的良好心愿。

春节扫尘的习俗起源于古代汉族人民驱除病疫、祈福降祥的一种宗教仪式,《吕览注》中写道:岁除日,击鼓驱疠疫鬼,谓之逐除,亦曰木难。这种驱除病疫的宗教仪式后来演变成了年终的大扫除。汉族民间风俗,腊月二十三举行过祭灶

---

① 刘坤,赵宗乙.梦粱录.哈尔滨:黑龙江人民出版社,2003年,第59页.

后,便正式开始做各种迎接新年的准备工作,包括扫尘。那为什么要在二十三举行祭灶之后才开始扫尘呢？民间认为,平常日子,家中有众神蹲守,打扫卫生容易冲犯神明。而腊月二十三是诸神归天的日子,要等到除夕或第二年正月才陆续回到凡间。诸神回天庭后,人间只有一些值日神及地主等小神看管秩序,所以人们认为在诸神升天的这段日子里,即使翻遍整个屋子也不会冲犯神明,因此是进行彻底大扫除的最好机会。现在,人们腊月大扫除,已大多失去了驱邪避灾、祈福降祥的宗教色彩,更多地体现为对爱美、讲卫生的中华传统美德的弘扬。

（五）栎炭火:燃火祈福,寓意生活红红火火

用栎炭烧大火是鄂东北部山区过春节最具地方特色和乡土气息的民俗事象之一。虽然燃火祈福,迎接新年,是盛行于我国众多地区的传统习俗,但鄂东此俗则有自己的特色:其一,用来烧火的燃料是栎炭;其二,火要烧得越大(旺)越好。此俗的形成既与鄂东冬季较为寒冷的气候特点和独特的地理环境密切相关,还与鄂东民众独特的文化心理有关。鄂东大部分地区山多林密,独特的气候条件和土壤环境,适合于栎树生长,故栎树在鄂东分布广泛,是鄂东富有乡土特色的树种。栎树木质坚硬,用其烧制的栎炭不仅火力充足、持久,而且烟少灰净,是优质的取暖木材。在旧时的鄂东,人们于十冬腊月农闲之时上山砍伐粗壮的栎树,放入土窑烧制成"栎炭",以备过年之需。在鄂东人的观念里,栎炭火不仅可以取暖驱寒,还驱邪纳福,预示着生活富足、家业红火、事业兴旺发达。因此,旧时鄂东人家,无论富户,还是贫家,过年用栎炭烧大火自然是一件不能忽视的事情。

春节的社会习俗及其文化变迁

田宇飞①

前言

  优秀的传统文化是一个国家和民族内在精神和情感的充分彰显。中国作为一个历史悠久的文明古国,在漫漫长河中自然形成的传统节日,大都形式多样、内容各异,是人们抒情达意、巩固人伦、娱乐休闲的重要载体。这些极富特色的传统节日,在数千年的传承中不断丰富和完善,形成了一个较为系统的节日文化体系,是中华民族的一大民俗瑰宝,在中国人民的日常生活体系、情感天地、精神世界和民族国家的构建中承担着重要角色。② 千百年来,春节之所以能成为中华民族的共同节日,因为它是农业文明的产物,是上古时期劳动人民对天象、气象和物象的认识结晶,凝结了人们生产生活的智慧和经验,与农业生产、民众生活有着密不可分的关系,③因而民众格外重视各种农事祭礼。但是随着时代的发展、社会的演进,春节已不像往日那般备受重视,相关的年俗也随之简化甚至淡化,以至于年味渐无。我们应该承认这些传统节日对中华民族的深远影响,但在这一发展过程中所经历的文化变迁,甚至是文化断层依然是残酷的。20世纪初,西方文化的强势来袭和对科学进步思想的狂热追求,在中华大地掀起了一股反传统反迷信的浪潮,而拥有许多"封建迷信"色彩的春节年俗自然不可避免地遭到打击和破坏,逐渐走上式微的道路。总体来说,具有悠久历史的传统节日在

---

① 作者简介:田宇飞(1993—),男,浙江师范大学文化创意与传播学院硕士研究生,主要从事民俗学研究。
② 王学文.春节"回家"传统的现代困境及对策分析.山东社会科学,2012(1):98~101.
③ 覃祥菊.春节习俗的城市变迁及其文化内涵.安徽农业大学学报(社会科学版),2008.11(6):134.

当代社会遭遇尴尬处境,甚至被当作阻碍历史车轮滚滚向前的旧文化的一部分,①着实令人扼腕叹息。不可否认的是,非物质文化遗产保护使民俗迎来了新的春天,我们在重新看待传统节日的同时,也要赋予其新的文化内涵,从而维系传统文化传承发展的根脉,使文化自信真正浸染民心,成为民众心理认同的普世价值。

一、春节的溯源

(一) 春节的由来

春节,俗称"年节",是农历的岁首。追溯春节的来历,就要考查岁时节日的源起。岁指年,时指春、夏、秋、冬四时,岁时泛指一年四季,源于古代历法。我国人民在长期的生活实践中,逐渐认识到自然环境的变化规律,将一年分为四时、八节、二十四节气。所谓八节,即立春、春分、立夏、夏至、立秋、秋分、立冬、冬至,是标志阴阳四时始末的时令。二十四节气是根据太阳在黄道上的位置变化及地面气候的演变次序来划分的,分为五天"一候",三候"一气",全年十二个月共分"二十四气",习惯上由岁时所代表的关键日期一般也以"节"称之。因此,司马迁曾记载,阴阳四时、八位、十二度、二十四节各有教令。

其实,我们的先民最早是没有明确的时间概念的,由于我们是农业古国,因而"年"的最初含义来自于农业生产,是谷物成熟的意思。甲骨文的"年"字,字形是禾部,表示成熟的禾苗果实累累。金文的"年"字,也是谷穗成熟的意思。《说文·禾部》载:年,谷熟也。《谷梁传·宣公十六年》载:五谷大熟为大有年。这里的"年"都是指庄稼收成的情况。随着农业经验的积累,文明程度不断提高,到了周代,人们才把春节称为"年"。《尔雅》一书中有关于春节的记载:夏曰岁,商曰祀,周曰年。当谷物丰收、成熟之后,人们会举行节庆活动,祭祀祖先和神灵,一年一次承袭下来便逐渐形成了过年的习俗。

对于春节的起源,更多学者认为:"节日在一定历史条件下产生,是社会生产发展和人类认识自然的一个突破……节日的产生有一定的历史原因,一方面是人类社会发展到一定阶段,对节日产生了强烈的社会要求,如随着农业生产、宗教信仰和社会生活的提高,要求有一系列节日。另一方面,必须有产生节日的可能,如天文、历法有了一定的发展,为节日的产生和发展提供了必要的条件,从而

---

① 张士闪.春节:中华民族神圣传统的生活叙事.河南社会科学,2010.18(1):40~43.

产生了节日……它的起源是多元的。"①春节与原始社会的农业祭祀活动紧密相连,多被认为起源于远古时期的"腊祭"。因而人们在年度周期交替之际,会举行盛大的神灵祭祀仪式,腊节②在上古时代被认为是最重要的年终祭祀日,它是蜡、腊③两种祭祀古仪的融合,并且它作为总结性的大型神灵祭祀,在岁末的几天举行。蜡祭是上古年终对诸神的总祭。《礼记·郊特牲》称:"天子大蜡八,伊耆氏始为蜡。蜡也者,索也,岁十二月,合聚万物而索飨之也。"蜡祭祝词为:"土反其宅,水归其壑,昆虫勿作,丰年若土,岁取千百。"(蔡邕《独断》卷之上)祝词祈求神灵在新的年份里管束好水土、昆虫、草木,让它们各安其位,以免给人们的生活带来祸害,④期待着来年自然万物的秩序与农事的丰收。蜡祭万物之神的祭品是猎物。腊祭祖先的祭品也是猎物。腊,指干肉。郑玄注:"腊,小物全干。"唐代的孔颖达疏曰:"腊是坚刚之肉。"因为祭祀活动多在岁末冬季,因此田猎到的祭品必然是冰冷坚硬的。人们在祭祀之后将各类农产品和猎物熬煮成粥食,由民众分而食之,一方面庆祝丰收,另一方面报答神灵的护佑。因此,腊八粥作为腊(蜡)祭日的食物由来已久。吴自牧《梦粱录》载:"八日,寺院谓之'腊八'。大刹寺等俱设五味粥,名曰'腊八粥'。"民间各地煮食的腊八粥,食物搭配差异很大,但这并不影响人们对节俗的承袭。

(二)春节的形成

先秦时期称春节为"上日""元日",但由于地域差异悬殊,并未形成固定的时间。到了汉代,儒家文化确立正统地位,社会生产也有了一定的发展,汉武帝太初元年(公元前104年)便推行了司马迁编制的"太初历",确定以农历为岁首,古称"元旦",元为年之始,旦为日之晨,正月初一为"新年"。⑤此后,农历年的习俗就一直流传下来,正月初一这天因为有着特殊的象征意义,也逐渐有了三元、三朝⑥、元朔等说法,并且这种历法一直沿用至清末。直到辛亥革命后,孙中山等推翻了最后一个封建王朝,于1912年1月1日开始改用公元纪年,并将公历的1

---

① 宋兆麟,李露露.中国古代节日文化.文物出版社,1991年,第2页.
② 这里的腊节就是腊八节的前身,腊八节会喝腊八粥,民间流传着"过了腊八就是年"的说法。
③ 蜡、腊在古代略有不同,应该说,先有"蜡",后有"腊"。战国时期以"腊"统称蜡、腊二祭。祭品及聚餐饮食有类似之处,特别是东汉时蜡、腊两祭合为一祭,先前、腊两祭之间的区别,后人是很难分辨清楚了。
④ 萧放.穿越时空的典礼——春节祭祀史话.前沿,2006(1):40~57.
⑤ 这里的新年指的是元旦,因为古时称正月初一为元旦,民国时采取世界通用的公历。
⑥ 这里的三元指岁、月、日之元,三朝指岁、月、日之朝。

月1日定为"新年",将农历正月初一称作"春节"。1949年9月27日,中国人民政治协商会议第一次全体会议通过了使用公元纪年法的法案,并正式规定阳历的1月1日为我国的元旦,阴历的正月初一为春节,并规定春节放假三天。至此,我国一年之中有了两个新年,但是在民众的内心认同里,农历的新年才是真正的过年,因为它渗透到每个人的日常生活中。所以,春节是一年之中历时最长、最隆重的综合性节日,应运而生的习俗活动也从腊月二十三(北方的小年)一直持续到二月二(龙抬头),这个漫长而神圣的过程成为每个炎黄子孙内心难以割舍、难以忘怀的一部分。

二、节俗的文化内涵

(一) 祭灶和扫尘

农历腊月二十三是祭灶日,俗称"小年",亦称为"送灶""辞灶",最主要的活动就是送灶神。灶神,又称为灶王爷、灶王菩萨、司命等。祭祀灶神在我国由来已久,先秦时,祭灶是妇女们的活动。汉班固《白虎通·卷一》云:"五祀者,何谓也?门、户、井、灶、中溜也。""五祀"中就包括有祭灶。《礼记·祭法》也曰:"王为群姓立七祀,曰司命,曰中溜,曰国门,曰国行,曰泰历,曰户,曰灶。""七祀"中同样有祭灶。传说灶神被玉皇大帝封为"九天东厨司命灶王府君",作为督善之神负责管理各家的灶火,并于每年的腊月二十三到天庭向玉皇大帝汇报所管之户的善恶言行,玉皇大帝再根据他的汇报决定这一家在新的一年中应得的吉凶祸福。汉郑玄注《礼记·祭法》中说:"小神居人之间,司察小过,作谴告者尔。"也就是说只有灶王爷会长久地留在这一家督察功过。于是,民众为了讨好灶神,防止其上天告状,会在二十三日黄昏之时将灶王爷像供在供桌上,摆上供品,点一炷香,由家中最年长的男子带领家中所有男子依次叩拜祭祀,目的是甜住他的嘴,让他"上天言好事"。清代的《燕京岁时记》载:"二十三日祭灶,古用黄羊,近闻内廷尚用之,民间不见用也。民间祭灶,惟用南糖、关东糖、糖饼及清水草豆而已。"有对联曰"上天言好事,下界保平安(回宫降吉祥)",横批是"一家之主"。可见,灶神祭祀成为民间最普遍的节俗活动。灶神被送上天之后,家中无神管辖,百无禁忌,所以从这天起,正式拉开了春节的序幕。

祭灶之后,家家户户开始进行大扫除,即"扫尘",这是古代驱除病疫的一种宗教仪式,尧舜时已有此俗。宋人吴自牧《梦粱录》记载:"十二月尽……士庶家不论大小家,俱洒扫门间,去尘秽,净庭户……祭祀祖宗……以祈新岁之安。"现今有民谣称:"腊月二十四,掸尘扫房子。"有意思的是,在陕西地区,腊月二十八和二十九才是扫舍的固定日子。人们打扫完屋子后,会给窗户糊上新白纸①或者贴上寓意美好的窗花。按照民间的说法,"陈"与"尘"谐音,打扫屋子其用意就是扫除一切不好的运气,寄托着人们辞旧迎新、期盼新生活的美好诉求。

(二)贴春联和门神

春联,也叫"对联""门对子"。清代《燕京岁时记》记载:"春联者,即桃符也。"春联起源于古人的"桃符"和"门贴",春节时挂桃符和门贴,用以驱除邪祟,安家镇宅。《左传·襄公二十九年》记载,楚人要襄公亲自给死人送襚衣,这对襄公来说是有失君臣之礼而受辱。但是襄公听从穆公建议,"乃使巫以桃茢先祓殡",结果楚人没有禁止,追悔莫及。《左传·昭公二十四年》记载:"桃弧棘矢,以除其灾。"用具有神秘力量的桃木弓矢来进行消灾的仪式。《礼记·檀弓下》载:"君临臣丧,以巫祝桃茢执戈,(鬼)恶之也。"鬼看见桃木就害怕。② 后来又演变成在桃木板上书写迎春纳福、趋吉避凶的吉祥语句,挂于大门两侧。明朝时,春联在全国普及,到现在已成为经久不衰的习俗。由此可知,古人确实认为桃木具有某种驱邪禳灾的功用,这仅仅是对植物一种迷信的认识。另外,春联发展到现在,也仅仅只是一种民俗事象,作烘托气氛、装饰之用,再无其他太多的说辞。

除了春联之外,门神也被古人认为具有某种神秘的力量。据《荆楚岁时记》记载,神荼、郁垒被确定为年节门神。对于神荼、郁垒的神话传说,早在《山海经》中就有记载:"沧海之中,有度朔之山,上有大桃木,其屈蟠三千里,其枝间东北曰鬼门,万鬼所出入也。上有二神人,一曰神荼,一曰郁垒,主阅领万鬼。恶害之鬼,执以苇索而以食虎。于是黄帝乃作礼,以时驱之,立大桃人,门户画神荼、郁垒与虎,悬苇索以御凶魅。"可见这种说法也是由来已久。虽然用门神驱鬼本身就是一种巫术,但在民间,门神是正气和武力的象征,他们相貌狰狞、怒目圆睁,手里拿着武器,随时镇压上门的鬼祟。因为我们国家民居的建筑特点,大门都是两扇对开,所以门神一般都是两位,之后捉鬼的钟馗也作为门神的形象出现在民间,演变到如今,门神便由秦琼、敬德担任。至此,过年之前的筹备工作就告一段落。

---

① 由于陕西的地形因素,关中和陕北地区的农村多居住窑洞,这种建筑结构是很少有玻璃窗户的,多用木条隔开,窗棂用白纸糊,扫舍之日,撕掉旧纸,糊上新纸,寓意除陈布新。
② 韩养民.中国风俗文化学.陕西人民教育出版社,1998年10月:第159~161页.

（三）守岁和拜年

农历腊月三十就是除夕,这一晚人们通宵守岁。西晋周处《风土记》记载:"终夜不眠,以待天明,称曰守岁。"这种风俗从西晋一直延续到宋代,宋代之时,便已遍布所有城乡。除夕的活动都是围绕除旧布新、消灾祈福而展开,最主要的活动就是年夜饭。在外奔波了一年,年关之夜,一家人欢聚一堂,吃顿年夜饭,表达对传统文化的精神寄托和增进人伦情感的美好愿望。在陕西关中地区,守岁最主要的食俗就是吃饺子。清代徐珂在《清稗类钞》中描述饺子"中有馅,或谓之粉角,蒸食、煎食皆可,以水煮之而有汤曰水饺",意为一家团圆,而且水饺现今依然受到北方人的追捧。年夜饭之后,全家人一起熬年,迎接新年的到来。这时候,晚辈要给长辈拜年,行叩拜礼,长辈给晚辈压岁钱,承袭至今,也成为一种双方浓厚亲情的表达方式。

零点过后,鞭炮响起,意味着新一年的到来。值得一提的是,拜年分为拜神和拜人。拜神,其实是古代鬼神崇拜的延续,但这个时候,灶王爷已经被迎回了家中,所以对这一仪式的重要性就不赘述了。拜人,要先拜祖先,再拜长辈、尊辈,然后是家庭内成员互拜,再接着是拜宗族兄弟、乡党耆老等。《东京梦华录》中载有北宋汴京人过年的情景:"正月一日年节,开封府放关扑三日。士庶自早,互相庆贺,坊巷以食物、动使、果实、柴炭之类,歌叫关扑。"清人顾铁卿在《清嘉录》中记载:"男女以次拜家长毕,主者率卑幼,出谒邻族戚友……谓之'拜年'。"柴萼的《梵天庐丛录》一书也有记载:"男女依次拜长辈,主者牵动出谒戚友,或只遣子弟代贺,谓之拜年。"正月初一,拜年活动便从亲人扩展到邻居、好友,逢人要讲几句吉祥话,互相表达美好祝愿,目的也是为了增进家庭、邻里的亲密感情,寄托对新年的美好祈盼。

（四）元宵节和社火

农历正月十五,元宵节,亦称"元夕""上元节"等,是新年第一个月圆之夜,大街小巷张灯结彩,锣鼓喧天,好一番热闹的景象。《兴平县志》记载,元宵,居民各立"社会"①,宰猪羊,设香烛,张鼓乐,或庙或家,以娱神。我国以农业立国,古代人们十分重视土地神崇拜和祭祀。所谓社,《说文解字》云"社,地主也",是中国古代的一种基层聚落,也是自上古以来的聚落或土地之神,后又延伸发展成为乡

---

① 兴平县（现兴平市）归咸阳管辖,属关中地区,这里提到的"社会",或称"社火",是广义庙会的一种。

村的基层社区组织,同时又演化成为按职业、爱好、年龄、阶层、性别,以及特殊目的等结成的群体;所谓火,通"伙",表示群体和众多之意,与"社会"的"会"同义,以后渐失其本义,以"火"为红火、火爆、热闹之意,而社火也就成为一种在城乡各地年节演出的群众娱乐形式了。① 需要注意的是,社火是社祭的一种原始仪礼,与傩事活动祈福免灾、驱傩逐疫有相通之处,演出人物都需要"扮"——模拟性的表演,只是后来变成纯粹以娱乐为主的基层文化社区的民间表演形式。关中地区的社火表演又可分为"文社火"和"武社火"。人们经常表演的是"武社火",表演者要画脸谱,角色也呈多元化,以历史人物和戏剧人物为主,表演有一定的故事文本,游演时锣鼓开道,好不热闹。但是每年正月十五和立春的时间很接近,据李斗在《扬州画舫录》中载:"立春前一日,太守迎春于城东蕃厘观,令官妓扮社火:春婆一,春姐二,春吏一,皂隶二,春官一。"社火又有了迎春的功能。不论社火表演的功能如何变异,对于民众而言,其存在的实用性是不言而喻的,所以这种元宵节的展演过程更是对传统文化的传布和强化。

三、节俗的文化变迁

(一) 文化断层

传统节日的时代变迁以及文化断层,都是由于国家在场,没有什么比官方干预更直接有效的了。1912 年后,临时政府以强制手段实行西历,抵制封建文化和儒家文化,崇尚洋节。"文革"期间又开展了"在灵魂深处搞革命"的活动让传统节日遭遇发展的最低谷,许多带有强烈"万物有灵"的"封建思想"的传统节俗仪式被迫终止。② 传布于社会的"人定胜天论"取代"天人合一"的观念成为民众心中的主流价值观,人们不再把一切事项寄托于祖先和神灵的庇佑和保护。当然,人们对于祖先的崇拜和敬仰是根深蒂固的,只是少了对神灵的无条件信仰和敬畏之心。

近三十年的快速变迁,使得文化难以跟上经济发展的步伐,存留传统习俗、仪式、规训的一代人已然不是推动社会进步的中坚力量,他们也自知难以扭转传统节俗的生存状况,只得适应快节奏的生活方式和思维模式。自春节成为国家法定节假日后,虽然人们对春节的重视有所增加,但春节的生存空间却被大大压

---

① 赵世瑜.狂欢与日常:明清以来的庙会与民间社会.生活·读书·新知三联书店,2002(4)1期,第 231~232 页.
② 高占伟,叶涛.以年节和清明为例看传统节日的传统.民俗研究,2010(3),第 60~65 页.

缩了。以前持续月余的春节，如今只有短短几天的时间，若再除去外出务工、求学的往返时间，春节假期就显得更加紧张了。① 归根到底，怎样过年才算隆重、有趣呢？人们想要的只是仪式感，包括仪式进行时的"在场"，只不过这些诉求都已经被快餐文化鲸吞，才缺少了对传统节俗的心理感知和文化认同，这种文化断层才是引起精神匮乏和节俗没落的根源所在。

（二）传统与现代的博弈

1. 价值观念的变迁

习俗的演变是绝对的，会因时而动，因需而动，没有一成不变的习俗。现代与传统就是由众多民俗事象搭建的桥梁，体现着人们将自身精神性与社会性活动塑造成一种文化的能力，但是这种文化认知是需要价值观念引导的。在古代以农业立国的社会，人们对土地和各种神灵有着虔诚的崇拜，以求恩泽和庇佑，因而行事有各种避讳和禁忌，生怕迁怒神灵，给家族带来灾祸。诚如高丙中所言："在中国的节日框架中，传统节日大都是以先赋性的社会关系为基础，它们首先以血缘群体，其次是以地域群体为依托……另一方面，现代的官方节日基本上都是政治节日。这个框架缺乏为个人后天建立的社会关系提供社交机会的节日。在现代社会，随着个人后天的关系在整个社会关系中的重要性逐建提高，对补充这种功能的节日的需求就会越来越强烈。我们认为，正是在这种背景下，才会有情人节、圣诞节在社会上流行。"② 可见，社会发展的时代需求才是导致这种价值观念变迁的内在动力，传统的娱神习俗难以满足当今人与人的互动交流所需，自然会逐渐淡化甚至被遗忘，其最好的归宿也仅仅是被书面传承。所以我们在适应传统节俗现代革新的同时，也要正视被淘汰的那一部分，因为正是这些影响古人日常生活的习俗，才造就了民族精神的文化自信。

2. 主体行为的弱化

春节是一个综合性的节日，需要人们群体意识下的集体性参与。但是，受文化断层的波及，传承青黄不接，行为主体活动参与度降低，长此以往，节俗的仪式被简化、形式内容被淡化，造成了人们对春节关注度的衰减，势必也会影响春节习俗本身所承载的各种意义在人们心目中的地位，一切变得随意化，那些节俗的老规矩一步一步被形式化的表象所取代。比如祝福短信的群发、餐桌上的"手机族"、拜年的任务化等，这些都是现代人们主观能动性的缺失，未能感知这些传统

---

① 岳永逸.大春节观与年味浓淡的色素分析.思想战线，2011(37)，第67~72页.
② 高丙中.圣诞节与中国的节日枢架.民俗研究，1997(2).

节俗文化内涵的表现,换句话说,就是缺少"文化自觉"。费孝通认为的"文化自觉"是要求我们对自己的文化有正确而清醒的认识,了解自己文化的形成历史与文化内涵,既不"全盘西化",亦不"全盘他化"。我们不要把节俗的仪式行为当作完成任务,努力保留自己社区文化的区域性特点。这里所谈到的区域性特点就是文化符号,文化符号是传统节俗的内在核心,如春联、门神、猜谜、社火等,这些核心元素所代表的就是传统文化的浓缩。只有国家主导和民间自发将文化符号体系化,才能在民俗文化复兴的浪潮中得到人们的认同和行动支持,使传统节俗在多元化的社会中兼容并蓄,寻求真正适合自己发展、传承的土壤,从而实现行为主体的参与度和幸福感。

四、结语

传统节俗的文化符号就是仪式,而仪式的进行是为了满足民众的心理需求,外化成娱人、娱神的行为表现,也多是折射现实生活的人际关系。这些仪式之所以能够长期传承,是因为人们在其中寄寓着常在常新的生命情感与生活愿望,并将这种生命情感与生活愿望凝聚为一种群体意志,成为我国传统乡土社会的某种整体性文化诉求。① 而这种诉求,多是为了在区域性的文化空间内延续春节的神圣意识,守护民族精神。作为传统文化的继承者,我们在面对民俗仪式时应该多一份敬畏和认同,用心去贴近和感知传统,体会传统文化的精神内涵,感受春节习俗的魅力,以更高的热情自觉投入,发挥主观能动性,并使这种主观能动性转化成群体意识的自发性,守护中华文化的根基。诚如习近平同志提到的:中华文化延续着我们国家和民族的精神血脉,既需要薪火相传、代代守护,也需要与时俱进、推陈出新。要加强对中华优秀传统文化的挖掘和阐发,使中华民族最基本的文化基因同当代中国文化相适应、同现代社会相协调。

---

① 张士闪.春节:中华民族神圣传统的生活叙事.河南社会科学,2010(18),第40~43页.

泰山碧霞元君信仰与浚县正月庙会

刘炳强①

河南地处中原,自古以来与山东泰山之间有着十分便利的地缘条件和深厚的历史文化渊源。千百年来,在社会发展的历史长河中,齐鲁泰山文化与中原文明在河南融合交流,成果丰硕,影响巨大,形成地域广阔、内涵丰富、风貌独特的"中原泰山文化现象"。

泰山碧霞元君信仰是泰山信仰的重要组成部分,自宋、元、明代以来,成为中国民间信仰文化的一大奇迹,在河南尤为突出。在国家级历史文化名城浚县,自明清以来以碧霞元君信仰为基础创建了规模宏大的浮丘山泰山碧霞元君行宫,逐步发展为辐射晋、冀、鲁、豫等周边毗邻地区的碧霞元君区域性信仰中心。以碧霞元君信仰为主体,以碧霞元君行宫为中心,浚县产生并最终形成了享有盛誉的华北第一古庙会——浚县正月庙会,在中国泰山碧霞元君信仰体系和中国庙会群体中占据十分重要的地位。

笔者不揣浅陋,对此作一些粗浅的探讨,就教于方家。

一、泰山——碧霞元君信仰的山岳载体和文化基石

纵观浚县正月庙会的发展,可以说没有碧霞元君信仰就没有碧霞元君行宫,更没有浚县以朝山进香为主要内容的正月古庙会。

碧霞元君的信仰不是凭空而来的,有其文化渊源。在这方面,国内学者多有研究,如中国社科院叶涛先生的《论碧霞元君信仰起源》等,已有精辟论述,故不再赘述。就浚县碧霞行宫现存碑刻来看,自明清以来,中原地区人民对碧霞元君信仰之根其实在泰山,泰山是碧霞元君信仰的山岳载体和文化基石。

---

① 作者简介:刘炳强,男,1964年8月生,鹤壁市文化广电新闻出版局局长、党组书记,主要研究民俗文化、人文历史等。

泰山是中国历史文化名山，它东临黄海，西襟黄河，以拔地通天之势雄峙于中国东方，乃华夏神山、天下大宗，被誉为"东天一柱""五岳独尊"。千百年来，人们始终将它作为中华民族的精神象征和寄托。作为中国东部的第一大高山，泰山自然而然成为东方的象征，成为可与"天"相通的高山，进而成为先民们祈求、答谢天地神灵的场所。从原始的自然崇拜到帝王封禅告祭，这些活动构成了泰山信仰的特有文化形态。当人们将这种信仰具体化时，就产生了两位泰山之神——东岳大帝和碧霞元君，进而构成了两大信仰主体。

碧霞元君信仰产生于泰山独特的历史文化氛围、悠久的文化传统、优越的地理位置和环境，以及历代帝王封禅祭天等宗教政治活动中，这些都赋予碧霞元君信仰以显著特色。特别是泰山主生思想与神仙信仰结合，再加上妇女问题，最终形成道教碧霞元君信仰。

在浚县碧霞宫，自明清以来，先民们始终把对碧霞元君的信仰与泰山信仰紧密联系，合二为一。这种观念根深蒂固，影响颇大。

其一，碧霞元君与东岳大帝共主泰山。

清顺治元年（1649年）黄之俊《浮丘山元君殿碑记》：

太山者，岳帝实主之。弇州云："岳帝祠陋不能胜香火，元君祠颇瑰玮，岁所入香缗以万计，天下之祝釐祈福者岁不减亿万。"明季因道多梗，随于浮丘山建元君祠，数年告成。向之东游者，今皆趋浮丘，元君之神足以系人心如此。

其二，泰山为五岳之宗，碧霞为万神之尊。

清顺治十六年（1659年）《碧霞元君行宫碑记》：

五岳列峙，岱圆为宗；万方神祇，碧霞首宫。

清顺治十三年（1656年）《泰山圣母碧霞行宫供会四年圆满记言》：

天仙圣母之神，其来远矣，而灵显于东省之泰山，遂称为泰山圣母云。泰山，五岳之宗。而神之居，抑以名山之著称，□为至灵精爽，变化幽深玄杳，欲求其仿佛而不可得，乃指一处焉，诸神所栖止，如人之居处者然……浚邑浮丘山，拳石耳，神何居焉？而一时人心奔走恐后，顶礼洁诚无数，岂果神不彼而在此耶？无在而在，无不在而无在，其今日人心之神乎？

其三,泰山主生气,元君掌乾元生生之道。
明天启二年(1622年)《重修子孙祠碑记》:

至哉乾元,万物资生。乃碧霞元君东廊首一祠,正子孙祠也。我浚士夫众庶,自此建造之始迄至于今,谒此神者,有感有应,丝毫不爽。

清顺治六年(1649年)黄之俊《浮丘山元君殿碑记》:

东方主生气。《地理志》以为:"太山实万物之始。"《博物志》亦云:"太山一曰天孙,东方万物始成。"故知人生命之长短,元君所司,得非生人之谓乎?

清顺治十三年(1656年)《善信进香题名碑记》:

元君者,主掌乾元生生之道,故在东方泰岱,居山之祖,为山之宗,经历百代,自天子及庶人,靡不钦仰崇奉,神之格之亦无不照临。

清光绪二十二年(1886年)怀庆府知府严作霖撰《重修大伾山送子娘娘庙碑记》:

帝出乎震。震,东方也,泰岳主之。泰岳有神曰娘娘,然不知其所出也。或谓送子娘娘是也,司人间婴育,含灵吐异,恩泽遍于天下,古今之祀典最为钜然……浚治城东有山曰大伾,即《禹贡》所载,山之中迤南有庙一楹,即泰岳之尊神娘娘者也。

其四,泰冠群岳,天下崇祀,覆佑亿万百姓。
康熙四十七年(1709年)《仁育万物碑文》:

兖州之镇曰岱宗。《白虎通》云:"万物所交代之处也。"其方处万物之始,故称"岱";其位居群岳之伯,故称"宗"。《易》曰:"帝出乎震。"震,东方也。于天地为长子,故又称天孙……旅天下名山,泰冠群岳,尤崇祀焉。天雄黎阳浮丘,旧有泰山娘娘庙,象圣母而三仙,非东岳神无疑。

清同治十二年(1872年)《重修碧霞宫碑记》:

泰岳表精灵,覆庇及于亿万姓;浮丘含肃穆,瞻仰历数千百岁。此固地灵有以招致,亦神佑有以感通也。

清咸丰二年(1852年)《重修碧霞元君行宫碑记》:

《虞书》云:"岁二月,东巡至于岱宗。"宗之言崇也,则其名与六宗并重,知五岳中如泰山之功能为尤。尊崇而为人所宜酹祭而酬报者,微特东岳独有专祠,历代皆有祀典。自宋元以来,随在有碧霞行宫焉。迨明封"天仙玉女灵慈惠恭顺普济护国庇民碧霞元君",无论通都大邑,即乡堂闾里,悉有庙宇,以奉香火……而浚邑城外浮丘山碧霞元君行宫,更远近闻名,香烟尤盛。

其五,泰山行宫是泰山(碧霞元君)信仰体系的法统延伸。

承认遍布全国的泰山(东齐、东岳庙)及碧霞行宫(分香)的存在合法性,加速泰山信仰体系(宗庙)向中原地区的法统延伸,是泰山碧霞元君信仰的最显著特点。自明清以来,泰山碧霞元君信仰一脉相承,持续绵延,保持着旺盛生机与活力。既承认位尊泰山的独一性(宗庙),又承认碧霞行宫(分香)的普遍存在,是碧霞元君信仰得以迅速传播的关键。在明代,这种观念已得到官府认可并影响民众。

明朝隆庆元年(1567年)陕西道监察御史、邑进士王璜撰《重修泰山碧霞元君行宫记》:

泰山碧霞元君之神,历宋元以来,威灵烜赫,遍于寰宇,远近之民除岁谒登。告外仍所在设建行宫以伺神游驻跸。矧浚去泰山甚达密迩,民亦崇信尤至。旧在城隍庙侧有庙一楹,凡民间祈请、控诉、有祷,辄应……会嘉靖庚子普安进士蒋侯(虹泉)来尹此土,首询理神治民之谟,而有得于此,遂下基于浮丘之巅建行宫焉,盖为民求庇也。

清顺治六年(1649年)黄之俊《浮丘山元君殿碑记》:

太山为东岳,元君栖其上久矣。今又来浮丘,信否?盖浮丘,大伾之支,大伾即神禹导河自龙门,历华阴及孟津、洛汭,至于大伾,而下□为二渠。此山虽小,然名齐峻峰,文人墨士过即登之,辄题其上。神之所止,不在太山,或当在是。元君之来浮丘,其即祖师来东土意也。

清道光六年（1826年）四月《金装神像碑记》：

天下名山三百，而泰山独称岱宗者，盖其爵视乎三公，而其脉来自东海……古者天子巡东方，则隆望秩之典；诸侯在封内，则修旅祭之文；大夫以下，勿与焉。降至后世，天地不怀其德，亦无人不仰其灵。虽在绝域异方，远于泰安者，亦立庙于本境以奉之。如浚邑浮丘山之圣母行宫，则其尤著者也。

清同治九年（1871年）《重修浮丘山碧霞宫碑记》：

柴望岱宗一事，有虞氏所以谒诚尽慎者，良以云起崇朝，霖雨之功德遍天下也。尊以隆名，崇以明祀，历代宝之。宜乎群黎百姓，报赛迓庥者，日不绝迹。故凡宇内行宫所，香火亦因之俱盛焉。如我浚邑城外浮丘山椒，楼阁连云，林木蔽日者，即泰山碧霞元君行宫也，香火之盛甲于河朔。

由上述可见，在中原地区，碧霞元君信仰与泰山信仰密不可分，民众已习惯于把对泰山的信仰转化为对碧霞元君的信仰。碧霞元君成为泰山信仰的"形象代言人"，而以泰山文化为核心的泰山信仰是碧霞元君信仰的文化基石和山岳载体。遍布各地的碧霞元君行宫（分香）法统承认，又使碧霞元君信仰在更长时间、更广区域及更多民众中得到了更有效的传播，进而促使浚县碧霞元君行宫发展成为中原地区的区域性信仰传播中心，直接带来了无数香客从四面八方云集浚县正月庙会朝山进香。会社香客的宗教信仰及物质生活需求，最终又催生了浚县正月古庙会，并使之走向鼎盛。

二、碧霞元君信仰——浚县正月古庙会的信仰主体

浚县正月古庙会是中原地区的龙头节会，在中原乃至全国独树一帜。作为国家非物质文化遗产和河南省民俗经典，浚县正月古庙会以其悠久的历史、丰富的内涵、深远的影响和持久旺盛的生命力，被誉为"中国文化史上的一个奇迹"，还有其包罗万象的民间民俗事象，更被誉为当代民族民间文化的"活化石"。

著名民俗学者倪宝诚先生曾说过："浚县正月庙会之所以发展，是受碧霞元君产生的宗教信仰、文化信仰影响。"历史地考察浚县正月庙会诞生、存在和发展历程，我们不难发现除了根植中原腹地广阔、文化灿烂、物产丰饶、人口众多等自然条件、文化基因和经济基础外，还有更深层次的民众信仰基础，这个信仰的主

体就是泰山碧霞元君信仰。可以说没有碧霞元君信仰,就不会有碧霞行宫的创建,更不会有以朝拜碧霞元君为主要活动的浚县正月古庙会。显而易见,碧霞元君信仰才是正月庙会赖以存在发展的民众信仰基础。正是借助这个强大的信仰力量,浚县正月庙会才得以产生、存在并进一步发展壮大。

其一,碧霞元君信仰是浚县正月庙会的信仰主体。庙会,又称"庙市"或"节场",其形成和发展与地庙的宗教活动有关,多设在庙内及其附近,故名。庙会的源泉是远古时期的宗庙社祭制度——祭祀。随着经济社会的发展和人们交流的需要,庙会在保持祭祀的同时,逐渐融入市集交易活动。这时的庙会又得名"庙市",成为中国集市的一种重要形式。随后,庙会又增加了娱乐性活动,成为中国民间广泛流传的传统民俗活动。庙会是宗教信仰、游戏娱乐、文化思想的载体,更是一个经济载体。浚县正月庙会的宗教信仰和祭祀活动,源于对碧霞元君的信仰和祭拜,逐步从官方走到民间,从而构成正月庙会的信仰主体。

碧霞元君是传说中东岳大帝的女儿,著名学者顾颉刚称之为"北方地区的女皇",人们习惯称之为泰山圣母、泰山奶奶。她是明清以来我国华北地区最流行的一位女神,与天后妈祖一起被誉为我国一北一南两大女神。供奉她的庙宇称为"顶"。

据碑刻记载,浚县碧霞元君庙始建于元代,重建于明朝。自明嘉靖十九年(1540年)开始在浚县得到官民士庶的崇拜和信仰,可以说灵异累累,万众敬仰,史不绝书。立于碧霞宫院内的嘉靖四十一年(1562年)进士孟思《重修碧霞元君行宫碑记》,详细记载了嘉靖十九年(1540年)知县蒋虹泉接受碧霞元君信仰并主动捐俸资迁建碧霞元庙的全过程:

来尹于浚,时且三年,其子思孝病且三年,医尽术穷……或曰碧霞方显灵于兹土,请祷之……未旬日,思孝者病不复有……因祠之卑隘,大捐俸资,迁浮丘山椒。

明嘉靖戊午岁(嘉靖三十七年,1558年)十二月,浚县司训谢载撰《浮丘山岳神灵记》:

浮丘之上有太山行宫,宫中肖像岳后之神,端供尊严,而傍列诸司。岁时致祭,每祷辄应,诚所谓山灵神灵,神道设教,无逾于此。

清朝同治十二年(1863年)《重修碧霞宫碑记》:

浚邑浮丘山巅向有碧霞元君殿,旧在城隍庙左,自明嘉靖庚子灵异累累,贤侯知县虹泉蒋公始建于山巅。

民国四年(1916年)滑县南二区邓家庄会首崔挺升《太山圣会四年圆满碑记》:

近今太山圣会佥曰甚灵。

由上述可见,自明清以来,碧霞元君崇拜及显灵信仰一直延续下来,成为民众信仰的重要精神支柱。基于此,四方民众约起香会,不远千里前来朝山进香,并积聚形成一种巨大的宗教力量和社会力量。

清乾隆十六年(1752年)二月直隶大名府魏县方里集会社《朝山进香碑记》:

直隶大名府魏县各村不同人氏,现在方里集四散居住。上奉泰山娘娘尊神,由来久矣。天下庙而祀之者不知凡几。其奔波恐后,诘诚告处,香火络绎不绝,泰安而外,大抵为最。苟非威灵感应,维岳降祥,何以使人崇奉若斯之盛耶?欢欣鼓舞,朝山进顶者,直省概不乏人。而垂久志诚,类多刻石以记。是以吾魏方里一镇及邻近村庄,闻风入会,后先继香,男妇百十余人,相沿百有余岁(注:百年上推至1652年,清顺治九年间)。

由此可见宗教力量的巨大。经常来浚县的人都知道"南山朝顶,东山观景"。古代由于交通不便,来自山东、河北等地的香客为了到浚县朝拜碧霞元君每年都提前来,因此带动了餐饮业、旅馆服务业、农副产品等商品贸易的发展,加速了庙会的形成和发展。

众多香客来浚县山拜"老奶"碧霞元君而兴起的正月古庙会,规模越来越大,持续时间越来越长,主要得益于香客群体的支撑。往往一个村子有一两家朝山进香、赶庙会,就会带动全村人来浚县,这样一加十、十加百的扩散叠加效应最终成就了浚县正月庙会独特的文化风貌。

其二,碧霞元君行宫是浚县正月庙会信仰活动的重要载体和朝拜圣地。无神无庙,无庙无神,无神庙则无庙会。浮丘山碧霞元君行宫是碧霞元君信仰的朝拜圣地,也是浚县正月庙会的重要载体。明嘉靖二十一年(1542年),浚县知县蒋虹泉迁建碧霞元君祠于浮丘山巅,这是以碧霞元君信仰为主体、以碧霞宫为载体的浚县正月庙会的重要里程碑。嘉靖四十一年(1562年)进士孟思《重修碧霞

元君行宫记》碑文,详细记载了建设缘起及建设过程:

先是,浚县城之南为城隍祠,祠之左有二郎庙焉,时久颓毁,乡民更为碧霞庙,推诚朴笃信者一人曰李实者主之。嘉靖庚子(十九年,1540年),普安进士蒋侯虹泉来尹兹土,时且三年,其子蒋思孝病亦三年,淹且棘矣,医尽术穷,罔克有瘳,或曰碧霞方显灵兹土,请祷之。蒋乃具衣冠祷焉。夜见梦于实曰:"不浃旬,勿药有喜。"厥明,实走白梦,人咸以为妄且诶。未旬日,思孝者病不复有。蒋始神之,复具衣冠往谢。因其祠卑隘,大捐俸资,迁之浮丘山椒。浚人淳厚者欢然助之。严以正殿,翼以修廊,辟以崇门,护以重垣。有房以居守庙,有厨以需至客。宏壮敞丽,既备既密。势据山巅,川岳精爽,英灵应报,愈益赫奕。工讫,蒋方为河南布政使,已而升云南都御史。

清顺治八年(1651年)《碧霞宫完社记》:

清甲申秋,仙灵依黎水,丘峦山势,带卫映伾,岈嵬钦前,崇行宫于峰隈。元建,至明嘉靖,蒋将令感应重葺,今复改大观焉。

清朝康熙年间碧霞行宫已规模大备,成为"畿南首区,河朔胜概"。经嘉庆、咸丰、同治、光绪年间多次重建扩建,碧霞宫建筑于浮丘山最高峰,坐北朝南,以南北轴线为中心,两廊对称,前后三个院落,殿宇80余间,占地11160平方米,成为国内屈指可数的碧霞元君宫观。300年来,这里成为人们祈福、祭拜的重要活动场所和正月庙会的宗教活动中心,吸引了山东、山西、河北、安徽、河南、天津等地的香客和游人。

清康熙十五年(1677年),浚县知县刘德新在《创建纯阳吕帝君洞阁碑记》中曾痛心且无奈地比较浮丘山、大伾山"冰火两重天"现状:

今浮之巅有岱之玉女离宫在焉,雕甍画栋,金碧灿然,而香火倾大河南北。乃伾,则青坛故迹,已翳荆榛,虽有佛阁龙洞,名存实亡,几于寂寂空山矣。

由此可见,使民众崇信碧霞元君的巨大力量,鼎建碧霞元君行宫,使之成为"此浚邑之巨观,实天仙之乐地也"(咸丰十年十二月《灯油香火碑记》),进而带动了浚县正月庙会的兴起和发展。

其三,碧霞元君信仰在浚县形成区域性信仰中心,使浚县正月庙会保持了经

久不衰的旺盛生命力。以嘉靖二十一年(1542年)蒋虹泉迁建碧霞元君祠于浮丘山巅为标志,碧霞元君信仰在浚县迅速传播,广建庙宇宫观,纷纷约起圣会,以吸纳更多信众,进而发展为规模巨大、影响广泛的中原地区碧霞元君信仰中心。一百年后,大约在明万历年间,已具备相当规模。

嘉靖八年(1530年)王璜编纂《浚县志》"祠祀第六",列出城隍庙、东岳庙等11所,但无碧霞宫。万历八年(1581年)知县任养心编纂《浚县志》"建置第二·祠祀",列16处庙祠,有东岳庙,也无碧霞宫。自万历六年(1579年)开始,以奉祀碧霞元君为主神的泰山新宫在浚县迅速扩展。据清朝嘉庆六年(1802年)熊象阶编纂《浚县志》卷六"坛庙"记载,浚县境内新建泰山新宫(俗名"奶奶庙")达到9处,即新镇东门外万历十六年(1579年)建,王二庄北门外,万历十七年(1580年)建,白祀所万历四十三年(1606年)建,新镇西门外天启六年(1627年)建,其他有桑村所、卫县所、同山、钟寺所等。在清嘉庆六年(1801年)《浚县志》及光绪十二年(1887年)《续浚县志》"祠庙"条目下,也较明代县志更明确记载了碧霞宫建设。如黄王景《续浚县志·卷四·建置·祠庙》记载:

泰山新宫,俗名奶奶庙,又名碧霞宫,旧志:在浮丘山。同治十三年,阖邑绅民重修。

宫观系统的大规模建设,使碧霞元君影响越来越大,信众越来越多,突出表现为天仙圣母会等会社的兴起。据现存于碧霞宫内的明清碑记统计,自隆庆初年(1567年)乡民杨金(嘉靖年间开始起会)纠集会众修建碧霞宫。万历四十七年(1572年),浚县温炳约起天仙圣母会,会众96人,并募金买庙前刘住地四亩二分,修作神道,砌其台基,种植树木。顺治三年(1647年),长垣县郑连起会三年朝拜碧霞宫。顺治七年(1651年),浚县西十里铺进驾驾主王国玉、王国太弟兄共约包括知县、县丞等地方官及京官在内的会众420多人,连续六年朝拜碧霞元君。据不完全统计,有碑刻记载的各类香会有清一代达20余个。

"起会—朝山进香—连年朝拜(不低于四年"功德圆满",多者百年不限)",成为以浚县碧霞元君行宫为中心的碧霞元君信仰体系的基本组织形式和基本运行机制,带动了浚县正月庙会的兴起和发展壮大,使之始终保持着经久不衰的旺盛生命力。

三、浚县正月庙会的基本文化特征

以碧霞元君信仰为主体、碧霞宫为中心的浚县正月庙会,植根中原,受特殊的自然条件、地理环境、人文历史、文化形态及社会发展条件等诸多因素的制约，在长期运行发展中，逐渐形成了十分独特的文化风貌。

其一，崇信碧霞元君，灵异累累。这是其赖以生存发展的原生宗教信仰动力。在明代，民众已广泛认为碧霞元君"修于山之名，灵于浚之地"（孟思《重修碧霞元君行宫记》），并经时间和事实检验，认定"凡民间祈请控诉，有请辄应……浚民始神其事"（王瑱《重修泰山碧霞元君行宫记》）。特别是嘉靖二十年（1492年），知县蒋虹泉之子蒋思孝久病三年，祈请后痊愈的奇迹广为流传，使蒋虹泉做出捐资迁建碧霞元君庙于浮丘山巅的重大举措。自此，灵异日显，逐渐得到社会认可。

嘉靖三十七年（1558年）浚县司训谢载在《浮丘山岳神灵应记》中记载了他自己亲历的一个异迹：

（嘉靖）丙辰岁（三十五年，1556年）春二月，司训谢载偕僚友曙林登眺于上，载以平生乏嗣一事默祷于神，且抱一泥像童儿于宅，以图后应。不意月余孕即胚胎诞，弥十月果生一子。感应之速，信不可诬。戊午岁（嘉靖三十七年，1558年）十一月，痘疹时行，载复祷于祠下，果获安全。是岳神之灵足以造命而福生，而浮丘秀气抑或钟于人也……盖诚斯灵，灵斯应。从而后，信神之不可诬。

此事言之凿凿，具有很强的说服力，影响有明一代。到明万历四十七年（1619）孟知言撰《新置碧霞元君神道碑记》已形成这样的结论：

夫浚之南，有浮丘山，域中形胜也。上建岳后行宫，殿宇巍峨，庙貌森严，远近钦仰，邑之士大夫人等，有求辄应，历历不爽。

到清代，这种信仰和灵异观念更得到巩固和加强。康熙五十年（1712年）二月十日大名府滑县梁村集《天仙圣母神庙碑记》：

我天仙圣母殿实居其巅，庙貌巍峨，宫墙俊丽……东西朔南朝山进香者，微特缙绅士大夫心焉敬之，即□妇人女子亦无不知敬者。年如月，月如日，洋洋乎，真天下之大观也！倘非神之灵感应不爽发，乌能使四方之众环而敬之，无日不然，无时不然哉？

道光四年（1824年）《重修寝宫楼记》：

在清代,这类灵应个案,碑有明载:嘉庆二十年(1816年)春日有(汤阴县)宜沟镇东玉,因身患病,来山跪祷,叩乞神佑,病痊情愿募化四方,助修庙宇。回家不日而愈。

光绪二十二年(1886年)怀庆府知府严作霖在《重修大伾山送子娘娘庙碑记》中也记述他自己亲历的两件异迹:

浚治城东有山曰大伾,即《禹贡》所载。山之中迤南有庙一楹,即泰岳之尊神娘娘庙也。浚之士女尝来庙乞嗣,剪纸焚帛,以冀神之灵佑,而神即应,日久岁逝,则神之灵昭焉。庚寅(光绪十六年,1890年)余守卫郡,闻神之灵,家人道余以孙嗣乞祝于神,余从焉,越三载而得两孙,由是益信神之有灵矣。乙未(光绪二十一年,1895年)秋,余来黎阳为芦盐局司长,尝致祭于斯庙。丙申(光绪二十二年,1896年)春夜,梦一老人入梦,言余将为覃怀太守。越数日,覃怀太守以事去,果以余署其职,而始知畴昔之夜梦中人者,即泰岳神也。

随着社会发展,这种信仰特别是灵异观念也发生了一定变化,但没有根本改变。民国四年(1916年)滑县南二区邓家庄太山圣会会首崔挺升在《朝山进香碑记》中感慨:

近今太山圣会金日甚灵,予弗敢谓其甚灵,亦弗敢谓其不灵。试思神其人欤,人道迩而神道远。人者,神之主也。圣人先成人而后致力于神……不知神与人一而二,二而一,敬人即敬神矣。非然,不惟不知神,亦并不知人。

不管朝代如何变迁、历史如何发展,崇信碧霞元君、相信灵异频现仍是浚县正月庙会一大文化特征。

其二,规模宏大,河朔第一。自明朝嘉靖年间开始,浚县浮丘山碧霞元君行宫已具有宏大规模,宫殿林立,庙宇巍峨,成为除泰山之外碧霞元君的又一中原圣地,在清代得到长足发展,影响地域更加广阔,庙会规模越来越大。一是碧霞宫成为"河朔胜概"。咸丰十一年(1861年),宋魁元碑刻中记述:"碧霞宫创自明季,胜于本朝,费巨万之财,成不世之功,二百余年犹焕然也。"嘉庆十六年(1812年),浚县知县《严禁作践庙宇碑》中说:"浮丘山碧霞宫创建有年,香火最盛。近更加修整壮丽辉煌,瞻仰弥昭诚敬。"二是影响地域更加广阔,受众规模空前。顺治十三年(1656年)《善信进香题名碑》:"元君名于山之巅,不惟灵于浚之区。且燕、韩、赵、魏、郑、宋、邹、陈诸大夫,黔黎、黄童、白叟与夫冠缨望族,蚁聚蜂屯,络绎不绝。每不啻亿万,皆祷祝于斯,有求必应,无感不通。"无论是影响地域,还是香客构成和信众总数("不啻亿万"),碧霞宫都达到空前盛况,几乎囊括长江以北、太行以东的中国北半部。三是地位堪与泰山比肩,除泰安岱宗之外国内无与伦比。康熙四十三年(1704年)《泰山圣母碧霞元君十二年圆满碑记》:"大伾之西有浮丘山,鼎建泰山行宫,走海内人如鹜,几与岱宗争长,盖山灵之奇也……绅士乘兴游览,庶民朝山进香,男女裹粮,贫富输资,相沿成风。"顺治八年(1651年)《碧霞宫完社记》:"风雨无纤尘,雨其无微津,灵之呵护六宇,万方响应,一时莫殊泰岱,如云之集也。"四是仲比泰安,甲于河朔。清乾隆十六年(1751年)三月直隶大名府魏县《朝山进香碑记》:"上奉泰山娘娘尊神,由来久矣。天下庙而祀之者,不知凡几。其奔波恐后,洁诚告处,香火络绎不绝者,泰安而外,大伾为最。"同治十二年(1873年)军功一品衔沈俊在《许公施灯油资碑记》:"浮丘山有碧霞元君庙,貌巍峨,香烟甚盛。"候选知县朱绣于同治十一年(1872年)《重修碧霞宫碑记》中已自豪地宣告浮丘山碧霞宫"香烟之盛,甲于河朔一带也"。

经过明清两朝的发展,浚县浮丘山碧霞元君行宫及由此衍生的正月庙会,已真正成为仅次于泰安的中原地区最大的碧霞元君信仰传播中心。

其三,香社众多,信众云集,广行善事。随着浚县山碧霞元君行宫影响的扩大,前来朝山进香的人越来越多。这些香客的信仰是相同的,目的是一致的。在这样的前提下,群众性的民间组织——香社便应运而生。"香社"又称"香会",主事人被称为"会首"。香社的出现是浚县正月庙会向规模化发展的重要标志,同时也是庙会的重要组成部分。据现有碑刻资料记载,明、清、民国时期比较活跃并产生影响的香社有20余家。其中持续时间最长的大名府魏县方里集香会,自顺治八年(1651年)到乾隆十六年(1751年)合众百余人,连续朝山进香一百余年。清顺治十七年(1643年),浚县城西十里铺进驾驾主王国玉兄弟发起一会,规模最大,包括有四川道监察御史马大士、钦差河南清军驿传盐法兵备道按察司佥事程淏及浚县知县、儒学教谕在内的官民人等420多人。很多信众也广行善事。清顺治年间,"申养德母郭氏协众进香,捐资、助工、攒粮、继饷、劳力、供厨,十有余载,不替初心。"(《善信进香题名碑》)咸丰元年(1851年),住持道人李祥钰请诸位会首捐资募集,重修碧霞宫观楼阁道路并金妆神像。内黄县汤王庙会首李九朝等48人募银13两,重修三仙圣母殿月台,补墁地石380块。

其四,世代传承,相沿成风。无论起会,还是朝山进香,来浚县的信众均为世代传承,相沿成风。直隶大名府魏县方里集一会,"男妇百十余人,相沿百有余岁"(《朝山进香碑记》)。大名府东明县大新庄王廷禄一会40余人,连续进香37

年,"自康熙四十八年(1709年)至乾隆元年(1736年),岁岁进香。越明年,王君卒,其子廷禄曰:此吾父志事所在也,不容废坠。而同人中亦多以子继父者,迄今又十年矣……朝历三君,家历两世,而精绝之意一脉相传,虽久不懈,是真所谓善矣"。浚县邑东张耀祖一会30余人,"父子相承,祖孙相继,已历七十余载。其间芯芬歆香以飨以祠,其诚敬可谓至矣"(乾隆二年《十五圣会完满碑记》),十分感人。浚县张士杰一会共80余人,"共随天仙圣会,以四年为期。今历四年之久,而合会之人始终如一,并无半途中止者"。

其五,定制正月,百代薪火相传。浚县正月庙会的起源至今尚无定论,河南大学高友鹏教授及浚县马金章先生均主张起源于十六国后赵石勒开凿大伾石佛时期(公元330年),但据目前已知文献或文物资料看,正月庙会当形成于明末清初。

最早的记载是康熙五十二年(1714年)滑县梁村集会首仝善统所留碑记中记述:"余滑人也,以浚为邻,髫年时即耳而敬之(碧霞元君)。幸而神明默感,余为倡之,大众莫不心窃愿之,纠合一会(共127人)于每年正月内进香一次,实数年于兹矣。"这是目前所能查到的最早文物资料记载,如果照此推算,距今当有300年左右,或者在清初顺治、康熙年间,香社信众每年于正月赴浚县南山碧霞宫朝山进香始形成制度。"乾隆年间,浮丘山碧霞元君正月庙会日盛,除影响本省外,远及山东、山西、直隶诸省。八月庙会也逐渐形成"。(《鹤壁市志·大事记》)道光六年(1826年)四月《金装神像碑记》:"浚邑浮丘山之有圣母行宫,则其尤著者也。每至冬春之间,士女进香,纷然云集。"

这种固定在农历正月的朝山进香时间以及由此形成的正月庙会,到清末光绪年间才最后定型,并成为制度。光绪六年(1880年),大名府长垣县青土罡集香会所立《青土罡集朝山进香会序》已明确说:"故感太山尊神之灵,邀约乡里敬齐朝山进香圣会,恒于每年正月间,率领同会诸善士,亲觐大伾洁粢丰盛,展祀于碧霞宫殿之下,以达其忱恭,迄今七载,善功圆满。"显然,"恒于每年正月间"朝山进香,已充分说明在清朝光绪年间,浚县正月庙会已成为定制,并传承至今,薪火相传300多年。

其六,植根中原,本土流变。碧霞元君信仰发源于山东泰山,传播影响于中原河南。在中原地区传播过程中,碧霞元君信仰在齐鲁文化与中原文化融合交流的背景下也发生着变化,逐渐与中原文化融合,适应中原人民的精神生活需要,突出表现为原来的泰山碧霞元君一神到浚县变为三仙,"象圣母而三仙"(碧霞、紫霞、佩霞),这与《道德经》"一生二,二生三,三生万物"的文化理念高度一致。同时,它与浓厚的中原民间文化——社火结合起来,形成了带有极强教育和娱乐功能的社火展演,如正月十五、十六各路同乐会在碧霞宫的娱神展演活动。这些都与浚县特定的风俗相协调,并形成一种十分独特的正月文化风貌。清嘉庆六年(1861年)熊象阶《浚县志》中对浚县正月风俗的描述就直观地反映了这种文化风情:

  (正月)立春前一日,知县率僚属迎春于东郊,土人陈傀儡百戏,鼓乐前导……是日,多竹爆声。上元为灯节,先期试灯,至期放灯。剪采错金为鸟兽虫鱼之形,罗列巷陌,谓之"灯市"……十六日,男子结侣游戏,谓之"走百病"。祀火神,游人更众,杂沓衢路间。

  这种情形与现在的正月庙会文化风貌并无二致,说明碧霞元君信仰传播到河南,已与中原文化进行了深度融合,也说明中原地域文化具有极强的兼容并蓄能力、深远的影响力和持久旺盛的生命力。

豫北地区武陟元宵"行水"中的高跷民俗
——以高伊高跷为个案的调查报告

成传港

绪论

在豫北地区，流传着诸多民间艺术形式。本文通过实地调查，依托武陟当地传统的"行水"仪式考究高跷民俗背后的"人与社会""人与文化"的关系。为了能够进一步探究民俗民艺在当今民间群众之间的社会文化层次结构，在 2016 年正月十五至十六（阳历 2016 年 2 月 22～23 日），笔者跟随高伊高跷做了"行水"现场调查，并在此之前做了艺人口述、现场回顾、收集整理相关资料等工作。本文分四个部分展开这幅隐存于乡土民间"行水"之上的高跷宏卷：第一部分系统阐述了对高跷和武陟高跷的研究；第二部分以口述史的形式表述"行水"；第三部分是圪垱店村"行水"的高伊高跷个案调查；第四部分是对音乐体系的研究。

本文是关于豫北地区武陟高跷元宵节"行水"的个案调查报告，从民族音乐学的视角对"行水"仪式上的高伊高跷民俗、音乐体系以及班社机制进行考察和描述，以口述史辅证田野调查，探讨当前社会底层叙事文化的生态概况，并通过实地田野调查在以文化人类学和底层叙述方面的民族志书写范式中选用表现的典型，从中追寻"行水"之上的执行者们在中原大地多元文化的现代化环境中如何维护传统文化的延续和发展。在此宏观背景之下，对高跷音乐音声形态的研究则成了本文的侧重点。

一、对高跷和武陟高跷的研究概述

在我国北方大部分地区，广泛流传着踩高跷这一节俗活动。它一直生存在农村，历来与野老村氓、贩夫走卒，尤其是巫优娼伎之流有着不可分割的联系，其地位和作用很少能够被人们以公正的态度来对待，故而至今都没有关于高跷的专门研究，只有为数不多的有关资料、信息，散见于志书之中。但是高跷这种活动是民间群众自发参与创作、表演、观赏，以期娱乐自我、表达自我的方式，是民族精神文化最鲜活最重要的载体，甚至可能要比那些正史中的文献更具有"信史"的意义。

作为民间文化的一种重要载体，高跷在文化传播方面有着突出的表现，能够以艺术化的手段和形式来表述民间劳动群众现实生活的喜怒哀乐、悲欢离合，在长久的发展中对艺术形式的定性和定型起到了至关重要的作用，其发展可谓"野火烧不尽，春风吹又生"。在《京都风俗志》中有明确记载："秧歌，以数人扮陀头、渔翁、樵夫、渔婆、公子等相，配以腰鼓、手锣，足皆登竖木，谓之'高跷秧歌'。"这是在目前所见史料中首次对高跷的准确定位。由于历史遗留问题和艺术形式本身，目前学界对于高跷的研究尚不够细致，研究起步时间较晚且力度不够。对于高跷的起源，学者各执一词、百家争鸣。最早的研究应是已故历史学家孙作云（1912～1978年）的《说丹朱——中国古代鹤氏族之研究——说高跷戏出于图腾跳舞》，首次提出高跷源于鹤图腾崇拜的论点，并以《山海经》古文献"长股之国在雄常北，被发，一曰长脚"为据。晋人郭璞注释为"或曰有乔国，今伎家乔人盖象此身"，清人吴任臣注释为"乔人，双木续足之戏，今曰蹝跷"。

高跷又称"高跷秧歌"，是一种广泛流传于全国各地的民间小戏，因表演时双脚踩踏木跷而得名。演员化妆、着戏服，常扮演某个古代神话或历史故事中的角色形象，演出角色多是"三小戏"（小生、小旦、小丑）。演出走圆场，附和乐队伴奏载歌载舞进行。高跷从表演风格上分为"文跷"和"武跷"，"文跷"重演唱和情节表演；"武跷"重炫技功夫，多为杂技展演。音乐最早来源于劳动人民插秧时所唱的插秧调，发展过程中吸收了民间小调、说唱音乐和戏曲音乐等。剧目大致分为劳动生活、爱情生活、社会生活、历史故事、神话传说五大类，此剧目分类并不完善，出现了诸多分支的交叉。一个剧目可能包含多个分类方向，所以分类有待进一步完善。但是所有剧目都体现了劳动人民的审美观、价值观和心理需求，能够贴切自然、幽默诙谐，故而拥有深厚的观众基础，能够在历史长河中造就"小戏不小"的辉煌。演出常见于社火或庙会之上，与宗教仪式紧密相连。高跷在数千年历史的延续中与民俗仪式、民间音乐水乳交融，借助深厚的观众基础高度阐明了其历史地位和价值。

武陟高跷在高跷的宏观概念的套用之上既有交集又有所发展。武陟，古称怀庆府，原是黄河故道上的一个渡口，也正是古运河催生了怀庆府的繁华，使其成了商贾云集、人烟辐辏之地，被誉为"豫北小江南"。它东边是由安阳、郑州和开封形成的文化辐射,西邻洛阳,南隔黄河,北边毗邻山西。据明万历十九年(1591年)《武陟志》记载:"武陟县,周武王牧野之师,兴兹土,故名。"在历史长河中,吸收了数千年古都帝城文化的结晶,保留了诸多传统艺术形式,譬如"老怀梆""跑旱船""推小车"。在民间艺术形态高产局面下,高跷成为武陟典型的传统民间民俗艺术形式。

武陟县现辖7个镇、7个乡:木城镇、詹店镇、西陶镇、谢旗营镇、大封镇、宁郭镇、龙源镇、嘉应观乡、乔庙乡、圪垱店乡、三阳乡、小董乡、大虹桥乡、北郭乡。在民间但凡供奉火神爷,就会出"故事"。在时间的长期检验下,高跷存留不多,每逢重大庙会等民俗场合均能找到其影子,如嘉应观二月二"龙抬头"庙会,高跷就在其中,一方面筹神谢恩护佑,一方面娱人娱己,丰富人民群众生活。

二、对"行水"的概念及其程式的梳理

(一)何为"行水"——局内声音的讨论

在网络中搜索"行水",关于中医疗法的专业术语的阐释占据绝大部分。在抽丝剥茧的梳理中,不难看出"行水"在不同的史料记载中被赋予了不同的含义。或按字面意思直译为"行于水上",《周礼·考工记序》:"作车以行陆,作舟以行水。"或指流动的水流,清阮元《清远峡记》:"此二山(七里泷、羚羊峡),行水之地形皆与清远等,而羚羊峡过广西一省之水为尤巨。"也作使水流通,引申为治水,《孟子·离娄下》:"禹之行水也,行其所无事也。"在佛教中也见得到"行水",谓用水洁身以祈佛,《南史·齐竟陵王子良传》:"数于邸园营斋戒,大集朝臣众僧,至赋食行水,或躬亲其事。"或称之方言,指水路口的过路费、买路钱,亦指正当的税收、养路费,黄谷柳《虾球传·渡船》:"他不是鹤山人,他斗胆来设卡收行水。"

给你足够的想象空间,在水里行走抑或种种,你都不可能把"行水"与乡民持续几天通宵达旦的狂欢盛宴联系在一起。然这幅真实自在的社会场景与你天马行空的想象大相径庭,或真或假,或虚或实。那"行水"到底是什么呢?怎样的表述才是最正确且最能够被局内局外所共同承认和接受?笔者通过对数位局内人的采访,把隐藏于乡村"行水"的秘密一点点揭示出来。以局内人的口吻表述,是因为不同的局内人受各种客观因素影响有不同的见解,代表的是由一种核心立场所分散延伸的诸多变体立场。

1. 马寨高跷"领家"马胡闹

河南省焦作市武陟县嘉应观乡马寨村马胡闹(78岁),是马寨高跷班"领

家",也是昆乱不挡的高跷演员。他说:

新中国成立前定了规矩,抬火神爷楼转,还有带着马冲水,水流不动,用七八匹马冲水,让人躲开,水往前流。之前俺村是舞狮,道具被老鼠咬了,在重新置行头前,大伙决定耍高跷。这是老一辈传下来的规矩——"行水"。年年给火神会"行水",按说三年行一次水。如今行不动兵,老的上不去,年轻的都不学。行头都是传的,火神爷是轮流的,(火神爷)在谁家,行头在谁家。不再"行水",行头也不能扔,怕火神爷责怪,一直放在当下的会头家。你家是会头,不"行水"(火神爷)一直在你家坐,一"行水"就往下一家转。火神爷总会,在各个村有分会。总火神爷会头和各村领导替火神爷传话说明需要"行水",和各村领导商量,然后往下通知,队长再通知会头。"行水"路线是大队安排的,水头从哪里开始,到哪里结束。"行水"不走回头路,一直往前走。

他的话语表述紧紧围绕着"火神爷(会)",以"火神"为共通的精神信仰价值体系建构的"想象的共同体",通过将"行水"场合转化为社会实体场景来维系所属社会内部框架的稳定,以个体强烈的主观意识反映出"行水"的核心和程式、规范。笔者在采访中常常触及该年龄层老人的矛盾心态:一方面害怕丢了"行水"传统得罪火神,一方面又无奈于后人嗤之以鼻的态度。老人家既作为整个队伍的领导者统筹全局,又作为演员满足观众的需求,他轻描淡写地提及一次次亲历的仪式,都能够准确地把握住关键,切中要害。老人家乐此不疲地参与"行水"演出只为图个乐呵。民间火神信仰使得老人家在穷苦的年代能够得到一丝心灵上的慰藉,获得心理稳定。自改革开放以来,越来越多的青年离开农村走进城市打工,只能让这些老人抚"跷"叹息,在不知如何向祖先交代、诚惶诚恐地面对火神的愧疚中老去……

2. 东寨旱船"丑角"郭保传

河南省焦作市武陟县嘉应观乡东水寨村郭保传(60岁),是东寨旱船班"丑"行。他谈道:

实际上我认为就是每年过节的时候,各村都定有日子(像"五一"劳动节、"六一"儿童节一样起个名),一般是正月初几、十几,都是在年关里头,老百姓聚在一起高高兴兴,唱唱跳跳,庆祝一年的丰收。实际上就是"会演",土话叫"行水",非常气派的意思吧,老传统来说就是每年过节的一种娱乐活动,现在来说就是营造春节的气氛。这都是从旧社会流传到现在的(农村信仰的火神爷)。按迷信说,每年"行水"就是给火神爷"行水"的。啥叫给火神爷"行水"？意思就是叫火神爷看的，叫火神爷热闹的。为啥要叫火神看？火神是个好神，保佑村民一年四季平安健康的，每到过年的时候给他"行水"热闹。按社会意思说，一是旧社会流传下来的，二是丰富农村人的娱乐生活。我十几（岁）就开始在旱船班，老师们灌输的思想都是说："你得好好学好好唱，不然火神爷给你小疼疼灾。"不论作为高跷演员，还是旱船演员，武故事等这些文艺组织，如果你不积极参与，火神爷都会叫你家失火，以前都是说谁谁不参加，他家的箱里头都会冒烟着了，这都是火神爷给你惩罚了。就是以这种思想来束缚人们的思想。现在而言，这是一种热闹的文艺活动场景。国家是号召"行水"的，劳动人民辛辛苦苦一年喜庆丰收，说白了就是劳动人在中国共产党的领导下过得非常开心，生活非常不错。

以前都是县里给乡里下通知，乡里给大队下通知，大队再通知小队组织人员（上头也拿出一些经费）。每个时期每个阶段都有不同的意义，但总的来讲，共同的就是老百姓的文艺娱乐活动，是每到年关喜庆丰收的表现。以村为单位，一个或几个村联合起来共同在年关娱乐这几天，这就叫"行水"。比如，每年初七、初八、初九三天，东寨、中寨、西寨三个村合起来各个"故事"走街串巷演出，不是在舞台上演出的。人们常说："今个初七，水寨有水，咱去看吧。"

从郭保传的叙述中，可以看到以至高的角度和视角来看待"我在场－国家在场"的"行水"活动，敏锐的政治觉悟引导着本体意识的遗忘或是缺失。以"政治家的思维"强调民生和社会科学，摆脱根深蒂固的传统"火神"思想，获得更为普世化的说辞，"行水－国家政治－民间民众"三者形成良性循环。作为一个"行水"参与者，能够跳出老一套的"火神"制压的"紧箍咒"，历史性地分析"行水"的始末，郭保传认为"行水"在不同阶段孕育了不同的内涵象征，并按照主流意识形态需要的方式构成图解时代精神的方式。以马胡闹、郭保传作为老、中两代"行水人"的典型代表，他们的经历反映了"行水"的变迁。民族音乐要做的，就是阐释国家观念融入现实生活时，民间音乐组织在顺应调适的方式和速率方面表现出来的差异，其中种种，可资借鉴。①

3. 局内学者丁永祥

河南师范大学人文学院丁永祥教授，博士，武陟人，长期致力于"治家乡文化"的研究和"非遗"宣传保护，是"行水"及系列民间文艺最早的研究者，颇有见解。他在文章中写道：

---

① 张振涛.声漫山门——陕北民族音乐志.北京:文化艺术出版社,2015年,第129页.

"行水"是火神祭祀中最隆重的活动。"行水"的主要内容就是民间文艺大会演……"行水"的前一天下午要进行"点卯"。各路"故事"（文艺节目）到火神爷处上香、烧纸进行报到，意思是让火神爷清点一下今年参加"行水"的队伍。"行水"的当天上午八点多钟，各路"故事"从会首家出发依次排开在村中巡演。排列的顺序一般是狮子排在最前，之后依次为武术、各种文艺性节目、火神神楼。"行水"的组织非常严密，整个活动由村主任等重要人物统一指挥。所有的"故事"从火神会处出发时每队发一大令旗，用来指挥本队的行止。"行水"的路线是事先定好的，村中的各种庙宇、家祠等必然在路线之上……傍晚，"行水"结束，举行安架仪式——神楼重新抬进会首家安放原位。"行水"中参加表演的大都是民间文艺，如旱船、高跷、武术、舞狮子、担经挑、二鬼摔跤、哼小车、秧歌、抬花轿、大架、骑小毛驴、盘鼓、唢呐等。不同的村根据村的规模和经济实力不同，"行水"的规模也不一样，"故事"从几路到几十路不等。"行水"是民间文艺的盛会，也是一年中村里最热闹的日子。

做上述表述的前提是丁永祥老师已经把"行水"以他的角度普世化。什么叫普世化？就是把"行水"成功申报了省级"非遗"，并转译为"火神祭祀"，让局外人一目了然，更能够在部分非物质文化遗产展演场合见得到部分仪式和民间文艺。以学理性的思路梳理"行水"的程式，把民间本土化的理论认知平白直叙为科普性的文字，在此过程中，学术价值未得体现，但是在"行水"的向外传播上，或起到了转折性的作用。构建"行水"的宏观框架，对局外人首次认识和介入"行水"起到导向指标。丁永祥从民俗学的角度切入，对组织结构、仪式进程、文艺形式做出笼统的描述，给"行水"蒙上了灰蒙蒙的"学术性"。回到老一辈学者的文化背景之下，他们更擅长做宏观研究，只谈现象不谈文化，然"道统不需，学统常新"。

4. 乡民"看家"郭玉瑞

河南省焦作市武陟县圪垱店乡岗头村郭玉瑞（46岁），土生土长的本地人，也是"行水"场合极其重要的参与者，即"看家"。她讲到：

就拿圪垱店"行水"来说，那就是十里八乡的"故事"来圪垱店村会演。人也是多得不像样，啥"故事"都有，可丰富，想看啥看啥。我小的时候，电视、手机还没有这么普遍，经济条件也不好，那都是说哪"行水"，就可高兴，又能去耍，还能吃很多好吃的。不像现在，也有钱吃啥买啥，有手机有电视想看啥看啥。然这"行水"可没有以前热闹，"故事"也没有以前多。我好看高伊高跷和马寨高跷，每年"行水"都是跟着他们看，也学会了好几段高跷，就是不会上管。然看"行水"，还是那些老兵老将们,看不到新脸。估计是没啥人学,要不是还是这么大岁数(的人)出来"行水"。"行水"应该算是个大会,有"故事",有耍活,有吃食,以前还要请戏。

把自己的经历与"行水"相连,郭玉瑞看到了更多的问题,不单单有什么是"行水"、参与人员或班社的内部机制,还有民间基层文化的解构。艺术行为与民俗行为、商业行为、不易察觉的政治行为并存的式样,对于重新建构"行水"也是任重道远。这是几代人的回忆,如今的断层不知该怎么表述才能传达"行水"艺人的忧虑。

"受访者本身在某种程度上就是历史文献,他们的叙述或许有利于还原历史的真实性,当然也有可能使历史距离真实更遥远.而历史的真正本质在于它的丰富性和多样性。"①上述局内人总是会不自觉地举例说明或者是把自己的亲身经历与"行水"结合在一起强调他所说的话,这也是实践主体主观意识的强化。笔者也只是在用文字还原"他说"。不过,也正是"他说"解决了传统变迁的问题,也明白了"何为行水",可谓自圆其说。

(二)如何"行水"——现场实录与口述

任何一个文化事象都含有"历史",为共时、历时之综合体。局内对仪式"过去"进行解释,现场实录则是局外研究者对仪式展现"现在"的观察。②

笔者以正月十四到正月十六(农历)焦作市武陟县圪垱店村"行水"仪式为研究个案,对仪式的前期准备、现场仪式场景及其音声等做了一次纪实调查。

表1 仪式的参与演出团体

序号	文艺形式	村落单位
1	舞狮子	大城
2	旱船	东水寨
3	高跷	秦伊
4	高跷	高伊
5	秧歌	岗头
6	小车	安庄

---

① 傅光明.口述史:历史价值与方法.甘肃社会科学,2008(1),第78页.
② 林莉君.浙江省磐安县仰头村《炼火》仪式的音声民族志.上海音乐学院博士论文,2010年,第58页.

续表1

序号	文艺形式	村落单位
7	戏曲	岗头村
8	大盘鼓	西王庄
9	大架（男）	圪垱店
10	大架（女）	圪垱店
11	小车	小店
12	二鬼板跌	圪垱店村
13	钉缸	大城
14	小车	关音堂
15	扁担官	汤王堤
16	旱船	汤王堤
17	武故事	
18	小车	观音庙
19	老汉背妻	
20	狗娃娘	汤王堤
21	抬花轿	岗头村
22	赶毛驴	岗头村
23	舞蹈	
24	秧歌	

1. 行话

三百六十行，行行有行话，行话也就是同行之间交流的专业术语，唯有局内人听得懂的话。从另一个方面说，除在一个社群所用的共同语言之外，也必然会因某种需要而发生许多少数人之间的特殊语言，即所谓"行话"。行话是同行人间的话，特殊语言不过是亲密社群中所使用的象征体系的一部分，用声音来做象征的那一部分。① 下面是此次调查报告所记录的"行话"：

耍故事＝演出队伍

---

① 费孝通.乡土中国.香港：三联书店香港有限公司,1991年,第17页.

上管＝上跷
热闹场＝锣鼓曲牌
快板＝序幕报幕
锣鼓家什＝锣鼓乐队
调门＝音调
串戏＝排练
灌音＝衬腔
打闹台＝锣鼓曲牌
叫鼓＝打鼓
走场＝圆场
唱转＝唱的不是原汁原味
踩家什眼＝节奏点

2. 仪式前期采访记录

每位被访者都表示在"行水"前一天晚上都会到火神总会"点卯"。每路"故事"在"点卯"的时候不必全部人员到齐，只需几个骨干力量不化妆，象征性地在火神爷面前耍一段。经过上香、放炮、磕头一系列冗长而烦琐的仪式之后，参加"行水"的每路"故事"开始表演，皆会被记在黄裱之上，所有"故事"演完后将黄裱烧给火神爷，一是告知火神爷今年"行水"的节目有哪些，二是对各"故事"加以提醒明日的"行水"。

据高伊高跷"领家"高凤君说："一跌进腊月，各个要'行水'的村就开始替火神爷'下帖'了。腊月期间，晚上就会凑老伙开始练兵。只要晚上锣一响，在会的就开始陆陆续续来集合。一直排到出场才算完。"其他表演团体亦是如此，也都收到了圪垱店火神总会下的帖（如下），定于正月十五到十六"行水"。

邀请函

高伊高跷队：

圪垱店村兹定农历正月十五、十六行水，邀请贵村高跷队参加行水。

圪垱店火神会
腊月初八

3. "行水"仪式实录

正月十五清晨7点，笔者静候在圪垱店村东头东大庙。圪垱店村大队干部和圪垱店村火神会会首手持令旗在此等待"故事"。各路"故事"陆陆续续来报到。第一把旗由"开路狮"持走,庙里放炮开演。其后各路"故事"皆持旗前进,最后由火神爷神楼坐镇。

所有"故事"由"舞狮"带路,以东大庙为起点,给诸神上香祈祷演出,沿村中大路行走,行经家氏祠堂、大小庙宇寺院等皆是必停之处。祖先崇拜是中国传统儒家至孝文化,庙宇、寺院是佛教与道教文化的载体。在东大庙中,主殿供奉的是玉皇大帝和王母娘娘等道家诸神,然侧殿敬奉有观世音菩萨、弥勒佛、斗战胜佛(孙悟空)等。信众一旦进入东大庙,必须怀着虔诚的心见神就拜。笔者在东大庙注意到一个有趣的现象:一位50岁左右的信女在玉皇殿礼毕之后"烧纸",拿出的黄裱正中心打着佛家的"卍"字,还一边念念有词地敬告。如此一个具体的案例,可以观察到儒、佛、道三教在此方土地礼俗仪式中的结合程度。

"舞狮"调控整个"行水"队伍的前进速度,但往往"舞狮"走得很快,做了"开锋小将",后面的"故事"被乡民拦下,要求再演一会儿。高伊高跷"领家"高凤君回忆道:

高伊高跷只要出场,那"水"就会被拦下。前面有耍狮的"故事"开路,后面的"故事"跟上。"水"一直往前流,到俺这"水"流不动,人不让走,要接着表演。因为俺这"水"一堵,后面的所有"故事"都压着呢,"水"流不动,所以后面的"故事"也会适当调整演出的时间长度。

所有"故事"行走于乡间路上,"地做台,天做幕",每家热心、自觉地在家门口摆出一张小桌子,放上热水、饮料、瓜子、糖、饼干等这些贴心物来满足演员需求。对于这些门口放小桌的人和参与仪式的人,马寨高跷"领家"马胡闹解释道:

门口放吃食的,家里头都敬有神,或者就是在会的(火神会)。放桌子留人,想叫在他家门口给神热闹热闹。不可能是信"十字架"和回族的(人家)在门口放桌子。我长这么大,反正从没见过外教的请人耍"故事"。

所有参与"行水"的,不论哪一路"故事",都是敬的火神爷。每一路"故事"的演员都是在会的(火神会),一般不在会的不会出"故事"。一说"行水",在会的全班人马都会参与,恐怕火神爷治他。

"故事"跟着"故事"走,行走的路线都是火神会和村领导规划好的,要把整个村串一遍,而且不会出现回头路(不吉利的说法)。所到之处,必有"水流"。这样也方便了一些不便行走的老人能在家门口就看得到老传统。

值得注意的是,每到一家或一处,以一挂鞭炮告知。鞭炮回响中让人意识到,仪式音声并非仅限音乐,所有音响如同音乐一样,共同塑造出特殊的氛围,特别是中国语境中不可或缺的鞭炮,在铺垫气氛方面,效果绝不逊于其他手段。鞭炮的信号作用和象征功能与岁时节日、人生礼俗、仪式朝会紧密相连,或者说,鞭炮就是仪式象征中最突出的形式之一。①

中午12点是每路"故事"换班的时间,上午的A组演员去吃饭休息,下午B组演员重新开始。吃饭休息都是自理,有的回家,有的就近在商贩那里解决,也有的去亲戚家。换班过程就是民间乐班编制的映射,下文选取高伊高跷班为具体个案说明,这里概不赘述。

晚上5:30左右,领导者通知结束今天的"行水"。所有人马都会在心里记住今天停在哪儿,第二天就接着开始,仿佛把晚上的休息给割断,直接连上第二天早上。"行水"的执行者们在这样的场合本身很享受以如此方式和乡民联系,演出跳进跳出,好像在场的所有人都是演员,他们更愿意共同促进青年人对家乡文化的自信和认同,即使大部分青年人不愿意接受。

正月十六的盛况依旧如此……

高伊高跷"领家"高凤君说:

在"行水"时,也是看哪一路"故事"耍得好坏了。高跷几路的,小车也多,这时候就相当个比赛,看谁招的看家多,围的人多,堵的"水"流不通,就说明这路"故事"耍得好。有的唱得好,有的说白话说得好。无形之中,观众都知道啥好啥坏了,这慢慢地也就打开名气了。要说耍的"故事",俺高伊高跷没啥说的,"哼小车"要属关音堂,还有圪垱店南街的"大架"也是多排场。正月十五、十六耍两天"故事",这年也算过完了,年轻人就又该去外头打工了,这家什就该收拾收拾装箱等下一年行水。

"故事"越多,"水"越好。直到正月十六晚上6点,所有"故事"集中在圪垱店村火神会会首家,进行"转会"仪式,即火神爷神龛转往下一位会首家。

由新会首呈供、上香告知火神爷转换府邸,其后出府上轿,门外鸣炮奏乐。所有"故事"尽兴表演,跟随火神爷的神楼,直到神龛坐于新会首家中,在院子里各展风采,表演即过,"行水"即过。晚上9点所有"故事"表演完毕,"行水"在此

---

① 张振涛.声漫山门——陕北民族音乐志.北京:文化艺术出版社,2015年,第294页.

画上了完满的句号。

三、圪垱店村"行水"的高伊高跷个案调查

本文在调查报告中,选取了武陟圪垱店村正月十五"行水"进行现场实录和田野调查。正如上文所述,圪垱店村把"行水"时间定在正月十五元宵节,持续两天,直到正月十六晚上"转会"结束。圪垱店是武陟县人口最多的一个重要乡镇,在正月十五当天圪垱店乡所管辖的行政村都会汇集到乡上耍"故事",而扬名十里八乡的高伊高跷队也在其中。

和其他"故事"一样,高跷已经于头天下午"点卯",准备当天的演出。笔者为了进一步调查高跷,多次走访艺人,进行现场回顾和口述记录。在"行水"之前,笔者有幸参与了整个仪式过程,从演出前的一系列准备直至"行水"结束的"转会"。

调查时间是2016年正月十五到十六(阳历2016年2月22日到23日)。圪垱店村火神爷总会和村领导决定当年"行水"还是定在农历正月十五,然后消息传达至各村各大队,准备"故事"。高伊村村委会主任收到通知后,找该村当年的火神爷会首,以敲锣的方式召集在会的人开会商讨何时串戏。所谓串戏,就是演员在会首家集合,不上管,坐在一起,配着乐器,紧着一出戏唱完。正月十五早上会首敲锣集合,"领家"带着全体演员出发到圪垱店村"行水"。"行水"持续两天,把整个圪垱店村流一遍,才算结束。

高伊高跷参加"行水"的演员分为两班,一班各12人上管,分别负责上午和下午演出。演员所踩的跷,俗称"管",木制材料,1米左右的高度。而在早些年,跷有1.5米之高,在发生了一次意外事故(一位骑驴演员从跷上摔倒,落得终生残疾)之后,出于演员安全的考虑开始裁跷,至今没再发生变动。除上管演员外,还有乐队4人、领家1人、杂务(扛旗的、推车的、支座的、抬鼓的)6人。乐队俗称"热闹场",乐器统称为"锣鼓家什",由"领家"带队,在锣鼓家什一番敲打之后,演员就上场了。所有上管演员出来走圆场,掏八字,其目的在于打开演出空间和场地,吸引观众围观。之后,全部演员走在后面,由一个人坐在斜支的座椅上,旁边所有的演员扶着坐者的肩,就这样肩并肩站着。因为踩着跷,要一直走小碎步,一旦站着不动就会摔倒,只有寻找一个固定的点,才能把握住平衡。紧接着小丑跑出来说白话,即"快板",讲究押韵对称。在这里要提一下,老旦也会出来说"快板"。在高跷之中,老旦也扮演着部分丑的角色,有丑的成分存在。然后丑开始唱"唱罢了前言书要归正,问听还是那太阳争锋,我问问代表着哪一个",后

面站着的演员齐喊"担水",丑接着唱"咱把那担水往下哼那哎嗨哟",此举意为报幕,告知观众所唱的是哪一出戏(当天唱的是《桂花担水》),引导观众进入剧情。随着锣鼓声起,就要正式开戏了。表演和大戏一样,只是在"行水"这样的场合之上,演出极具流动性,同时高跷也是非常注重程式性和虚拟性的。前面有耍狮的"故事"开路,后面的"故事"跟上。"水"一直往前流,偶尔也会遇到堵塞,观众围着"故事"不让走,要接着表演。因为这一路"故事",后面的所有"故事"都压着,"水"流不动,所以后面的"故事"也会适当调整演出的时间。而据高伊高跷艺人口述,早年观众都会拦住不让走,要接着唱,直到观众放行,如今没有人再拦路。关于拦路高跷的现象,也是一种极其显著的音乐文化现象,甚至是民间的多层社会结构框架动摇的写实,笔者在此概不赘述。高跷行走到下一桌前,依旧是丑出来唱"接着那担水往下哼那哎嗨哟",如此直至唱完整本戏,再换另外一本。

演出多为"三小戏",即小生、小旦和老旦,兼有青衣、丑。"三小戏"扮演着形形色色的人物,主场者在前面唱,后面的演员随即伴唱、重唱、合唱或灌音(也就是唱"呀嗨"这些衬词)。在唱的时候,脚下还要踩准家什眼,有节奏地有序进行。乐器有小战鼓、大锣、小锣和铙镲,没有任何管弦丝竹,这四种古老而简单的乐器支撑着每场演出。高跷班的行头、道具和戏曲的是一模一样,在演不同的戏时会使用不同的道具,如《桂花担水》有扁担,而在《荣花翻嘴》有马鞭等。此举也是为了配合演出的需求,同时能够逼真地还原场景,给观众留下深刻的印象。持续两天的"行水",高跷队唱了《桂花担水》《王大娘钉缸》《抖果脚》《卖花》《拾玉镯》这五出戏。除上述所述,高伊高跷的代表剧目还有《柜中缘》《货郎翻箱》《风雪配》《荣花翻嘴》《卖瓦盆》《卖铁》《装箱》《上坟》……从题材来看,多为表现封建社会青年男女的爱情故事,反映着对封建社会的抵抗和斗争,目的也是为了娱乐逗趣,丰富劳动人民的娱乐生活和精神世界。一位老艺人言道:"(高跷)作用和小品一样,逗观众乐。""行水"的演出是义务的,演员没有任何薪水。据说早在吃大锅饭、挣工分时期,踩高跷还可以挣工分,换取生活所需。如今,支撑着高跷队生存的经济来源是村委会主任挨家挨户收钱,美言道为火神爷"上供",所得钱财皆用于购置行头等。

四、武陟"行水"高跷音乐体系整理

唱词结构:高跷所唱的旋律统称为"高跷调",没有细分板腔体或曲牌体,其代表性的调有钉缸调,主要运用于《王大娘钉缸》。不同的戏,有不同的调。唱词格律以7字句和10字句为主,而有些6、8、9字和10字以上的句子可以看成5、

7、10字句三种形式加上衬字或缺字把字拉长的结果,这是表达剧情的需要。七字体在念白和演唱之中皆有运用,如《桂花担水》中"桂花母亲"开场所说:"老身生来手艺巧,常给人家补棉袄。东家送我一碗水,西家给我一碗枣、一碗米。"在"桂花"所唱之句中也见得到:"今日有酒今日用,哪不明日头来其,小奴有命交与你。"8、9字句不举例了,因为比较复杂,有些可以看成7字句和10字句的变格。主流的10字句,如"头上的蓝青丝狂风吹乱,脸皮上的官粉大汗冲完,嘴唇上胭脂点舌尖来舔,两鬓夹海棠花失落井台",唱词分为三顿,3－3－4形式最为普遍。分析得来,高跷唱词是以7字句和10字句为主,兼有其他字数的句子。一般说来,戏曲大都采用形成于清朝乾隆年间的"十三辙"分类方法,就是把常用文字按韵母相近的程度分别归入13个不同的韵目,同一个韵目的文字可以互押。"十三辙"是以北方语言系统形成的,而且不是官方的韵部划分,是民间曲艺和戏曲演员约定俗成的,包括京剧在内,现在仍使用"十三辙"划分韵部。实际上高跷戏也一直在使用"十三辙"来进行押韵,只不过受限于方言,语音变化较大,衬词较为普遍,在唱词上也已经有所变化。一般来说,"十三辙"已经是比较宽松的韵部划分方法了,所以一般不要出韵即可。高伊高跷戏中频繁地使用各种衬词衬腔,而这些衬词正好成为区别于其他地区高跷的一种标志,如"担呀么担起了""龙戏水哪哼嗨",与相应的旋律片断结合在一起,被用在某一固定部分,起到连接、扩展或加强表情的作用,和高跷的巧妙融合毫无违和感地表现出鲜明的情感,成为整个旋律不可分割的有机组成部分。

曲体构架:高跷的唱腔分为两段体,但是在实际演唱中会重复一遍下句。故而形成A－B－B1结构,整出戏建立在以一对上、下句为基础的不断变化、重复的连缀结构,是首句的变体。在B－B1两句中,重复B1时第一小节旋律部分改变,后面旋律保持相同重复。笔者认为这样重复并做稍微改动,能够刷新听觉效果,不会显得旋律简单而重复。

唱法:前台演员演唱起调,老师教的是什么就怎么唱,对于音高、音域没有任何概念。前面的演员开场,后面的演员根据需要齐唱,烘托氛围,营造音效。还有一种就是灌音伴唱,前台唱完之后,灌音"呀嗨咿呀嗨",全部演员使用本嗓演唱,众人拾柴火焰高,"天作幕,地为台",为此高歌,使得观众听得清楚听得明白。同时,反复使用灌音衬词,在表现上有很强烈的感染作用。高伊高跷戏演唱的是武陟方言,用方言唱词、念词,地域特征明显,极具地域风格,这也是其能够广为武陟人民接受的原因之一,但这也是高跷戏发展受限的原因,语言不通造成传播困难。

音阶、音域和音结调构:全曲由宫、商、角、徵、羽、变宫六声组成,六声音阶在中国传统民歌中被广泛运用。最为特别的是徵、商,"商—角"这样反复出现的四度音程的跳进,能够带动"角—徵"三度音程的跳动,活泼而有生机,充分发挥了高跷的逗趣情怀。高跷上句体结束在徵音,下句结束在角音。需要注意的是,高跷是男女分腔,有固定的一套体系,但是演唱时男女同音同调。

余言

笔者通过这次短暂的田野调查,获得了上述强烈的直观印象。暂不说主观人为因素,我们更应该客观地感恩火神爷,是他在这片沃土孕育出了如此厚重而不乏情趣的文化结晶、艺术产物。由于各种因素,高伊高跷自身形成了一个有相当特殊性和独立性的社会文化环境,表述了一种区域性的音乐习俗和文化现象,但它同当地人民生活的多方面广泛联系,使它蕴含着包括音乐在内的多种价值。"行水人""高跷人"作为"想象的共同体",以火神爷为纽带转化为有共同理想的一群跨区域的人,寻求的是神灵给予的安全感,更是对我国民族文化的认同和表现,正应了"民族精神是在历史记忆中形成的,体现在记忆、神话和仪式当中"这句话。[①]

高跷的消亡是不可避免的,但对于这份珍贵的文化遗产,我们应该有何作为,这值得每个人深思。

[①] 谢小娟.民族主义、民族精神及其当代中国意蕴.河南师范大学学报(哲学社会科学版),2008(4).

灯送上元夜，先人或可闻
——豫南地区元宵节"送灯"民俗的田野调查与初步研究

吴益生①

中国农历正月十五为元宵节，又称"上元节""元夕"，一般认为其始于两千多年前的西汉文帝时期。至西汉创建《太初历》时，元宵节已经被列为重大节日。元宵节自诞生开始，便不断演进和发展，经历了由宫廷到民间、由中原到全国的发展过程，并从佛、道二教的宗教性节日扩散为世俗生活，成为一个普遍性的民俗文化传统。一般来说，一年一度的元宵佳节是一个与团圆喜庆有关的节日。按中国民间的传统习俗，在这一元复始、皓月高悬的夜晚，人们要点彩灯、放焰火、耍龙灯、猜灯谜、吃元宵，通过各种形式同庆佳节。这个节日有一个极为鲜明的认同符号——灯，因此元宵节又称"灯节"。那一夜"一曲笙歌春如海，千门灯火夜似昼"，万家灯火，好不热闹。说到灯，河南省信阳市商城县、光山县、潢川县等豫南地区与其他地区赏花灯、猜灯谜的娱乐性过节方式有所不同，这里流行着另一个与灯有关的祭祀性民俗——上坟"送灯"。

一、缘起

俗话说"五里不同风，十里不同俗"，众所周知，其他地区元宵佳节的节日定位是我们凡人的狂欢，如闹元宵、耍花灯等，指向的是一种情感宣泄与娱乐表达功能。而豫南地区元宵节是给逝去的祖辈先人过的节日，在文化功能上更类似于我们常说的清明节。老话说"三十的火，十五的灯"，正是由于这盏正月十五的"灯"，在豫南地区很多乡亲的心目中，元宵节比春节更为重要，因为他们要在这一天完成一年中最重要的仪式——"送灯"祭祖。他们认为，人要过节，往人也要过节，往坟茔上送灯，是让故去的亲人拿着灯笼照亮回家的路，这样就可以和亲

---

① 作者简介：吴益生，男，生于1989年，河南省商城县人，硕士研究生，研究方向为中国思想史、阳明学。

人团聚了,故当地有俗语云"哪怕过年不回家,也要十五坟送亮"。乡民们能理解一个家庭可能由于各种原因没有人回来过春节、拜年,却很难接受在正月十五没有人回家上坟"送灯"祭祖。那一天,人们无论身居何处,都会风雨无阻地赶回老家。否则,除了乡亲们会指指点点,本族人也颇有微词,更重要的是,由于沉淀的文化心理习惯,自己心中也会留下遗憾。因此,我们看到,每年元宵节前的数日,在商城各个乡镇的马路上会再度出现一个奇怪的返乡高潮。作为劳务输出重镇的豫南地区,春节过后本应是离乡回城务工的高峰流,然而此时却是很多之前没能在家过春节的人自驾或包车回乡的高峰。当然,更多的乡亲宁可放弃及早出门赚钱的机会,即使是向单位请假,也要在家完成一年一度的祭祖仪式,然后才会开始各奔东西,直至下一年春节再次返乡。因此,商城县的民工和学生离乡潮一定是在正月十六之后才开始。此外,即便是在乡镇自主创业的乡亲,在元宵节当天也会放弃高额的利润,及早关店歇业,回老家做相同的事情。由此可见,当地民众对此民俗的重视程度非同一般。

一般来说,从当日清晨家族长辈接"家神"回家过节的鞭炮声开始,正月十五的诸多活动就拉开了帷幕。同其他地区元宵民俗一样,中午当然也是全家一起吃团圆饭,推杯换盏,其乐融融。高潮从傍晚开始,全家、全村乃至全县的人纷纷出动,到坟茔去给逝去的亲人"送灯",让阴阳两隔的人共度这个人间的节日。整个活动从午饭后一直持续到深夜,风雨无阻,从未间断,数百年来流传不替,成为豫南乡土社会一个重要的文化"活化石"。在笔者的家乡——大别山区深处的商城县,这一古老而又独特的民俗活动保存完整,笔者的调研也从这里展开。

二、"送灯"所需的相关用品

首先说"送灯"前的准备。烟花爆竹和火纸等"送灯"所必备的祭祀用品一般不难买到,这里重点说一下最关键的"灯",它包括三个组成部分:灯裤(即灯罩)、竹签(即灯骨)和蜡烛。传统的灯罩是用各色彩纸粘制而成,主要是防风,同时也可映彩,虽然简易,却大有讲究,颜色常见的有白色、黄色、绿色、紫色、淡红色等。可别小看这些灯罩的颜色,这里也是有严格规定的:逝者去世的第一年,即头年,要送白色的灯;第二年送黄或紫色的灯;第三年以后送红、绿、粉色的灯。听老人说,在旧时是很讲究这些礼数的,马虎不得。灯签则是用农村常见的竹子劈削而成,做成筷子般长短粗细,一盏灯需三到四根,一般会根据需送纸灯的多少准备上百根不等。至于蜡烛则也是提前购妥的,细心的人还会预先将蜡烛头上的棉芯用火燎灼一下,使之变焦变硬,以便送灯时能及时便捷地点燃。与此类似的举动,有老一辈的人会提前将上坟用的火纸挽花折叠或戳上钱印,既讲究又易于焚化。这些活计是相沿已久的惯例,一般都会在午饭后陆续做好,算是"送灯"的前奏。

这里需要说明一下,关于灯具近些年出现一些新的变化。受豫南地区"送灯"民俗的影响,相关仪式用品的市场需要自然也很巨大。一些地方商家抓住商机,用塑料薄膜批量生产成彩色的灯罩,因为省去了自己粘制的麻烦,在老家元宵节市场大受欢迎。此外,近年来还陆续出现了省去蜡烛的电子音乐灯具,据说使用起来更加便捷,不过由于价格昂贵,目前尚未普及。事实上,这些新出现的各式灯具,虽然在设计上符合现代人追求的省力、便捷等消费观念,但从实际效果来看似乎并没有传统的纸质灯罩庄重朴实。因此,在笔者老家,更多的乡亲还是愿意坚守传统的"送灯"方式和用具,由此可见这一民俗传统的生命力。

三、"送灯"活动的主要程序

说完"送灯"的前奏,接下就是"送灯"活动的主要程序了。从黄昏开始,乡间的大小路上到处都是人头攒动的"送灯"队伍。"送灯"有以家庭为单位的,也有以家族为单位的。以家庭为单位,祭拜的是自家的已故直系亲属。家族集体出动的则是给共同的祖先祭祀,一般由家族长者领路,家中青壮年和孩子们成群结队向坟山行进。到坟场后,首先在坟头压坟头纸,一般压三叠,正中一叠,两边各一叠,意味着儿孙们来看望祖先了,也表明这座坟有后人来祭奠,紧接着用带去的铁锹铲平坟前的草和土,把灯签按三角或四边形插入土里,约莫灯罩大小,蜡烛固定在中央,按插好的灯签套上灯罩,这便是"灯"了。一般来说,"灯"的数量要严格按照男丁多少配置,像那种老户、大户的家族公墓,由于墓主所繁衍分出的门房子嗣众多,坟前灯罩多至数排、数十排,达几十盏、上百盏甚至更多。不难看出,灯的多少是一个家庭兴盛和家族兴旺与否的一种直观标志。不一会儿,红、绿、粉等各色的灯,一排排整齐地插满坟地,然后把各家带来的鞭炮、烟花集在一起,找一个安全宽敞的地方摆放好,等待夜幕的降临。

天渐渐地黑下来,一轮圆月冒出山头,这时大家分头有序行动。大人们开始点亮坟地上所有的灯,当地方言叫作"发亮"。同时,大一些的孩子开始放鞭炮、炸雷和烟花,这是最热闹的事,也是孩子们最乐意干的事。接下来,长辈带着孩子们跪在坟前,依次燃纸、焚香,嘴里也依序祷告着:"他老太,他爷,他奶……今天过十五,你们回来看灯吧。这是一点儿小意思,你们也别嫌少,拿着吧。"同时也会说些祈求祖先保佑平安或荫庇子孙升学、当官、发财的吉祥话。此外,长辈们还会为晚辈尤其是孩子们一一追溯先人的往事,一代代口耳相传,不至于因年深日久将先人们忘却了。应该说,这是一种口述的家族史,是一部在那一夜每个后人都要翻阅的家谱。选在正月十五这一天进行祭祖,个中原因,众说纷纭。以前,乡下人一年辛劳到年头,难得清闲。改革开放以来,豫南地区作为劳务输出重镇,人们平时没有时间常回家乡,在清明节和已故亲人忌日时不便回乡的人们就借春节假期的元宵节"送灯"机会给逝去亲人说说心里话,排解思念之情,一了祭拜心愿,或许才是实情。此时的坟地祷告声一片,有悄悄哭的,也有沉默不语的,各有各的心思,各有各的祷告词。所以说,元宵节"送灯"的文化功能类似于清明节。

伴着祷告声,纸灰悠悠地飞上天去,意思是这钱祖先已经收下了。跪拜、祷告完毕,炮声响起来,烟花飞起来,各色的灯亮起来。近年来,在城镇里流行的许愿灯也悄然加入了这一民俗行列,尤其是年轻的一辈也会在乡间坟头放飞一只只寄托着对已故亲人思念和新春愿景的许愿灯。所有"送灯"的人都站立一旁,开始看热闹、赏灯。方才的那份情思,似乎又淹没在这充满欢乐和喜气的夜空里。此刻如果登高远眺,你会顿觉讶然,爆竹霹雳,龙蛇呼啸,火树凌空,遍地银花;五颜六色的灯,琳琅满目,千盏万盏,像辉煌灿烂的花朵,开遍漫山遍野。烟花绽放染红天际,鞭炮燃放响彻山谷,好不热闹!这时人们会真正感受到豫南乡土社会中独特的元宵灯节的魅力。

四、豫南"送灯"民俗的禁忌

在商城老家,正月十五还是有很多讲究的,这天除了要给祖坟"送灯"外,每家每户每个房间都要彻夜灯明,总之要最大限度地突出"灯"这一意象。这项民俗还有一些特别的禁忌,如出门的姑娘是不允许在娘家过十五的,更不允许给娘家"送灯"。只有娘家出现辍薪绝嗣的情况,才由嫁出去的女儿代为"送灯"。娘家人最忌讳嫁出去的姑娘在娘家过十五或"送灯",认为这样会使娘家人丁不旺,所以商城老家有"有女不观娘家灯"的说法。不过,也有一种例外,如娘家有长辈故去,嫁出去的女儿可以在父母、祖父母去世后的第一个正月十五去送一盏灯,俗称"送客灯",除了要插灯罩、烧纸钱、放鞭炮外,一般还会在坟头挂上一盏红灯笼,不过送完"客灯"后,就要匆匆赶回婆家去了,不能再在娘家逗留。有趣的是,媳妇儿是可以"送灯"的,因为她已是婆家的人。此外,没有出嫁的女儿由于还是娘家人,也是可以"送灯"的。显然,这种区别是有着传统社会男权主义的心理痕迹的。今天在同情和理解风俗禁忌的同时,也应根据男女平等的新时代诉求适当地移风易俗。此外，以前"送灯"后，还有"守灯"一说，即在坟前一直等到灯罩里的蜡烛燃尽才离开坟头，这既表达了后辈的虔敬，同时也可因有人看护而防止蜡烛中途熄灭。古语云"哀我父母，生我劬劳"（《诗经·蓼莪》），对于恩情大于天的父母双亲，此举实乃理所应当。晚去的人如果看到别人灯罩中的蜡烛熄灭了，一般都会顺便帮其续点上，虽是举手之劳犹见乡土人情的淳朴与厚道。

五、其他"送灯"形式及其意涵

这里还有一些情况不得不特加说明，它们也是整个豫南元宵节"送灯"活动的重要组成部分。从常理上说，"送灯"的对象主要是与自己家庭或家族有血缘关系的故去亲人，然而人们在送完祖坟的灯回到家后，又往往会到各个与农村日常生活息息相关的地方点上一两盏灯和烧上些纸钱，如路边灯，送给路神一盏，保佑行路的老人和孩子平安，不要摔伤；水塘灯，送水神一盏，保佑洗衣服的人和玩耍的小孩子平安无事，不要溺水；土地庙灯，送给土地爷爷和土地奶奶一盏，保佑风调雨顺。此外，在菜园、田地、水井、鸡笼、猪圈、牛舍前各点上一盏灯，这既是感恩各路神祇上一年的护佑，也是祈求下一年人畜平安，五谷丰登。可以看出，这实际上是兼顾了乡土生活的各个方面。这里最值得一提的是在路口送的"孤灯"。据说，这是送给那些因已绝嗣无法享受后人香火的"孤魂野鬼"的。人们因不忍看到他们坟头冷清，故代替其后人表达缅怀祭扫之意。小时候听奶奶说，是因为"他们可怜，没人管他们，所以家家户户都送孤灯，请他们来观赏"。这一小小善举，让没有子孙后代的"孤魂"也能享受到节日关爱的温暖。虽然朴素的乡人并不一定了解佛教的超度救拔、蒙山施食等宗教仪轨与法事，但是在悲天悯人这一精神实质上却有着高度的吻合性。虽然，在一些不知敬畏、对一切价值都怀疑态度的"虚无论"者看来，这些朴素的行为是蒙昧可笑的迷信，殊不知其中却蕴含着中国人最朴素的天人观念与家国情怀。宋代大儒张载曾说过："民，吾同胞；物，吾与也。"（《西铭》）明代哲学家王阳明主张"仁者以天地万物为一体"（《大学问》）。在中国思想史上，"万物一体"观念是一个重要的精神传统，旨在促使人超越形体的有限性，而在精神上获得与天地同体的永恒性，这一观念有助于培养人们济世救民的责任感、悲悯情怀和担当精神。试想，当乡人们祭祀完自家的祖坟，拖着疲惫的双腿回家，还不忘到各个路口给那些颠连无告的"孤魂野鬼"点上一盏灯，烧上些纸钱，好让他们能和自己的祖宗同享节日的献祭与问候，这里固然有着希望自己的家庭后继有人、香火绵延的个人宗族情结，但是其中难道没有超越了一家一姓的恻隐与关怀吗？给那些土地山神等神祇"送灯"，这其中不也蕴含着中国人祈求风调雨顺、国泰民安的家国愿景吗？一灯所照，天地神祇、亡灵魂鬼无不被其恩泽。有学者指出，这实际上是家族共同体的道德关怀已经扩展到了社区共同体。这些朴素、真诚的愿望就这样通过一盏盏虽简易无文但又明亮无比的灯代代传承下来了。

商城老家有"正月十五大于年"的说法，通过上面的介绍已经可以看出大致风貌。可以想象，正月十五傍晚全家、全族、全村、全乡乃至全县出动的非凡景象。正是在这场狂欢中，劳碌了一年的人们可以放松心情，享受团聚，而且可以以坟山为舞台尽情展示家庭的兴旺发达、亲子和睦。而坟山能够成为祭祀的舞台与当地集中土葬的习俗有关，商城县地处大别山腹地，山地丘陵，纵横阡陌，千百年来一直盛行土葬。坟茔一般都位于远离耕地的山坡之上，因而有实行土葬而不占用耕地的条件。纵然在倡导"火葬"的国家话语下，强烈的"入土为安"的传统心理诉求使得亲人去世后土葬的习俗得以延续下来，并形成了不同的固定坟山。而在对坟山的占有、使用和维护上，同姓同宗家族内部表现出极强的凝聚力，他族异姓的人不得随便葬到自家的坟山上。如此一来，一片片的坟山就构成了相对独立、边界清晰的地理空间。诸多的类似空间为商城"送灯"活动的开展提供了天然场域。

于是，你就可以看到在商城正月十五的下午，在坟地或路上到处是手提灯具、肩挑礼花火纸的乡亲，沿途喧闹热烈。一时间，山间路上人头攒动，坟前屋后灯火通明，处处鞭炮齐鸣，场面煞是壮观。只有这一天，平时夜间几乎不敢出门的胆小的人走在坟地也不会感到害怕。也只有这一天，老人、孩子、姑娘、媳妇、妯娌齐上阵，同姓家族共享相聚的温情。身处其中，你会觉得节日氛围比之除夕有过之而无不及。因此，奔波一整天也是心甘情愿的。尤其对于孩子们来说，往往元宵节后就过完寒假了，这一天可是开学前愉快玩耍的最后时机。送灯回到家后，大伙儿都成群结队，拿着各家自制的或买的灯笼出来玩耍，挨家串户，如同拜年，不知疲倦。而以前"送灯"归来的年轻人喜欢围坐在火笼前烤火、唱歌，其中有一首民歌就叫《观灯》，著名的商城经典红歌《八月桂花遍地开》的调子就是革命烈士王霁初先生在这首民歌的曲调上改编的。听家里的老人说，旧时的正月十五夜里，村民们还自发组织玩花灯、舞狮子、舞火龙，如同社火，热闹非凡。20世纪90年代以后，随着外出务工人员增多，年轻人没有足够的排练时间，而留守在村的老人因年老体衰已没有过多的精力表演，这些活动已经渐渐消失。从老人家的言语之间，不难体察出深深的遗憾。

六、"送灯"民俗的地域分布

历史地看,豫南地区的元宵节"送灯"民俗从文化根源上是来自我国的民间祭祀文化,是中国古代礼制文化在民间社会的一种民俗投影。有学者指出,早期的元宵节主要就是一种祭祀活动,宗教意味比较浓郁。后来这一功能逐渐淡化,而其娱乐性的节庆功能彰显并成为主流。然而,豫东南流行的元宵节"送灯"习俗在一定程度上延续了祭祀的功能,赋予了其新的时代内涵,具有持久的生命力。[1] 经过笔者的调查,就全国而言,大概也只有江西的新建县及其以北至庐山以南的几个县市、陕西宝鸡局部、黑龙江省伊春市、闽南永定县及湖北少数地区有类似习俗。黑龙江省《桦川县志·岁时民俗·正月》载:"十五日,谓之元宵节……并送灯火于先人坟墓,谓之'送灯'。"[2]不过这些地区灯的形制各异,如面灯、瓶灯、莲灯,与豫南地区流行的纸灯有所区别。最重要的是,这些地区"送灯"的功能与豫南地区大相异趣,如陕西西安一些地方,正月初八到十五期间娘家送花灯、宫灯给新嫁女儿家,或一般亲友送给新婚不育之家,以求添丁吉兆,因为"灯"与"丁"谐音,"送灯"实际上表达"送丁"祝福,可见这里的灯也是寄托了人们的良好愿望的吉祥象征。由于我国幅员辽阔,民俗活动遗存丰富,地域特色显著,不同地区的"送灯"的功能与性质自然不能随便混淆。不过,诚如文章一开始就提到的,豫南地区的元宵节乃是给逝去的先人过的节日,与一般的意义上的灯节有所区别,因此有其地域文化特色。然而这一民俗起源于何时,一直都是一个谜。笔者从民间传说和文献考证的角度,尝试做一些追踪和推定。

七、豫南"送灯"民俗起源的两种解释

(一)民间传说

在豫南地区流传着一个有趣的也很美好的传说,据说灯节"送灯"的习俗是从明朝开始的,而且与开国皇帝朱元璋有关。据传,朱元璋自小失去父母,身登大宝以后,欲缅怀祭奠亲人,以示孝道,却无从找寻父母坟墓的下落。军师刘伯

---

[1] 王伯承,余跃.从闹元宵到宗族共同体:豫东南送灯习俗的社会学考察.山西农业大学学报(社会科学版),2017(3).
[2] 丁世良,赵放.中国地方志民俗资料汇编·东北卷.北京:书目文献出版社,1989年,第484页.

温建议,圣上是真龙天子、九五之尊,除了双亲外,无人能接受他的跪拜,可令人在其父母逃荒去世的地方——豫南一带每个坟头前插上蜡烛,能经天子跪拜而烛不灭的就是圣上父母的坟墓。朱元璋依此行事,果然应验。也有人说,刘伯温让朱元璋抛洒黄表纸,纸所落到的坟头即是其父母的茔冢所在,所以又有"压坟头纸"这一习俗。为了弘扬中华民族"孝"的传统美德,从此民间便留下了元宵节上坟"送灯"的习俗。这一习俗流传至今,成为当地最隆重的纪念祖先的一种仪式。对于这个传说,老人们深信不疑,并一代代流传下来了。

(二) 文献推定

当然,传说毕竟是传说,我们还是应从豫南地区的史志文献中寻找材料,对"送灯"民俗的起源加以考证。通过查阅同样盛行"送灯"民俗的光山县的史志发现,明朝嘉靖三十四年(1556年)年修成的《光山县志》记载,元宵节习俗为"自十三日为始,市民各于门首悬挂灯毯织巧不一,至十六、七方止。游者竞观之"。清朝顺治十一年(1654年)和康熙三十五年(1696年)修成的两部《光山县志》记载元宵节习俗更为简单,"元宵张灯,清明扫墓"。清乾隆五十一年(1786年)修成的《光山县志》记载,元宵习俗为"上元节自十三夕始,张灯连五夕,家户屑米为浮团子会食,入市游观。十六日,民家复掩户如元旦(此处指春节),复云过年。人多出游,曰走百病"。民国二十五年(1936年)的《光山县志约稿》及1959年《光山县新志》中均无灯节给祖坟"送灯"习俗的记载,只是1989年修编的《光山县志》有记载:"家人团聚吃罢十五饭,大人带着子孙去先人墓地送灯插亮,烧化纸钱,以示对先人的悼念。"从这些记载中,还是无从查证"送灯"风俗究竟始于何时。然而,笔者发现似乎可以从县志记载的豫南地区人口迁徙史中寻觅到一丝线索,如1989年修编的《光山县志》说:"光山土著较少,居民大多从江南迁来。"元末明初,有大批人口从江西、湖南、湖北等地迁入豫南地区,其大背景就是中国移民史上所说的"江西填湖广,湖广填四川"的明初移民潮。笔者常听家族老人讲,商城吴氏自江西鄱阳县瓦屑坝迁来,迄今已有六百余年,家中珍藏的族谱也证实了这一点。元末明初从江西、湖南、湖北等地大批迁入豫南地区的居民,很可能是商城、光山等地现今居民的祖先主体。就笔者所了解到的情况来看,当地民众绝大部分承认其祖上是由江西迁自商城的。前面已经提到,由于江西省新建县以北、庐山以南数县市直至今日仍盛行"送灯"之习俗,那么元末明初从江西等地迁入豫南地区的居民可能或多或少会继承此俗。据此分析,豫南"送灯"的历史大约也起源于元末明初,那么此俗距今至少已有六百余年历史了。而一些乡邦旧志之所以没有记载此俗,或许因当时人口稀少,"送灯"仪式简单,不能形成规模。不过,该风俗在江西等地又是如何形成以及形成年代是何,看来尚需要继续发掘和查找更多的地方乡志文献加以研究。

八、豫南"送灯"民俗的伦理意涵

虽然豫南地区元宵节上坟"送灯"的习俗历史久远,但是在日新月异的现代社会,这一习俗也并没有因为时代的巨大变迁而被后人遗忘。笔者曾在网络上看到一首今人写的关于老家正月十五上坟送灯的诗作:

> 天寒农野阔,大岭草连云。
> 陌上人惊雉,荒芜兔隐坟。
> 松风天籁肃,爆竹火烟薰。
> 灯送上元夜,先人或可闻。①

依稀之间,古意犹存。先人是否可以闻知,或许已经不重要了,关键在于在现代化进程的巨大冲击下,农村社会原有的交往规则与关系网络逐渐解体,不少人纷纷感叹心灵与步履漂泊无根,无所归依,从而回望优秀的民俗传统,渴望在那种乡土共同体的生活方式中找回些许遗失已久的记忆与慰藉。从文化心理的角度不难理解,通过"送灯"在坟前向祖先祭拜和祈祷,其实是一种跨越阴阳两界的沟通,是穿越生死的对话,这是一种超越物质利益算计的精神追求,是将自己有限的生命融入"祖祖辈辈而来,子子孙孙而去"的香火绵延的生命体验。② 换言之,祭祖仪式不仅仅是人们在特定时间和空间范围内表达对祖先的敬仰、祈求保佑的过程,更是一种价值建构与意义生成的体现。这时,"灯"的意义更类似于佛教高僧"传灯录"中"薪尽火传"的喻义。坟也不再仅仅是亡灵的安息之地,而一种通过对祖先"在场化"想象以见证血缘传承的文化符码。此前对死亡的忌讳与恐惧心理至少在此夜暂时消失了,而现实的人间秩序与伦理向度则被这一盏本为纪念先人的灯所照亮。于是,家庭和家族超越时空的意义在此时得到了淋漓尽致的体现,而个人的生命也融入其中,获得了挣脱时间束缚的无限体验。很显然,这与传统宗族祭祀活动下敬诚孝友的心态是同构的,是所谓"慎终追远,民德归厚"者也。

---

① 溪水.雩娄吟苑•第七辑,http://www.scxww.cn/bbs/forum.php? mod=viewthread&tid=1917
② 王德福.送灯习俗中的价值意蕴.寻根,2011 年 6 月 10 日.

一般来说,在这个过程中长辈会对孩子进行孝敬尊长的教育,这又在无形中会培养孩子对亲人和桑梓的热爱,激发他们奋发成才,不负先祖人的期望,以望将来能回报家族与家乡。在乡亲们看来,可通过"送灯"这一最朴素直观的方式表达对先人的缅怀和思念,饮水思源,不忘根本,同时也可以起到促进家族和睦、联络亲情乡谊、教育晚辈感恩尽孝等作用,乡土社会的家族情感与谱系脉络就是这样被一代代完整地接续下来的。对很多远在他乡、漂泊在外的游子来说,老家的正月十五"送灯"活动,使他们无论走到哪里都还可以有根可依,记住乡愁!

九、"送灯"民俗的现实困境与深层考量

在为家乡有此独特并传承完好的民俗活动庆幸的同时,我们也应该看到,通过"送灯"也可以折射出在社会转型期农民价值观中某种并不那么积极的要素。由于老家人对元宵节上坟"送灯"素来重视,加之现代社会年轻人又滋生出浮躁的攀比心理,近年来上坟"送灯"变得越来越铺张浪费,其中最为明显的就是燃放的烟花爆竹越来越多、越来越大。更有甚者,还把电线牵到山上,在坟茔前亮起彩灯,通宵不熄。此外,由于老家处于大别山区,元宵节夜晚在野外上坟烧纸、燃灯或多或少也会对森林消防带来威胁,事实上每年因疏忽大意造成山林失火的事故也不鲜见。而且过量的烟花爆竹燃放也带来了诸多的污染,尤其是雾霾日益成为与每位民众息息相关的环境问题。当勤俭节约成为党和国家所积极倡导的时代强音时,这些问题无疑更加具有现实性。当然,对其背后的社会原因也需要进行深层次发掘与思考。

我们知道,元宵节"送灯"本来是后代向祖先表达怀念之情的仪式,其社会性功能主要体现在尊祖敬宗、和睦亲族上,其朴素的伦理意义无疑是第一位的。然而,随着经济社会的开放以及城镇化进程的推进,庸俗现代化和畸形市场化因素进入乡土社会,一些失范的价值标准随之而来。获得财富的多少成为人们评价一个人能力大小的基本标准,在一些农村地区甚至成为唯一标准。"送灯"的规模大小与热闹程度,一定程度上成为这种评判的直观参照。于是,对于这一风俗,或将其变成一种迫不及待的积极表演,譬如有钱人往往大肆挥霍和炫耀;或表现为消极维护,如对许多经济条件一般的村民来说,他们为保住面子,至少从形式上也不能与别人相差太多。经济社会竞争所导致的撕裂如灯下黑一般,愈演愈烈,这些都已严重违背了传统"送灯"活动的初衷。于是,我们看到,"送灯"民俗及其衍生出的相关活动似乎渐渐变成了一场非理性、炫耀性消费的竞技,而弱化了传统温情脉脉的伦理本位诉求。这些都使豫南地区这一民俗活动似乎渐

渐变了味,呈现出某种虽然较之过去看似更加热闹与喧嚣,然而其中的联络与教化功能反而越来越淡化和稀薄的现象,这不免让有识之士忧心忡忡。

事实上,"送灯"民俗所折射出的世态升降、人情冷暖也只是冰山一角,其背后指向了一个极具现实性和紧迫性的问题——乡土社会的现实处境与出路。相当长时期内,对当代的乡村问题的观察、理解与书写都是思想界、舆论界关注的热点与焦点,这里面承载着诸多关心乡土问题的学者的忧虑与思考。近两年来,随着自媒体的开放和勃兴,中国农村发展状况更是得到舆论的广泛关注。坊间大量涌出的"返乡体"写作,无疑就是这一背景下的产物。从2015年上海大学王磊光博士的《一位博士生的返乡笔记》到2016年春节黄灯教授的《一个农村儿媳眼中的乡村图景》,各种各样的"返乡"写作如同被点燃的春节爆竹,在流动于城乡之间的人群的心灵中爆炸开来。引燃这场爆炸的"火苗"则是近年来乡村问题的新变化与城乡关系困境的进一步显露,以及由此引发的盘绕在人们心灵上空或明或暗的情感云团。不过,有学者也注意到一些"返乡体"文章内容空洞、浮泛,缺乏实地调查的资料支撑,有的只是某些个人的、浅层化的见闻与杂感的无意识表露。更有甚者,文章充斥了博人眼球的噱头,动辄冠以"乡村图景"这样的宏大字眼。某种程度上他们已经干扰了人们对农村真实情况的判断。很显然,这里实际上存在着一个话语权的问题。我们需要听到的是既有真实乡土生活经历同时又能跳出自我局限进行思考的声音。这种声音的发出者应该真诚并理性地站在乡村这片广阔的场域来思考"乡土中国"的问题,应该对正在发生的现象背后的深层原因进行发掘,对将来的发展前景进行预判与分析,而不是简单地游移于记住乡愁式的浪漫抒情与乡土沦陷式的悲情控诉之间。

我们知道,由于历史原因,近现代以来中国社会结构发生了剧烈变迁,并对农村社会产生了深远的影响,原有的宗祠乡社等民间信仰与秩序体系逐渐解体。从社会转型的整体视野来看,这本身是社会历史发展的必然结果,然而我们也应该看到,一些传承有序的文化传统与价值认同也相应地失去了稳固的依祜与承载,由此所造成的文化断层、信仰空虚、人心浮动等消极影响也是毋庸讳言的。更有甚者,原有的以共同生活体验和情感认同为链接的生活共同体在时代巨变中受到政治与经济的双重冲击,所导致的农村治理困境问题由来已久。而一个良序发展的社会必须要真实地面对它的基座——底层社会整合问题。因此,如何重建乡土社会的生活秩序与价值体系,黏合游离的人心,并提供精神情感上的归属和安顿资源,是包括广大政府工作人员与学者在内的有识之士所应直面的紧迫现实问题。

笔者认为,除了继续发展社会生产,提高全民整体生活水平,我们也应该注意到一些遗存完整且具有重要影响的传统民俗文化及作为乡土共同体生活见证的非物质文化遗产,这些是整合并凝聚乡土社会的重要文化资源,应该得到应有的关注与探讨。这种对民俗文化的探讨还应该与人们所关注并关心的乡土变迁动态结合起来,构成一个诠释的整体视角,譬如,可以通过如豫南地区"送灯"民俗变迁这样的独特镜像来专题考察和调研地域文化下乡土社会转型及价值生态的现状与治理等现实问题。较之现在网络上泛滥的"返乡体"浅层写作中常见的"异域想象"和"消费乡愁"等噱头,扎实地对一种具体的文化现象及其背后深层的政治、经济、文化等结构性因素进行整体探讨,不失为一种务实且有情怀的方式,也许更具有深刻内涵与导向意义。

十、结语

当然,对豫南地区"送灯"民俗展开系统深度的田野调查,需要更多来自社会学、历史学、文化民俗学等专业领域的学养支撑,也需做好长期艰苦调查的心理准备。这虽然是一个地域性个案研究,但其背后所承载的历史与现实的信息量十分庞大。作为从大别山区走出来的普通一员,笔者自然明白对上述问题的关注与思考绝非是一朝一夕,也非一人之事。笔者也期待着更有的有心人加入进来。如何在保证老家元宵节"送灯"民俗传承的同时,又能规避一些不良的发展倾向并赋予其新的时代特征与内涵,通过自己的切身经历与真实感受来反思乡土社会正在发生的各种变迁,这对于留守在家的父老乡亲抑或出门在外的游子来说,无疑值得共同深思。

最后,我们还是衷心希望,包括豫南地区正月十五"送灯"在内的那些极具社会学、民俗学价值且在当地有广泛影响的民俗活动能得到应有的关注、保护、传承与发展。我们也有理由相信,在继承的基础上为这些传统民俗文化注入新鲜健康的血液,我们的民族文化就一定能够经受时代的考验,为我们今天的生活提供积极的精神养料,并为中华民族的伟大复兴提供其所特有的来自土地的温情与芬芳!

淅川县元宵节文艺活动调查报告

明丹阳　明新胜①

元宵节,也叫"上元节"。由于正月十五日、七月十五日、十月十五日又分别是春、秋、冬三季的第一个月圆之日,所以并称"三元",即上元、中元和下元。元宵节的"宵"当然是指夜晚,就是说,这个节日与除夕、中秋节一样,也是一个以夜间活动为特色的节日。而夜间的节俗活动主要是赏灯、观灯和猜灯谜,所以这个节日也叫"灯节"。

一、淅川及其元宵节文艺活动梗概

淅川县位于豫西南边陲,豫、鄂、陕三省交界处,是楚文化发祥地,也是"南水北调"中线工程核心水源区和渠首所在地,境内多处为丹江古航道的水旱码头遗址。

"早在春秋战国时期,作为楚始都丹阳的淅川,已出现了宫廷音乐和民间歌谣。到汉朝时,便有'百戏'出现,而'百戏'中就有说唱艺术的雏形。淅川汉墓出土的'汉代水榭'上就有演出'百戏'的场面和打鼓陶俑,之后又从汉砖的画像中发现有吹喇叭和打鼓的场面。说明早在汉代,淅川已经有锣鼓曲的形式出现。锣鼓曲的曲词优美,语言通俗易懂,表演别具一格,早已成为老百姓的家庭曲,在县域及周边广为流传。"②

根据笔者对全县 17 个乡镇、街道办和近百名艺人的调查座谈,至 2016 年底,淅川拥有非物质文化遗产 13 大类 2600 多项,其中 58 项被列入县级第一批"非遗"名录,著名的淅川锣鼓曲、丹江号子、蛤蟆嗡等一批重要项目入选省、市级非物质文化遗产名录。特殊的地位区域、悠久的历史文化,使得淅川的文化资源

---

① 作者简介:明丹阳,男,1980 年 5 月出生,淅川县文化馆助理馆员、办公室主任;明新胜,男,1953 年 10 月出生,淅川县史志研究室原主任。
② 安宏常,谭社丽.淅川民间艺术集萃.北京:中国图书出版社,2016 年,第 1 页.

源远流长,淅川县也因此先后荣获"全国文化先进县""河南省民间艺术之乡""中国民间文化艺术之乡"等荣誉称号。

二、淅川元宵节日民俗表现

淅川元宵节文艺活动一般从正月十二开始,至正月十七止,高潮期5天,节目类型有:挂花灯、观(赏)灯、猜灯谜、闹社火、民间曲艺和其他综艺活动。

(一)挂花灯

花灯是元宵节最突出的景观,也是最能代表这个节日的景观,而其余的灯市、观灯游赏以及社火百戏等节俗活动,都是直接或间接由此发展、引申出来的。

淅川民间认为"春节重在礼,灯节重在乐",有"小过年,大十五"之说。灯节的娱乐活动以玩灯为中心,无论城镇还是乡间,挂灯、玩灯、赏灯,一片欢乐。另有旱船、高跷(民间称"杉木腿")、曲艺演唱等文艺活动。所谓"正月十五闹元宵",元宵节是一年中最欢乐的日子,民俗表现形式很多。

元宵灯经过两千多年的传承,展示了一个从独立到组合、从静止到活动、从单纯到装饰的过程。最初的灯是单纯、静止的,它不运动,也较少装饰,并且多是单个独立的。在其后的发展变化过程中,装饰最先迈出步伐,灯的里里外外都被加以雕琢和修饰。首先是灯的形状,如圆、方、高、低、扁、短等各种形状的灯出现了,仿生灯如龙、马、黄瓜、柿子以及人物等也出现了,且多以十二生肖表现多姿多态的形象。同时,灯的装饰性也不断加强,除灯框多加雕饰外,灯笼上又有了彩绘,所绘内容或喜庆图案,或花草动物,或小说、戏曲故事。

在灯自身装饰性加强的同时,相互的组合也实现了,我们现在大街、公园、集市、码头所展的灯就有灯山、灯树、灯楼等组合图案。灯楼上悬挂着珠玉、金银穗,灯上又绘有龙凤虎豹,极具韵致。特别是历经数百年交融传承,人们匠心独运、别出心裁,所制作的灯更加宏伟壮观,精致巧妙。

元宵花灯在组合的过程中,也开发了"活动"的渠道。宋代灯山上菩萨的手臂已经是可以动的了,后来利用机械手段制作的活动花灯越来越多,极为精妙。更为绝妙的是"走马灯",它的动力不是机械能,而是热能,即在一个纸轮上粘贴纸剪的人、马形象,灯点着时,火焰驱动纸轮下的木杆转动,人、马也随之而转,往来不停,所以叫"走马灯"。这种灯在唐代已经存在,叫"影灯"。后世的"走马灯"并不专以人、马为题材,戏剧人物等也是其内容。在机械化、电器化、网络化的今天,制作可以活动的花灯已经不再是难事,所有的能够运动的东西,花灯都可以模拟,并且因为用的是电灯,明灭闪烁也成为运动的一种形式,为花灯增色不少。

除灯之外,为元宵不夜天增色的还有烟花。烟花不像灯火那样可以长明,只是一霎闪烁,但这短暂的闪烁比灯光却要耀眼、绚丽得多。烟花的发展也和花灯一样,由简单单一到复杂组合,可以构思设计得更为精美。此外,烟花的动感较花灯更胜,可以急如流星、灿若花开,且有声有色,颇能鼓动人心,撼人魂魄。

在采访座谈中,不少耄耋老人谈及老淅川县城和古李官桥镇及荆紫关等重镇码头因丹江航道而商贸与文化繁荣,在元宵节期间,丹江两岸灯火绚烂的彩带,彩灯舟、表演船穿梭于码头江边,灯会有散有聚,灯有大有小、有高有低、有静有动,以传统的农耕文化象征着当年的风调雨顺、五谷丰登,那种龙腾虎跃闹元宵的节日景象真是难以形容。

除此之外,民间正月十五还有点灯盏的活动,目的是祭神祈福。灯盏多用面制成,就是用面团捏成圆扁形,要有一定的厚度,中间留一小凹窝,放在蒸笼里蒸熟。使用时,将香油或豆油盛于凹窝中,内置"灯草",正月十四下午鸣炮焚香"请神",夜间将灯盏点亮,俗称"试灯"。十五日"正灯",届时焚香祷告毕,将所有灯盏放在院内不同方位的神龛上,如水缸、粮囤、牛栏、马棚等,同时点燃,此时满院生辉,一片光明,灯花起舞,油香扑鼻,象征着到处都有"油",当年生活富裕。人们让其尽油而燃,次日再续油燃之,称为"续灯",一般正月十七过后"收灯"。点燃过的灯盏馍任邻居家媳妇"偷"走,俗语有"偷个灯头儿,生个孙猴儿",这种风俗叫"偷灯盏"。除此,点燃过的灯盏馍可让尿床的小孩子吃掉,据说吃了灯盏馍就不再尿床了。

"刷子疙瘩儿灯"是农村孩子玩的游戏,"刷子疙瘩儿"就是人们用过的刷锅扫地的笤帚。正月十五夜间,人们把用过的"刷子疙瘩儿"用 3 米来长的绳子系好,抓在手中,然后将刷子毛点燃,顺手甩成圆弧形,不断加速,此时刷子上的火星随着风势越甩越红越亮,从远处看像无数红绣球在闪烁,异常壮观,民俗上称"刷子疙瘩儿灯"。这种玩法在山区农村依然存在,城镇则不同,人们习惯把形形色色的灯(用铁丝扎架子,外张一层红布,并贴上剪纸图案或吉祥寄语)挂在街道两旁,让人去观看欣赏。灯的花样很多,有龙灯、孔雀灯、金鱼灯、狮子灯、柿饼灯等,表现了民众的玩灯技术和才华。

(二)闹社火、玩曲艺

"正月十五闹元宵",元宵节俗活动的最大特点是"闹"。之所以说"闹",是因为节日里有许多热热闹闹的社火百戏,人们沉浸在这热闹之中,如醉如痴。

一般来说,在淅川,初十刚过,社火百戏便表演开来,走街串巷,穿林越寨,一直闹到正月十六、十七。不仅闹的时间长,闹的名目也多,有鼓吹、杂耍、细舞、芯子、蹬灯、弦索、踢梯、小曲、打碟子等,还有元宵杂戏莲花荷叶、龙凤鳌鱼、花篮盆景。手举有伞扇幡幢、关刀月斧、象生人物、击鼓摇铃;博戏有竹马、扑蝴蝶、舞龙灯、打花棍;幼儿嬉戏则打陀螺、推铁环、钻火圈、踢毽子等。

以上所列,在淅川城乡,仅是元宵节"闹"的一部分。此外还有社火、曲艺,这是规模和影响更大的,诸如踩高跷、跑旱船、耍狮子、舞龙灯、扭秧歌、打腰鼓等,再配上锣鼓曲更让人眼花缭乱。

淅川从古流传至今的元宵节活动,往往由乡村零散到集中,由民间到官方组织,特别是1949年后到改革开放,再到新时代的今天,节目多样,有淅川锣鼓曲、舞龙、舞狮、鲤鱼闹莲、龙棚舞、高跷、旱船、秧歌、竹马等,参演节目多达260余个,参与表演人员5000余人。

淅川民间艺术种类繁多,形式多样,传承下来的约有四十余种,现仍广为流传的主要有下面这些:

1. 淅川锣鼓曲,属于锣鼓吹打乐,民间叫锣鼓曲,或"地灯曲",因表演以锣鼓伴奏为主要器乐而得名。在元宵节期间,基本上每个表演队伍都有锣鼓曲表演,群众基础深厚,2009年被列为河南省第二批省级非物质文化遗产项目。淅川锣鼓曲的主要乐器有锣鼓、唢呐、笙笛、牙子板、镲、鼓板和盘鼓,它不仅音韵质朴、优美动听,唱词通俗易懂,易学易唱易传,而且具有一曲多目、一曲一目和一目多曲的特征,表演可一人一角、一人多角、二人对唱。它还有别于其他地方的锣鼓吹打乐,是一种既有锣鼓打击、唢呐笙器乐伴奏,又有人边唱边舞的独具地方特色的民间艺术形式。由于身居丹江两岸的独特地理位置,加之陆路和丹江航道的特殊传播,淅川锣鼓曲不仅在淅川各乡镇、村组盛行,而且波及周边豫、鄂、陕三省七县(市)。

2. 秧歌,是载歌载舞的综合艺术,是一种将舞蹈、歌唱等融为一体的传统民间艺术。在淅川,秧歌表演主要是以扭秧歌为主。秧歌舞有大小之分,大秧歌扭动幅度大,双臂甩开,速度较快,显得雄健有力,适宜走街串巷表演;小秧歌步伐柔美,双臂摆动幅度较小,适宜广场和舞台演出。元宵节期间,全县各乡镇、社区和学校都会组织秧歌队,表演队员身穿艳丽盛装,拜年问好,互相祝福。秧歌队少则十数人,多时达上百人,既有集体舞,也有双人舞、三人舞等多种表演形式,根据需要手持相应的手绢、彩伞、花环、红绸等道具,在锣鼓、唢呐等吹打乐器的伴奏下尽情舞蹈,千姿百态,美不胜收。

3. 耍龙,也叫龙舞、玩龙,分彩龙和火龙。彩龙主要是在白天玩,火龙在晚上玩。制作龙,一般用竹篾编成圆筒,糊上透明、漂亮的龙衣,内燃蜡烛或油灯。耍龙的时候,少则一两个人,多则上百人舞一条大龙。舞龙时,龙跟着绣球做各种动作,不断地展示扭、挥、仰、跪、跳、摇等多种姿势。最为普遍的是火龙,舞火龙的时候,常常伴有数十盏云灯,并常常在夜里舞,所以火龙又有一个名称叫"龙灯"。耍龙灯的时候,有几十个大汉举着巨龙在云灯里上下穿行,时而腾起,时而俯冲,变化万千,间或还有鞭炮、焰火,大有腾云驾雾之势。下面簇拥着成百上千狂欢的人,锣鼓齐鸣,蔚为壮观,好不热闹。

4. 鲤鱼闹莲,属于淅川民间传统舞蹈,是劳动人民在生活实践中受到鲤鱼在莲花池塘里自由游动嬉戏的启示而创作的一种民间舞蹈形式。它是用竹篾扎编成一个大鲤鱼的框架再用彩纸糊贴而成,前为鱼头,后为鱼尾,中间一朵大莲花,花内一个俏女双手提鱼行走,周围有四个莲花俏女穿梭来往,载歌载舞,外加两个"丑旦"追逐调逗和嬉戏,呈现出一种别具特色的幽默滑稽感。加上唢呐吹打伴奏,人物鲜活,气氛热烈,场面显得十分活跃,2015年被列为河南省第四批省级非物质文化遗产项目。其主要特征:一是道具制作简便,舞蹈动作简单,表演活泼,易学易演;二是人、鱼、花融为一体,动静结合,生活味浓,形象生动,栩栩如生;三是舞姿幽默风趣,道具色彩鲜艳,表演绘声绘色,让人喜闻乐见。

5. 龙棚舞,淅川民间传统舞蹈的一种,主要流行于荆紫关、寺湾两镇。龙棚舞的"龙棚"形似脸盆架,架上置歇山式排楼,木质透雕,玲珑剔透。楼上"金顶"成棚,棚下二龙昂首相对,龙身围柱环绕,中间铜镜(现为明镜)镶嵌,光亮照人。龙棚舞与其他民间传统舞蹈的不同之处在于龙棚舞的鼓乐伴奏有着特定的"龙棚"吹奏曲,可谓独具风格,高雅动听。其伴奏的乐器主要有唢呐、笙、笛、长号等,后跟以大鼓、大锣、打钹、狗锣、马锣、云锣、鼓板、梆子等打击乐队与古月琴、笙、管、笛、箫、马号等吹奏乐队,镜下置一皮鼓,由一小丑背之,另一人在其后边走边击,边打边奏,甚为动听,且以云锣技巧著称,击者不时将其腾空抛起,"噌噌"作响,且在云锣下落未到地面时,接而复击,无不引人入胜。有时马号配合吹奏,以示龙吼,另加风味。走街串巷,观者追随,热闹非凡。

6. 彩船舞,亦称旱船、玩船,船以竹竿、竹篾做骨架,分船身、船楼两部分,有布张的,有纸糊的,有彩色的,也有绘上水纹的。船楼似轿,四周多为绣花纸刻,玲珑剔透;顶用纸糊,绘以席纹;四角坠以花穗,布局严谨,漂亮壮观。表演时有一俏女坐船内,双手托船,称为"坐船的"。一男扮艄公撑船,另有丑旦和小旦各在船的前后,称"帮船者",不时嬉闹,增加气氛。船在畅游时,坐船的不时配合撑船的做些稳水缓行、急水快行、浪中颠簸、停船晃动等模拟动作。船行行停停,停时唱锣鼓曲,多为艄公所唱,丑旦、小旦帮腔。

7. 狮舞,又称玩狮子,分火狮舞和彩狮舞两种。彩狮多用麻织狮皮染色斗玩,有对咬、嬉戏、登高等惊险动作,由大鼓、大锣伴奏。火狮多用龙须草或芭茅杆皮做狮皮,而后将狮皮在河里沾湿,防鸣炮、烟火烧烂。火狮运用蹦、跳、翻滚、追捕等动作,烟花怒放,彩灯献媚,通宵达旦,热闹非凡。

8. 高跷,遍及我国大部分地区,但淅川的高跷别出心裁,舞时千姿百态,有集体的走园场、插斜行、过街扭、一条龙等,在个人表演上有单腿跳、双脚蹦、丢双叉、上下桌等惊险动作。在角色上原来较成规模,分老、外、生、旦、丑,一般是五人出场,或拿花扇,或拿彩巾尽情嬉闹,后增至7人、9人,甚至10人。在活动时边舞边唱,有打击乐伴奏,唱锣鼓曲,有独唱、群唱、接唱等形式,活泼欢乐,深受群众喜闻乐见。

9. 犟驴舞,两人登场,腿绑高跷。一人扮丑,头戴趣帽,身穿彩衣,手执小鞭,称为赶脚者,或者叫赶驴者。另一人扮少妇,打扮甚俏,将竹马的头、尾分绑前后腰部,为骑驴者。演出时,在阵阵吹打乐伴奏下入场,转场一圈后,即以高跷步法仿犟驴性格,做行走时上坡、下岭、撒欢、跳沟、踢腿、跌跤(俗称丢双叉)等表演动作。特别在撒欢时,唢呐不时吹出驴叫声,与观众叫好声、拍手声交织,妙趣横生。丢双叉时的惊险动作使观众惊心动魄,有时也和高跷形式、竹马模型配合演出,更具惊险,惟妙惟肖。

10. 竹马舞,可三人登场,也可多人登场。一般为三人登场,一人头扎白巾,身穿彩衣,腰扎布带,手执小鞭,扮赶马人,另两个分别扮骑马人。马是用竹篾做骨架,将布或纸张于外,再涂色即成,共分头尾两部系于腰,扮骑马模样。表演时,赶马者在打击乐伴奏下,用不断转身动作上场,举鞭单立亮相,后用鞭指向骑马者,人与马相并而上,三者在场中心边舞边唱一阵后,两马在前,赶马者在后,用慢步转场一周,后改快步而走,不断做出撒欢、跨沟、上坡、下岭、受惊等动作。有时再配上马号,关键时刻吹些马的嘶叫声,以助气氛,加上马脖上所挂用铜制作的铜铃,不时作响。

11. 猪八戒背媳妇,该民间舞蹈不说不笑,以滑稽动作、幽默扮相逗乐观众。一般有两人上场,一人扮俏妇,上穿红衣,下穿黑衣(做猪八戒腿),胸前置一猪八戒模拟头像,像下为黑色彩衣,背上缚麦秆做的假腿,穿绿色彩裤,脚穿花鞋,做俏妇腿脚。经过乔装后,酷似猪八戒背媳妇。演出时,适当做些上坡、下坡、跨沟、下台、上台等动作。另一人扮作丑妇,头顶花巾,耳坠大炮,身穿彩衣,手执扇于后,做些丑态、趣样,逗人欢笑,在吹打乐的伴奏下演出,有时吹些民间活泼小调,更为风趣。

12. 鹤蚌舞,该民间舞蹈也是不说不唱,一般三人舞蹈,以特定动作来表达故事情节,类似现在的哑剧。一人头戴草帽,挂白胡,上穿紧身布挂扎腰带,卷袖筒,下穿彩裤,裤腿卷起,足穿草鞋、手执渔网,扮为老翁。另一人戴白鹤头具,身穿紧身白衣,扮白鹤。第三人为艳装少女扮装在蚌壳型具内,一手执一面蚌壳,时开时合。表演时,在吹打乐的伴奏下,扮老翁者手执渔网,半弯腰行慢步不时看白鹤。白鹤直身轻步而观蚌。蚌不断闪合蚌壳,面对白鹤,前后左右不时晃动,以防白鹤侵袭。延至最后,鹤噙入蚌壳内,蚌用壳夹住鹤嘴。二者你死我活争斗时,渔翁撒网,一网打去,蚌与鹤置于网中。

三、淅川元宵节的文化内涵和保护潜力

在我国进入新时代之际,许多人对我们的传统民族文化进行了回顾和反思,其科学与现实意义都是不言而喻的。但要真正了解我们的传统文化的产生状态、特点和作用,就不能忽视对民间文学(包括民间文化艺术)和民间习俗的研究。它们从各个不同的角度和侧面,深刻地反映着人类的历史和社会生活,传达了历代劳动人民的思想、感悟和愿望,表现了他们无穷的智慧和丰富的想象力,真切入微地表露了民族的性格、精神与文化状态,既构成了民族文化的基础,又反映了民族文化中许多深层的东西。

"民俗文化从它产生和传承的历史看,都是与其实用价值联系在一起的。有些古老的民俗,经过代代传承延续下来,根本原因就在于它适应各个时代人们生活和思想的要求,起着承继历史文化的纽带作用。从这种意义上讲,民俗本身是人类所创造的物质文明和精神文明的积累,它不仅在人类社会的发展中起着承前启后的作用,而且在今天仍将发挥它巨大的作用。"①也的确是这样,民俗文化事象体现了社会演变脉络和传承上的规律。

(一) 文化内涵和文化价值

元宵节是中国城乡普遍重视的民俗大节,过了正月十五才算过完年,这好像已经是淅川不成文的习俗,也还有"赖十七"之说,就是说不过了十七不干农活。元宵节就这样承上启下,处于特殊的时间段,月圆人团圆,节后踏上新起点。因此,元宵节的家人团聚、共享天伦便显得弥足珍贵。

淅川县一年一度的元宵节灯展、杂耍及综合民间文艺展示,为家人共享天伦之乐、朋友相见欢聚提供了上佳的去处,成为和谐亲情、密切友情的平台。作为中华民族传统节日的元宵节,是承载中国传统年节文化的特色载体,其核心价值

---

① 陶立璠.民俗学.北京:学苑出版社,2011年,第62~63页.

是中国人民的亲情观和幸福观。

随着淅川经济建设的不断发展,城市化进程的不断加快,许多传统民俗活动逐渐被其他现代娱乐方式取代,而大力开展的元宵节文艺活动,不失为弘扬民族传统文化、提升地方文化内涵的良好载体。

每年一度以灯展、曲艺、杂耍为主要表现形式的演出汇报,充分展示了淅川人民的才能智慧和创造精神,它丰富和活跃了人民群众的春节文化生活,深受群众的喜爱。节日的文化大餐算得上是对淅川人"富中求乐,乐中求财"文化心理特点的最好注解。

淅川县2006年被河南省文化厅命名为"河南省民间艺术之乡",2008年又被国家文化部命名为"中国民间文化艺术之乡";淅川锣鼓曲、丹江号子、"蛤蟆嗡"、"范蠡传说"和"鲤鱼闹莲"先后被河南省人民政府列为省级非物质文化遗产保护项目,这是对淅川民俗文化传承的肯定,也是对淅川民俗文化发展的肯定。

(二)传承保护潜力很强

淅川元宵节文化活动的文化内涵丰富,特别是那些情景交融并深刻体现民族文化传统的曲调佳作,所反映的内容也无非是人间世态、悲欢离合的故事,但因与特有的节日风情相结合,地域风格深刻鲜明,充满了浓郁的古楚始都丹阳农村的生活气息,如酒醉人。从了解淅川传统文化的角度来看,反映闹元宵以锣鼓曲为主的淅川曲艺,也具有一定的认识价值,更值得我们进一步研究。

元宵节文艺活动历史悠久,有些文艺表现形式和文化因子代代传承下来,是我们求之不得的。淅川"蛤蟆嗡"的传承,也不是那么顺利的。"公元262年,嵇中散临刑东市,神气不变。索琴弹之,奏广陵。曲终,曰:袁孝尼尝请学此散,吾靳固不与,广陵散于今绝矣!"(《世说新语·雅量》)1949年以后,古琴演奏家管平湖根据《神奇秘谱》进行钩稽,使广陵散重回人间。① 一种曲艺形式的消亡,有多种原因,最直接的就是能歌善舞的艺人们多已作古,与广陵散的命运相似,曾流行于晋、冀、鲁、豫的民间说唱——"蛤蟆嗡"也经历了一个失而复得的过程。

再说淅川锣鼓曲、丹江号子的传承也同样如此,笔者在与许多"非遗"传承人座谈时,有个共同感受就是:民间艺人的创作是有感而发,是感情的宣泄,是溃发出来的,其自然、生动、流畅,是自然之水,天然之物。在与他们的接触中,他们是那么纯真、质朴。从大部分影像中,我们发现他们在前人的基础上融进去了新的形式,加进去了新的内容。民间艺人在变,民间艺术形式在变,但民间艺术的风

---

① 安宏常,谭社丽.淅川民间艺术集萃.北京:中国图书出版社,第158页.

格和俗味没变。

淅川元宵节灯展所见所闻也足以体现其另一大特点,那就是灯品繁多,兼收并蓄。传统的灯大多是孩子们的玩物灯,形体小,材料单。20世纪80年代以来,为满足城乡广大人民的观赏需要,民间艺人在政府的引导下对传统制灯工艺和材质进行了大胆改进。选材上,仍以传统题材为主,多反映丹江水乡、景、物、民间故事、神话传说,同时融入了现代元素,比如政府部门和机关单位根据其职能性质专请艺人扎制能反映该单位特点的花灯,甚至有部门把行业标志以花灯的形式表现出来。用材上,传统材料已不能满足现代灯展的要求。随着灯体的不断做大,金属材料的骨架焊接逐渐取代了竹苇材料的绑扎,灯彩效果上,出现了内外打光的花灯,这种花灯不用考虑骨架复杂影响灯彩效果,外饰面多彩绘,造型上比较丰富,有静有动,生动感很强,起到古今结合,又不失传统花灯的味儿而受到广大观众的青睐。

(三)元宵节文化活动的建议

为进一步发展和繁荣淅川的元宵节文化活动,根据实际有四点建议。

一是提高各级政府对党的十八大精神、习近平总书记在两次文艺工作座谈会上的讲话精神和文化产业发展的认识。元宵节灯展从策划到灯的制作都必须要有政府主导,与旅游、文化、体育、健康、养老、生态统筹起来,不断提高和满足群众精神文化需求。

二是保护、创新和发展优秀传统艺术。首先是对具备传承保护价值的民间艺术艺人给以较优惠的环境,让艺术原汁原味地传下来;其次在保持民俗节味的基础上,继续挖掘、整理和继承优秀民族传统艺术,提高创新意识,促进全县文化遗产的传承与发展。

三是加强文艺人才队伍建设,繁荣文艺创作。培养造就德艺双馨、锐意创新、老中青结构合理、有一定规模和质量的文化人才队伍;进一步壮大各类专业性、群众性艺术团体,繁荣文艺创作,推出一批群众喜闻乐见的艺术精品。

四是提升灯节习俗的功能创意层次。要结合灯节的时空影响,运用创意、设计等手段,推动灯节习俗文化衍生品的开发,将灯节习俗文化元素与农业生产、工业制造和现代服务业相融合,打造灯节习俗文化的全产业链。

后　　记

2017年春节，由中国民间文艺家协会主办，河南省文学艺术界联合会、河南省民间文艺家协会、鹤壁市文化广电新闻出版局联合承办的"我们的节日"系列学术活动先后在河南郑州和鹤壁召开。活动分两个阶段：第一场"乡关何处——春节文化与城市文明"学术研讨会，在郑州市举行。第二场"'和合'与'狂欢'——中原元宵民俗生活调查"研讨会，在鹤壁市举行。

关于春节的起止，学术界有不同看法。有的认为起于腊月初，终于正月末；有的认为起于腊月"祭灶"，终于正月十五"元宵"。这是因为春节习俗存在明显地域差异。不同历史时期，节日习俗在时间上也存在长短变化。无论分歧有多大，有一点没有异议：元宵是春节的组成部分。这是我们将春节学术研讨会分为两个阶段进行的依据。

两场研讨会邀请了全国各地专家学者百余人参会，围绕如何振兴中华优秀传统节日文化，开展节日文化调查研究等议题展开讨论，尤其是集中讨论了传统节日文化如何与时俱进，适应现代社会发展变化等问题，意义重大。本书即在这两次讨论会的基础上结集而成。

中国民间文艺家协会副主席程健君代表中国民间文艺家协会出席了研讨会并在开幕式上发言。中国民间文艺家协会活动管理处侯仰军处长出席开幕式。郑州市人民政府、鹤壁市人民政府、鹤壁市文化广电新闻出版局为研讨会的召开提供了保障。河南大学出版社的张云鹏社长、侯若愚编辑为本书的编辑出版付出了艰辛的努力。在此一并表示感谢！

编　者
2017年3月